ıstrologische Maan

Darby Costello

# De astrologische
# Maan

1. De Maan als bron
2. De Maan en haar cycli

Darby Costello

Bona Futura

| | |
|---|---|
| Opmaak: | drs. A.J. Hamaker |
| Omslagontwerp: | drs. A.J. Hamaker |
| Het omslag is een bewerking van 'De Kreeft' van: | Kántaro |
| Horoscopen: | Astrospiegel |
| Foto achteromslag: | Albert Vermist |
| Lettertype: | Novarese |
| Drukkerij: | Giethoorn ten Brink, Meppel |
| Vertaling uit het Engels: | drs. A.J. Hamaker |

| | |
|---|---|
| Oorspronkelijke titel: | *„The Astrological Moon."* |
| | © 1996 by Darby Costello |
| Verschenen bij: | C.P.A. Press, Londen |




ISBN: 90 76277 41 9
NUGI: 621

# INHOUDSOPGAVE

DEEL 2: DE MAAN EN HAAR CYCLI

# Deel 1

## *„De Maan als bron"*

---

*Deze studiewerkgroep werd op 26 juli 1992 in Regents College in Londen gegeven, als onderdeel van het studiewerkgroepprogramma voor het zomertrimester bij het Centrum voor Psychologische Astrologie.*

*De bijdragen uit de groep zijn cursief gezet en springen in.*

# 1.
# Inleiding

Goede morgen. Vandaag gaan we de beeldenwereld van de astrologische Maan verkennen. Ik denk dat ik rustig mag stellen dat van alle hemellichamen háár beelden het diepst tot de verbeelding spreken. Daar bedoel ik mee dat er méér verhalen zijn verteld over wie ze is, wat ze is, wat ze vertegenwoordigt en welke rol ze speelt in ons mythische, en zelfs in ons werkelijke leven, dan over welke andere astrologische planeet ook. Ze is minstens dertigduizend jaar door vrouwen gebruikt om hun menstruele cyclus bij te houden. Ze wordt daarom in verband gebracht met het vrouwelijke zijnsaspect, en de meeste mythen en legenden die aan de Maan ontspruiten gaan over vrouwen. Maar dat geldt niet universeel – op sommige plaatsen is ze geassocieerd met de beelden van de mannelijke en de stervende, weer herrijzende god. Maar ook dat brengt ons weer terug bij het vrouwelijke, zoals we zullen zien.

Dit is mijn plan voor vandaag. Ik zal eerst wat in het algemeen over de Maan gaan vertellen, enkel om onze fantasie wat op gang te brengen. Daarna ga ik kijken naar de astrologische Maan zoals ze zich uitdrukt in onze prilste ervaring van het leven. Die is onlosmakelijk verbonden met de moeder en haar rol als degene die ons voedt, eerst in haar buik en later in haar armen – of in en uit haar armen, om nauwkeuriger te zijn. En daarna zal ik aangeven hoe we de Maan moeten bekijken zoals ze ons vermogen tot intimiteit met anderen en met het leven uitdrukt – ons vermogen om contact te krijgen met het leven in al zijn manifestatievormen. De Maan weerspiegelt ons contact met de bron des levens. Door daar naar te luisteren kunnen we een relatie met onze ziel opbouwen.

Later zal ik de secundaire Maan aansnijden. Ik zal kijken hoe ver we daarmee komen. Ik wil u laten zien hoe u, door er acht op te slaan, bepaalde dimensies van het leven kunt ervaren, bepaalde ontwikkelingen in uw gevoels- en zieleleven. Als astroloog kunt u de symboliek daarvan gebruiken om uw ontwikkeling te volgen van schepsel tot mens tot ziel – tot iemand die zijn plaats tussen het tijdelijke en het eeuwige herkent, en daar voeding aan kan ontlenen, in plaats van angst en ontgoocheling.

Voor de moderne psychologisch astroloog is de Maan verbonden met de moederlijke zorg. Ze zegt iets over de aard van het lichamelijk en emotioneel voedende dat je door joúw speciale moeder hebt ervaren. De Maan weerspiegelt ook het verleden, in de zin dat ze in de horoscoop symbolisch de vergaarplaats is waar alle ervaringen in ons leven van dag tot dag terechtkomen. Alles wat ons overkomt wordt vergaard en onthouden door de Maan. Het teken, de plaatsing en de aspecten van de Maan vertellen ons hoe dat vergaren plaatsvindt. En dus vertelt ze iets over het geheugen. De Maan beschrijft ook de manier waarop we onze verbondenheid met alle leven ervaren. Ze laat ons zien hoe we ons menszijn in algemene zin ervaren, in de zin dat we allemaal bepaalde elementaire vormen van voeding nodig hebben om te kunnen overleven; en allemaal hebben we ontvangmechanismen voor die basisbehoeften. De Maan laat zien hoe we die elementaire soorten voeding die we nodig hebben om te overleven ontvangen. En aangezien het onze moeders zijn die haar verschaffen – zolang we in de baarmoeder verblijven en later in haar armen of in die van een vervangster – beschrijft de Maan onze relatie met haar.

Laten we stellen dat de Maan in de geboortehoroscoop de aard van de voedende moederlijke zorg weerspiegelt die je hebt gekregen, en verder de aard van het bemoederende (voedende) dat je tot uitdrukking brengt. En laten we stellen dat ze gewoontepatronen en ritmen in het dagelijks leven beschrijft die van meet af aan - vanaf je tijd in de baarmoeder – zijn ingegeven, en die steeds dieper ingesleten raken gedurende de eerste paar maanden en jaren van je leven in de relatie met je moeder. Nu, hierop voortbouwend wil ik onderzoeken hoe deze moederervaring en de ritmen en gewoonten van het leven van dag tot dag, die al heel jong gestalte hebben gekregen, de grondslag kunnen gaan vormen voor de ontwikkeling van je zieleleven. Als je de ontwikkeling van je zieleleven bij wilt houden, kun je naar je radix-Maan kijken, en verder naar je secundaire Maan. Dat is waar ik vandaag naar toe wil werken – de Maan als startpunt voor de ontwikkeling van je ziel, en de secundaire Maan als het navigatie-instrument, het symbool, voor de plaats in ons waar we de reis van de ziel kunnen volgen.

— *Darby, hoe gebruik je het woord 'ziel'? Wat bedoel je ermee? Gebruik je het in de christelijke zin van het woord?*

Darby: Ik spreek over de ziel als metafoor voor de dimensie in ons tussen de onstoffelijke wereld der ideeën – het gebied van de God, of van de goden, of van het Eeuwige – en de stof, de wereld van het tijdelijke, ons materiële bestaan, dat wat in het tijd-ruimtelijke betekenis voor ons heeft. Zo gezien is de ziel datgene wat een brug slaat tussen geest en materie, tussen het onzienlijke en het zichtbare, tussen de intuïtief bevroede eeuwige werkelijkheid en de manifeste wereldse werkelijkheid. En die persoonlijke ziel is onze poort naar wat al heel lang de Anima Mundi wordt genoemd, de Wereldziel.

Woorden raken aan de werkelijkheid en vervormen die, niet? Maar ik wil dat we vandaag naar de Maan kijken als een moeder in de tijd, die ons echter ook voorwaarts en terug brengt naar een eeuwige realiteit. Die eeuwige realiteit kan ook een moeder worden genoemd - een moeder zoals het leven zelf, een moeder als de materie die ons als in tijd en ruimte geïncarneerde zielen omhult en die de geest in ons beschermt en als een schat bewaakt. De Maan in onze horoscoop beschrijft de manier waarop we het ontvangen van de voeding des levens ervaren, allereerst door onze persoonlijke moeder. In die relatie ontwikkelen zich de gewoonten en ritmen in het dagelijks leven waarmee we voeding voor onszelf vragen en onszelf en anderen voeding geven. Door dit geven en nemen verbinden we ons met anderen, en als we ons met anderen verbonden hebben, kunnen we verdergaan en ons verbinden met het leven zelf, en met het Eeuwige door het Tijdelijke. Dit alles komt tot stand door de Maan, en door de tijd die we ontwaren in de ontplooiingsmogelijkheden die worden vertegenwoordigd door de secundaire Maan.

Vanmorgen zullen we naar de geboorte-Maan kijken. Veel van wat we over de Maan weten herinneren we ons uit de mythologie en door de ontdekkingen van de psychologische astrologie. We zullen het hebben over de verschillende plaatsingen van de Maan, en over de huizen en de aspecten met andere planeten. We zullen onze kennis over de Maan weer ophalen.

Voor onze voorouders heel lang geleden betekende de Maan in bewust opzicht waarschijnlijk meer dan de Zon, omdat ze als licht groter oogde en omdat ze op cyclische wijze de nacht verlichtte. De Zon was zozeer een deel van de dag dat je kon zeggen dat hij de dag wás. Maar de Maan had haar ritme, en al onze nachtelijke activiteiten werden bepaald door het toenemende en het afnemende licht. Op jacht gaan om voedsel hing stellig af van de maanfase. De mate van veiligheid bij nacht hing af van haar fasen. En toen ons bewustzijn ontwaakte, werd ook het verband met de vrouwelijke menstruele cyclus duidelijk.

Maar laten we ons eens even proberen voor te stellen hoe het leven er zonder de Maan uit zou zien. Het zou zó vreemd zijn, zó'n andere planeet. We zouden de dag hebben met de Zon – daar zou niets aan veranderen, en op de verschillende plaatsen in de wereld zouden zonlicht en zonnewarmte een verschillende intensiteit hebben, net als nu. Maar de nacht? Hoe zou het 's nachts zijn? Er zou helemaal geen licht zijn. Niets, alleen zwartheid.

— *Behalve in de steden.*

Darby: Ja, maar zouden er steden zijn? Zou het leven zich op de zelfde manier ontwikkeld hebben zonder Maan? Laten we ons eens een ogenblik voorstellen dat het leven anders geëvolueerd zou zijn als er geen weerkaatst licht had bestaan – niets dat ons iets kon leren over weerspiegeling, aangezien de Maan niet aan de hemel zou hebben gestaan en het zonlicht niet zou hebben weerspiegeld in ál die millennia die vooraf zijn gegaan aan onze elementaire vrijheid om ons in onze gedachten aan bespiegeling over te geven. Denk eraan, voor zover we weten was het milieu op Aarde niet zo vriendelijk als het tegenwoordig is – op een groot deel van onze planeet – tot voor zo'n tien of twintigduizend jaar geleden. De laatste IJstijd eindigde rond 9000 vóór Christus. En – voor zover we weten – was er tot voor ongeveer 20.000 jaar voor Chr. niet veel ruimte voor bespiegeling, als we afgaan op artistieke uitingen – grotschilderingen en snijwerk op botten en horens die ons zijn overgeleverd.

Er zouden wel sterren zijn geweest. We zouden elke nacht die bijzondere achtergrond van sterren tegen de zwarte hemel hebben gehad. De nacht zou duisternis zijn geweest, gevuld met nietige lichtpuntjes, en de dag zou licht zijn geweest. En daartussen zou niets hebben bestaan – niets ter overbrugging. Van duisternis naar licht, dag na nacht na dag na nacht, en dat steeds maar weer. Jaar na jaar na jaar, van licht naar duisternis naar licht naar duisternis naar licht.

De schrilheid daarvan is ontstellend, omdat we op een planeet wonen met een satelliet die de Zon weerspiegelt, en de nacht is in zekere zin de plaats voor bespiegeling. Zouden we zonder Maan een niet-bespiegelende mensheid zijn? Zonder de Maan is sterrenlicht geen bespiegelend licht. Zouden we ons over het leven bezinnen? In hoeverre berust ons bewustzijn op de simpele feitelijkheid van de Maan, die overbrugster aan de nachtelijke hemel die in haar wassen en afnemen, in haar donker- en haar vol-zijn de Zon weerspiegelt? Degenen onder u die een poos ver buiten de stad hebben gewoond kennen de kracht van de aanwezigheid van de Maan in haar verschillende fasen, zowel in praktisch opzicht als vanuit emotioneel of psychisch oogpunt – de Maan in verhouding tot de Zon, altijd veranderlijk en wassend en afnemend.

In vroege culturen en in huidige, niet-geïndustrialiseerde plekken op Aarde is de kracht van de Maan enorm. Op plekken nog zonder elektriciteit beheerst de Maan de nacht. In een maanloze nacht gebeuren dingen die bij Volle Maan nooit zouden gebeuren. Dan vindt er van alles in het verborgene plaats, en mensen komen niet meer buitenshuis zodra de Zon is ondergegaan, behalve om geheime redenen. De Volle Maan is een tijd voor feest en nachtleven. Het is een tijd voor het uitdrukken van emoties die je niet in het schrille daglicht uit en die je niet voelt tijdens de donkere fase. Bij Volle Maan komen er emoties naar buiten die anders niet naar buiten komen. Als u in een niet-geïndustrialiseerde gemeenschap hebt geleefd, kent u dit.

Maar ook in onze moderne wereld zijn er nog sporen van die kennis. Ik heb eens in een psychiatrisch ziekenhuis in Nieuw Engeland gewerkt. Ik was toendertijd bezig voor mijn graad in de psychologie aan de universiteit, en ik werkte daar in de zomervakantie tussen het derde en het vierde jaar. Tijdens Volle Maan zetten ze meer personeel in, en gaven ze ook meer kalmerende middelen aan de patiënten. We zeiden wel eens dat ze ons ook die middelen zouden moeten toedienen, om bij Volle Maan de patiënten in het gareel te kunnen houden.

*— Als ik die laatste opmerking hoor zou ik graag willen weten of dat toevallig niet in de zestiger jaren was?*

Darby: Even denken…

*— Ze zeggen ook dat de politie bij Volle Maan meer moeilijkheden verwacht en bij voorkeur meer manschappen inzet. Maar als je daar bij stilstaat is dat vreemd, want je zou denken dat misdadigers liever in een maanloze nacht op pad gaan, om hun activiteiten te verbergen.*

Darby: Ja, gek hè? Maar ik denk dat de moeilijkheden die ze verwachten eerder te maken hebben met het het uit de hand lopen van emoties die de Volle Maan naar boven brengt – het vrijkomen van emoties, het wegvallen van remmingen. We onderkennen dat mensen die hun eigen leven niet zo in de hand hebben, bij Volle Maan meer losslaan.

Degenen onder u die een krachtige Maan hebben, in water wellicht, en de meeste Kreeften in deze groep hebben de invloed van de Maan op hun eigen emoties misschien al opgemerkt. Je hoeft niet per se met dingen te gaan smijten bij Volle Maan als je genoeg voeding hebt, genoeg voldoening in je dagelijks leven om je emoties in banen te kunnen leiden. Maar degenen onder u met een sterke maaninvloed zullen de kracht van de Maan bij het wassen en afnemen stellig herkennen.

De Maan is in onze cultuur lange tijd in verband gebracht met de niet-rationele kant van het leven. En het niet-rationele is lang beschouwd als slecht, gevaarlijk, iets dat koste wat het kost uit de weg moet worden gegaan. We horen dat in het woord '*maanziek*' (Engels '*lunatic*', dat volgens het Oxford English Dictionary betekent): „*Krankzinnig; oorspronkelijk lijdend aan een met tussenpozen optredende krankzinnigheid, die geacht wordt te wijten te zijn aan de veranderingen van de Maan.*" En daar is een zin aan toegevoegd die ik wel aardig vind: „*Voorheen voor de Wet: een zodanige geestelijke ziekelijkheid dat die de burgerrechten of burgerlijke hande-*

*lingsbekwaamheid aantast."* Dus maanziekte is de dolheid die het gebied van Saturnus aantast. En wist u ook dat er vroeger een wetsdienaar bestond die de '*Master in Lunacy*' werd genoemd, wiens taak het was de geestelijke toestand te onderzoeken van mensen van wie werd beweerd dat ze krankzinnig waren? En dan kennen we natuurlijk ook de 'lunatic fringe' (de wat vreemde, extremere (rand)figuren van een groep of gemeenschap. *vert.*), een categorie waarin velen óns hier zouden plaatsen omdat we over dit soort dingen praten.

Er bestaan verhalen over vrouwen van een Amerikaanse indianenstam – waren het de Sioux? – die het zo organiseerden dat ze allemaal bij Volle Maan menstrueerden. Dat is niet zo ongerijmd als het klinkt. Sommigen van de vrouwen onder u die in een gemeenschappelijk slaapgebouw of op een flat met andere vrouwen hebben geleefd zullen dat wel kennen. Er zijn perioden waarin je allen zo op elkaar bent afgestemd dat je zelfs samen ongesteld wordt. In het begin leef je wel met elkaar, maar in je eigen lichamelijke ritme, maar met de tijd schijn je je aan elkaar aan te passen, tot je allemaal in het zelfde ritme zit. En er is ook een verhaal uit Afrika dat bepaalde stammen hun vrouwen tijden de menstruatie afzonderen. Ze moeten gedurende hun periode in speciale hutten bij de rivier verblijven. Ik weet niet of dat waar is – ik ben geen stammen tegengekomen die dat deden – maar ik kan het me voorstellen, en klinkt het niet als een goed idee?

> *— Iets waar mannen zowel als vrouwen voor de verandering eens mee in zouden stemmen!*

Darby: Ja! Velen van u weten dat ik, toen ik in Zuid-Afrika woonde, in een museum heb gewerkt dat „The Museum of Man and Science" (Museum voor Mens en Wetenschap) heette. De conservator had een kleine, gekerfde ivoren stok die, naar men zei, dertigduizend jaar oud was. Hij werd de kalenderstok genoemd. De archeoloog en de antropoloog die hem hadden bekeken zeiden dat het een vrouwelijke menstruatiekalender was, omdat er achtentwintig kleine inkepingen in zaten. Die achtentwintig inkepingen waren zeven aan zeven verdeeld, en vooral de veertiende was diep. Ze zeiden dat het een maankalender voor vrouwen was geweest. Dat kon ik billijken. Ik hield hem vast en stelde me een vrouw voor die hem de hele dag bij zich droeg, en die er een stukje gras omheen had gebonden, zodat ze het elke dag een inkeping hoger kon schuiven. Ik stelde me haar voor als lid van een nomadische stam, en ik vroeg me af of ze hem zelf had gemaakt, of dat iemand anders dat voor haar had gedaan.

Maar laten we eens naar de etymologie kijken. Het etymologisch woordenboek van dr. J. de Vries zegt over het woord Maan:
Oudnederfrankisch, -saksisch, -hoogduits *mâno*; Oudfries, -engels *môna*; Oudnoors *mâni*; Gotisch *mêna*, te vergelijken met Latijn *mensis*, Grieks *mèn* 'maand'. Af te leiden van de Indoëuropese wortel **mê* 'meten'; de maan is dan de 'tijdmeter', wat hij inderdaad van de vroegste tijd geweest is: de Germanen berekenden de tijd naar nachten, zegt reeds Tacitus. – zie: *maand, maal* en *meten*. En bij '*maand*': gevormd van *maan* en duidt dus aan een 'maanomloop'.
Deze afleiding van **mê* 'meten' in de taal van onze gemeenschappelijke voorouders, het Indoëuropees, komt in alle Germaanse talen voor, in de Slavische talen, en ook in het Latijn, Grieks en Sanskriet. Het Latijnse woord is *mensis*. Dus: maan, maat, menstruatie, meten.

De kalenderstok herinnert ons er aan dat vrouwen en de Maan zo ver als we in het bewustzijn terug kunnen gaan met elkaar verbonden zijn geweest. De fasen van de Maan betekenden voor vrouwen iets – iets heel praktisch'. Dit is een van de manieren waarop een metafoor begint, waarop symbolen beginnen. Door de eeuwen heen zijn de Maan en de cycli van de vrouw in de voorstellingswereld onderling zo met elkaar verweven geraakt, dat ze deel van elkaar zijn geworden. Er is een brug gebouwd tussen beide. Zulke bruggen, zulke metaforen, voeren ons het rijk van de mythen binnen.

# 2.
# Maanmythen

Er zijn vele andere factoren die tot het scheppen van mythen kunnen leiden, maar de Maan aan de hemel, die tussen ons en de uitgestrekte ruimte in staat en die op haar karakteristieke wijze het licht van de Zon weerkaatst, lijkt daarvan een van de allerkrachtigste. We hebben van nature de neiging om patronen te willen begrijpen, dingen voor onszelf te willen verklaren, dingen te onthouden. De maandcyclus van de vrouw is verbonden met de Maan. Wanneer de menstruatie ophoudt 'wast' het vrouwenlichaam tot volheid, en dan baart ze. Haar lichaam loopt weer terug in omvang, en de menstruatie wordt hervat. Ze wordt weer zwanger, en het hele proces komt weer op gang – althans in pre-technologische gemeenschappen, waar geboortebeperking niet zo betrouwbaar is. En dan is ze niet de Maan, maar heeft zich daarvan afgescheiden, en verbindt zich er later weer mee door de menstruatie. De Maan is al van heel vroeg af aan geassocieerd met de vrouw en moeder.

## Godinnen

De Maan is in de meeste culturen die hun sporen op aarde hebben nagelaten geassocieerd met de vrouw en met de moeder. Er zijn momenten in de tijd geweest dat de man met de Maan werd geassocieerd, maar dat is heel zeldzaam, en heel interessant. In die gevallen is de moeder de Zon, het eeuwige, en haar stervende en herrijzende zoon-minnaar is de Maan, die sterft, geboren wordt, in zijn kracht komt en weer sterft. Maar in de meeste gevallen kennen we de Maan in haar godinnen. We zijn vertrouwd met onze eigen Griekse Selene en Artemis en Hecate, en de Romeinse Diana. In India is het Shakti die met de Maan werd geassocieerd. In China hebben we Kuan Yin, die ik zelf niet ken. In West-Afrika hebben we Yin Maya, en dat is tussen haakjes ook de naam voor 'zeemeermin'. Dus zij is zeemeermin en Maangodin te gelijk. En in Egypte heb je de grote godin Isis.

In veel culturen hebben de Wassende, de Volle en de Afnemende Maan verschillende namen. De Wassende Maan is de maagd, maar ze heeft in verschillende culturen verschillende namen. De Volle Maan is de vruchtbare vrouw, omvangrijk, met kind. De Afnemende Maan is de oude vrouw, de heks of de wijze vrouw.

## De Maan en de doden

In „*Symbole der Wandlung*" („*Symbols of Transformation*") verwijst Jung naar de Maan als de verzamelplaats voor overleden zielen. Joseph Campbell associeert de vroege cultus van de stervende–herrijzende stier-god van de Grote Moeder met de „gehoornde Maan" die sterft, verdwijnt, en drie dagen later weer herboren wordt. Hij wijst ons op de schakel tussen het verhaal van de eeuwig-veranderlijke Maan en het geloof in een of andere vorm van herrijzenis na de dood.

Er bestaat een oude, heel sterke verbinding tussen de Maan en de dood. Maar dat is niet de dood in onze lineaire betekenis – niet in de zin van een dood die tot een niets leidt. Het is de dood die wordt uitgedrukt door de verhouding van de Maan tot de Zon – de cyclus van Nieuwe Maan, Volle Maan, Afnemende Maan, en de dood van het licht in de duisternis van de Maan. Het is de dood als het rijk waarnaar alles terugkeert alvorens nieuw leven geboren kan worden, de dood als de poort tot nieuw leven. En daar komt het verband met de stervende–herrijzende god om de hoek kijken. In de „Veda's" keren de zielen van de doden terug naar de Maan om door moedergeesten te worden verslonden. Bij de bewoners van de Tobriand Eilanden wordt de Maan geassocieerd met tovenaressen die de doden opeten.

— *En die Chinese?*

Darby: Dat weet ik niet. Ik ken alleen de naam, maar niet de geschiedenis. U misschien? In de kosmologie van de Maya's wordt de Maan-Moeder Menseetster genoemd, wat bij ons een nogal ongunstige betekenis heeft gekregen. In de Orfische mysteriën, die Pythagoras en zijn school inspireerden, was de Maan het thuis van de doden en is het een vrouwelijke poort waar de zielen doorheen gingen op weg naar de paradijselijke sterrenvelden.

— *Kunt u daar meer over vertellen?*

Darby: Heel weinig. Pythagoras is 6e eeuw voor Christus, en hij is waarschijnlijk beïnvloed door de Egyptische kosmologie. Zijn leringen en zijn school lijken te worden omgeven door mysterie of geheimhouding. Hij was zowel een wijsgeer die de wereld van de natuur en haar wetten gadesloeg, als een mysticus wiens doel het was de individuele ziel naar de Grotere Ziel te brengen. Hij is een ware bezoeking, want we weten niet rechtstreeks wat hij onderwees. Het sijpelt door in de leringen van anderen. Geleerden spitten dat graag uit en proberen uit te knobbelen wat ze deden. Het enige dat we op school over Pythagoras leren heeft iets te maken met de driehoek, voor zover ik me herinner.

— *Hij lustte geen bonen.*

— *Waarschijnlijk speelde hij ook triangel in een orkestje.*
['Triangle' is in het Engels zowel 'driehoek' als 'triangel'. *vert.*]

Darby: Bespeur ik hier soms tekenen van maanzinnigheid in de groep? Goed, hij werkte met de muziek der sferen, de harmonie van het heelal zoals die zich uitdrukt in de muziek en de wiskunde. En zijn leringen draaiden om een heleboel ritueel. Veel van dat ritueel had te maken met de dood en met sterven en de wijze van sterven, om naar de sterren terug te keren.

Om terug te keren naar de sterren moest je langs de Maan. De Maan is onze bemiddelaarster voor de Zon en de sterren. Ze weerkaatst het licht van de Zon en is onze hoogsteigen satelliet. Zij heft onze ogen en ons bewustzijn met haar altijd-veranderlijke, altijd standvastige licht naar omhoog. Zij trekt onze blik naar omhoog om de hemel te beschouwen en ons de beweging van de sterren om ons heen gewaar te worden en de verandering en de onveranderlijkheid in de wereld op te merken.

## De Maan en het lichaam

Laat ik nog even terugkomen op ons lichaam en de Maan. Allerlei geruchten uit de wetenschap lijken ons te vertellen dat de fasen van de

Maan de elektrische impulsen in de hersenen veranderen. Neem het zelfde circuit en meet het maand na maand, en dan zie je dat de elektrische impulsen wisselen met de fasen van de Maan. Een vriend van me stuurde me afgelopen lente een artikel uit „*Options*" geloof ik, geschreven door Laura Boomer. Zij haalt reusachtige studies aan die op verschillende tijdstippen zijn gedaan, en die de uitwerking van de Maan op de cyclus van de vrouw aantonen. Er is in de eerste helft van deze eeuw in Duitsland een onderzoek geweest dat liet zien dat tijdens Nieuwe en Volle Maan méér vrouwen ovuleren of menstrueren dan gedurende de rest van de maand. Ze merkt ook op dat modern onderzoek naar de menstruele cycli van vrouwen erg moeilijk is vanwege het alom aanwezige elektrische licht. Het is me onlangs nog eens verteld dat het voor wetenschappers erg moeilijk is om de vrouwelijke menstruatie te proberen te begrijpen aan de hand van experimenten onder beheerste omstandigheden. Bij hun pogen om natuurlijke menstruatiecycli met modern onderzoek te begrijpen lopen ze stuk op onze moderne wereld. Licht beïnvloedt hormonen, en vrouwen die in een kunstmatig verlichte maatschappij leven ontwikkelen ritmen die niet natuurlijk zijn. Is dat niet interessant?

Uranus heerst over elektriciteit, en hij was de eerste buitenplaneet die werd ontdekt. Vrouwen die een aspect hebben – en vooral een lastig aspect – tussen Uranus en hun Maan, hebben op de een of andere manier vaak opmerkelijk veel problemen met hun menstruatiecyclus. Het natuurlijke met de Maan verbonden leven, dat begint met de relatie met je moeder, met je lichaam, met je vrouwelijkheid, is van meet af aan verstoord. Het natuurlijke ritme tussen moeder en kind is al heel vroeg verbroken, en de natuurlijke ritmen van het lichaam en van de emoties zijn verstoord. Zulke aspecten vragen een doorbraak van het bewustzijn. Het is als een verbanning uit je geboorteland. Er is stellig sprake van een gevoel van verlies, maar ontegenzeggelijk ook een opening naar nieuwe ervaringsgebieden die de zaak verdervoeren. Maan–Uranus vrouwen zijn afgesneden van hun natuurlijke maanleven, en worden daardoor op een ander niveau van maanbeleving in de richting van een doorbraak gedrongen. Maan-aspecten met de buitenplaneten dwingen ons in ballingschap te gaan en zetten ons er toe aan om aansluiting te vinden bij nieuwe vormen van bewustzijn – zoals ballingen een nieuw thuis moeten vinden in nieuwe landen met andere groepen. De ballingen veranderen, en daardoor veranderen de landen waar ze een nieuw thuis scheppen.

Maar wat ik me afvraag – denkt u dat we mutanten zijn? Ik vraag me soms af of ze, als ze over een aantal eeuwen terugkijken, zullen zeggen dat onze soort gemuteerd is tussen 1784, de ontdekking van Uranus, en 1977, de ontdekking van Cheiron.

— *Mutanten kunnen zich niet voortplanten, en dat lijkt óns heel goed af te gaan.*

Darby: Dat is zo. Nou, goed dan. Misschien zijn we niet zozeer mutanten alswel een vroege versie van de volgende stap in de evolutie van ons als soort. Er is iets aan het veranderen in de mensheid.

— *En dat is vandaag.*

## De Harmonische Kering

Darby: O ja, vandaag is het de dag van de Harmonische Kering. Het is zeker een dag die hulde brengt aan het potentiële vermogen van de verandering.

— *Waar hebben jullie het eigenlijk over?*

Darby: Iemand vertelde me dat die kering gemarkeerd wordt door een punt in de tijd waarop er geen stuk op deze planeet meer bestaat of het is wel door technologie met een ander stuk verbonden. Het markeert een punt waarop de sprong voltooid is, en nu zijn we volledig verbonden – geen geheime uithoeken meer op aarde om te ontdekken, geen stammen of vogels of soorten meer te onthullen. We staan in contact met elke bewoner van onze planeet.

— *Is dat goed of fout?*

Darby: Ik weet niet zeker of die woorden van toepassing zijn, hoewel ik wel denk dat velen van ons angst en verdriet voelen bij de veranderingen die de wereld van de natuur lijken te vernietigen. Het verdriet, de boosheid en de angst daarover kun je niet ontlopen. Maar er wordt in deze tijd wel verteld dat we in feite naar iets anders evolueren, en dat verschil zal de manier waarop we met elkaar en met de aarde omgaan veranderen. Als we naar de technologische vooruitgang van de laatste paar jaar kijken, kunnen we ons misschien voorstellen dat we op de drempel staan van een volledig nieuwe manier om de Aarde te bewonen. En als we naar de vernietiging van de Aarde tijdens de afgelopen twintig jaar kijken, kunnen we ons ook voorstellen dat we een volslagen nieuwe manier *móeten* vinden om de Aarde bewoonbaar te houden.

De Harmonische Kering heeft te maken met het kruispunt van ons huidige bewustzijn met iets nieuws – een nieuwe vorm. Zoals ik het begrijp gaat het om een nieuw model waar we op afstevenen, en vandaag is het een dag waarop we daar door worden geraakt. We worden geraakt door het nieuwe archetype, met de mogelijkheid, met de nieuwe vorm van bewustzijn waar we naar toe evolueren.

Voor de meesten van ons gebeurt dat onder de bewustzijnsdrempel. Maar er zijn mensen over de hele wereld die samenkomen om zich er voor open te stellen. Dus ik vraag me af wat ons, als we terugkijken op deze dag, zal bijblijven – áls ons tenminste iets bijblijft. We zitten hier te praten over de astrologische Maan, maar het is een dag waarop heel wat mensen op de wereld zitten te mediteren omdat ze geloven dat er vandaag tussen het tijdelijke en het eeuwige iets gewichtigs aan het gebeuren is. Er is een nieuw 'idee' dat incarneert. Wij zitten te praten over de Maan, die het symbool is van de poort naar incarnatie, en we bekijken het als het astrologische symbool dat kan worden gebruikt voor de ontwikkeling van emotionele beleving tot zieleleven. Dus misschien maken we er deel van uit, of we willen of niet.

## De verstoring van natuurlijke ritmen

Kijken we naar mensen met hun Maan in een moeilijk aspect met Cheiron, Uranus, Neptunus en Pluto, dan zien we mensen wier natuurlijke ritmen verstoord zijn, en die op allerlei manieren het contact met hun instinctleven hebben verloren. Maar we kijken ook naar mensen wier aard het is om zich naar nieuwe vormen van gedragsritmen toe te worstelen. Deze mensen moeten overschakelen naar een andere versnelling met betrekking tot hun lichaam en hun ziel. Ze moeten nieuwe vormen zien te vinden voor hun relatieleven. Zoals we weten, hebben mensen met krachtige persoonlijke aspecten naar Cheiron, Uranus, Neptunus en Pluto ook vaak het vermogen om het gewone te transcenderen, en hun gewaarzijn zo te verbreden of te verdiepen, dat het een ijkpunt wordt voor nieuwe mogelijkheden.

Als de Maan daarbij betrokken is moet die kering in de dagelijkse gang plaatsvinden. We kunnen niet op de gebruikelijke manier leven, en dus moeten we nieuwe, bredere, diepere manieren voor onszelf zien te vinden, zodat we de verbondenheid met ons lichaam, met onszelf hervinden. We moeten rituelen en gewoontepaden vinden die ons contact met het leven verbreden of verdiepen, omdat het natuurlijke, instinctieve leven niet functioneert, niet voldoet, niet langer natuurlijk is. Aspecten van de Maan met buitenplaneten maken soms ontvankelijker voor nieuwe schreden op het pad der evolutie – mits iemand niet volledig verstijfd is van angst en zich daardoor afsluit voor alles, behalve voor zijn eigen persoonlijke wederwaardigheden.

Met de werkzaamheid van de buitenplaneten met de Maan is er de roep om boven je eigen persoonlijke verhaal uit te stijgen. En dat geldt natuurlijk ook voor aspecten met Saturnus of Jupiter – hoewel die je minder ver uit je tent lokken. Mensen met een sterke wisselwerking tussen buitenplaneten en hun Maan worden er toe gedreven emotioneel verder te reiken dan hun gebondenheid aan hun familie, hun stam, hun stad of hun thuis. Het stuk in hen dat vreemd is – vreemd aan het natuurlijke leven in een stam – moet daar voorbij reiken en contact maken met mensen aan wie dat ook vreemd is. Het is voor hen gemakkelijker om op te trekken met soortgelijk ontheemden dan met degenen wier ritmen verbonden zijn met de natuur; gemakkelijker om bij andere stammen te zijn dan bij hun eigen. Als deze mensen naar buiten reiken, naar anderen, en met elkaar in aanraking komen, worden er banden van een nieuwe soort gevormd. Er worden nieuwe soorten 'families' gevormd. Het is allemaal nog erg nieuw, aangezien de technologie die ons verbindt nog erg nieuw is. Maar deze onnatuurlijke maantypen vormen de proeftuinen waarin nieuwe mogelijkheden gestalte krijgen omdat zij geen troost kunnen vinden bij het oude, natuurlijke ritme.

## De Maan en het verstand

— *Wordt de Maan geassocieerd met het verstand? Er staat me daar iets van bij.*

Darby: Verstand is zo'n groot woord. Als we het woord verstand gebruiken voor de bergplaats van het geheugen, dan is de Maan zeker geassocieerd met ons verstand. Onze Maan is de bewaarplaats voor alles wat ons gebeurt. Iedere indruk van geboorte af aan komt terecht in die dimensie in ons die door de Maan wordt vertegenwoordigd. Het is de Maan die onze ervaringen vastlegt. Zonder onze Maan en dat wat ze vertegenwoordigt zouden we wel dingen beleven, maar die zouden vervolgens weer verdwijnen – spoorloos.

— *Als ouders zeggen „Is mijn kind intelligent?" moet je dan naar de Maan of naar Mercurius kijken?*

Darby: Dat vragen ouders inderdaad als ze om welke reden ook naar de horoscopen van hun kinderen kijken. Ik verbaas me er altijd over dat ze niet vragen: „Wat voor intelligentie heeft mijn kind?" Dat lijkt mij een intelligentere vraag. Maar om uw vraag te beantwoorden...

— *... U kijkt naar zowel de Maan als Mercurius!*

Darby: Ja. De Maan vertegenwoordigt het natuurlijke verstand en de natuurlijke intelligentie, anders dan Mercurius, die ons vermogen is om informatie te verzamelen en de informatie die je nodig hebt te allen tijde beschikbaar te houden voor het bewustzijn, en het vermogen of onvermogen om die onder woorden te brengen wanneer dat nodig is.

— *De Maan zuigt het in zich op en Mercurius spreekt het uit.*

Darby: Dat is een goeie.

— *Het lichaam bestaat voor het grootste deel uit water, is het niet?*

Darby: Ik heb onlangs „*Water and Sexuality*" van Michel Odent gelezen, een boek over natuurlijke geboorte. Hij deed me denken aan de vele wetenschappers die met experimenten hebben aangetoond dat water 'onthoudt' – sporen vasthoudt van structuren die het niet meer bevat. Dat is de basis van homeopathische middelen die in water worden bereid. Hij vergelijkt mensen met 'dynamische vloeibare kristallen'. Mooi, hè? Heel maanachtig.

Maar laten we eens kijken naar de etymologie van het woord '*mind*' (het Engelse woord voor o.m. verstand, geest. *vert.*) alvorens we verdergaan. 'Mind' komt van het Latijnse *mens* en het Griekse *menos*, en misschien het Sanskriet *manas* – en die komen alle drie van de wortel **man*, die 'denken' betekent. Mijn *Chambers* woordenboek zegt dat ons woord *man* letterlijk 'het denkende dier' betekent. (Het Nederlandse woord *man* natuurlijk ook, evenals ons woord *mens*, dat ontstaan is uit *mannisk*, een afleiding van *man. vert.*)

Laten we het (Engelse) woord 'man' opvatten in de (Nederlandse) betekenis van 'mens', goed? De soort, en niet de ene helft daarvan. Op die manier kunnen we zonder onenigheid verder. Want ik zie dat een paar van u zich bijna niet kunnen inhouden. Het Latijnse woord *mens* (waarvan de stam *ment-* is) heeft volgens mijn *Lewis & Short* woordenboek de betekenis 'de geest, aard; het hart, ziel – het geweten – de verstandelijke vermogens, het verstand, begripsvermogen, intellect, rede, oordeel, onderscheidingsvermogen, beschouwing, overpeinzing' enzovoorts. In Rome had je een godin *Mens*, die de godin van de gedachte was. Haar feestdag viel op 8 juni. Voor Tweelingen om te onthouden!

Van ouds her worden alle woorden die te maken hebben met denken, (be)redeneren, onderscheiden, geassocieerd met *mens*. Nu zouden we ze misschien allemaal met Mercurius kunnen associëren, maar zoals *Lewis & Short* zegt is (Latijn) *mens* ook verbonden met 'het hart, de ziel', en daarin kunnen we de Maan en het verstand bij elkaar brengen, al zijn de wortels van *mens* en *Maan* niet met elkaar verbonden. Het is geen maanwoord. Maar er is sprake van een soort intelligentie waarin hart en ziel actief zijn.

Het verstand van de Maan is het 'weten van het hart', en de ziel houdt vast wat haar ooit is overkomen. Om te leren moet je in staat zijn te onthouden wat je in je hebt opgenomen. En hoewel dit soort denken niet van een maanwoord afkomstig is, brengt het ons weer terug bij de Maan. Dus wat ik zeg is dat als je gaat kijken naar het leervermogen van een individu, je naar de Maan moet kijken. Leren waarbij je Maan niet is betrokken, voedt niet. Met behulp van Mercurius verzamel je de informatie, maar de eb en vloed van je Maan absorbeert en assimileert het, en maakt het tot iets van jezelf. Je pikt dingen op met behulp van je Mercurius. Maar het wordt pas van onszelf als het door onze Maan deel van ons is geworden. Als je iets dat je gehoord of gelezen hebt herhaalt, dan is dat informatie. Maar als je het een plek in jezelf hebt gegeven en het tot uitdrukking kunt brengen in je eigen beleving, dan weerspiegelt het ook je maanintelligentie. Ons vermogen om informatie te verzamelen houdt gelijke tred met ons vermogen om die in ons op te nemen en ons die eigen te maken. Zodra je je die eigen maakt, is de Maan in het spel.

Dat herinnert me er trouwens aan dat wil je je doel bereiken, je Zon laten schijnen en je lotsbestemming vervullen, je dat vanuit astrologisch standpunt door middel van je Maan moet doen — een andere manier is er niet. Het zijn je bezigheden dag in dag uit en het dagelijks ritme van je eigen emotionele en fysieke leven die de grond vormen waarop je je lotsbestemming kunt bereiken. We hebben een beeld van onze lotsbestemming voor ogen door de Zon, maar we ervaren die, en zoals we in het leven staan, door de Maan. De opeenstapeling van belevenissen, waarvan we er sommige wel onthouden, maar waarvan er veel onder de oppervlakte van de wateren van onze ziel verdwijnen, is dat wat aan ons bestaan in de tijd vorm en ritme verschaft. Vanuit praktisch oogpunt bezien heeft het bewustzijn onbewustheid nodig om bewustzijn te zijn.

— *Dat is praktisch*?

Darby: Ja! Het is praktisch op een negendehuis-manier — het heeft iets te maken met de aard van het leven. Bijvoorbeeld een cliënt, die de astrologische taal spreekt, zei onlangs tegen me: „Ik heb de Zon in het 10e huis, maar ik heb de Maan in het 8e, vierkant Neptunus, en die Neptunus zit me zo in de weg bij de financiële kant van mijn zaak dat succes niet beklijft. Hij verhindert me ook bij mijn Zon in tien te komen. Als ik die Neptunus vierkant Maan niet had gehad, had ik overal kunnen komen waar ik wilde." Ik zei toen: „Maar hij kan niet in de weg staan als er rekening met hem wordt gehouden. Dromen of rondzwerven of lekker tijd verbeuzelen is ten minste één helft van de vergelijking als je je eigen lotsbestemming wilt bereiken." Als je op je eigen lotsbestemming wilt aankomen, kun je dat alleen maar door dag in dag uit door je dagelijkse bezigheden heen te gaan, door de ritmen en gewoontepaden van je dagelijks leven — door je Maan.

## Traditionele heerserschappen van de Maan

Dan nu wat astrologie. Tot het terrein van de Maan behoren vrouwen, alles wat vrouwelijk is of bij het vrouwelijke hoort (dat staat in alle oude naslagboeken in mijn bibliotheek — dat mag ik wel). De Maan is nachtelijk, koud, vochtig, flegmatiek en vruchtbaar. Interessant, niet? Deze beelden hebben het vermogen om de waarneming te verdiepen. Ze zijn rijk en vol, en onttrekken zich aan onze maatschappelijk aangepaste rollen en ideeën. De Maan heerst over de borsten en de maag. Bij mannen beheerst ze het linker oog, en bij vrouwen het rechter oog. Ze heerst over 'het publiek'. Dat wisten we trouwens al, door de associatie met de Kreeft. En ze heerst over kruidenierswinkels, keukengerei, bakken en wasserijen. Ze heerst over zoetwatervis, varen en brouwen. Kijk eens naar deze dingen in je leven, en zie hoe je Maan en haar plaatsing en aspecten je relatie tot deze dingen beschrijft. Wat voor relatie heb je met je kruidenier, en wat voor kookpot heb je om er je brouwsels in te brouwen? Het soort brouwsels dat je maakt is wellicht je Zon, maar je Maan is de kookpot, en die zegt wat voor soort kookpot het is.
En de Maan heerst over het baden — in zee, in een meer of in de badkuip, mensen? Ben je een bad- of een douchemens? Blijf je lang in het water of niet? Wat zijn je rituelen bij het wassen en baden?

De Maan heerst over de maandag; en over zilver. Maanmensen zijn gevoelig, emotioneel, verknocht aan huis, ontvankelijk, mediamiek, en men zegt dat ze het liefst bij water in de buurt wonen. Dus zulke mensen zouden we maanmensen kunnen noemen.

> — *U heeft geen enkel woord gezegd over de associatie van de Maan met de getijden. Daar heb ik de hele ochtend op zitten wachten.*

Darby: Nou, ik ben blij dat u het eindelijk zelf noemt! Ik vergeet vaak de voor de hand liggende dingen te noemen. Natuurlijk – de getijden, de zee. Zeeën kennen getijden, en wij ook. Onze emoties vloeien aan en ebben weer weg, en als we goed met iemand overweg kunnen, golven de gevoelens tussen ons heen en weer als eb en vloed. De getijden laten zien dat alle water verbonden is met de Maan, en alle water kent z'n getijden. Door die getijden te leren accepteren, ze te herkennen en ze af te rijden, verbind je je met de wateren des levens, en je eigen ziel met de Wereldziel, de *Anima Mundi*.

*— Zoudt u Neptunus niet in verband brengen met wat u de Wereldziel noemt?*

Darby: Ja, ik denk van wel, in al zijn mysterieuze dimensies. We begrijpen waarschijnlijk maar zo weinig van het rijk van Neptunus. Maar als je denkt aan Maan–Neptunus mensen, of degenen met Maan in de Vissen of soms planeten in twaalf, die willen hun eigen gevoelens en de gevoelens van anderen en van de wereld zelf nog wel eens met elkaar verwarren, of ze laten samensmelten.

## Moeder en kind

Nu wil ik gaan kijken naar ons prille begin, als we in het lichaam van onze eigen moeder groeien. En ik wil te gelijker tijd het werk introduceren van een natuurkundige, Danah Zohar genaamd. Zij heeft een boek geschreven dat „*Het quantum-zelf*" heet. Dat boek is gebaseerd op de theorieën uit de quantummechanica. Ze heeft die ideeën gebruikt om naar onszelf te kijken. Toen ze dat boek schreef was ze zwanger. Er was haar gevraagd om dat boek te doen en ze was zwanger, maar ze wilden dat ze het toch zou doen. Dus schreef ze dat boek terwijl er een kind in haar buik groeide.

Ze drukt zich uit als een heel intelligente, in feite intellectuele vrouw. Maar ze was zwanger toen ze aan het schrijven ging. Dus bracht ze heel wat uren schrijvend aan haar boek door, terwijl ze haar zwangerschap voelde. Ze beschrijft het proces dat in haar plaatsvond, haar zwangerschap, en de de geboorte van het kind daarna terwijl ze nog bezig is dat boek te schrijven. Ze was afgestudeerd natuurkundige en filosofe, en terwijl ze het boek schreef kreeg ze een paar prachtige ideeën, die voortkwamen uit haar kennis en haar gevoelens. Eén van de dingen is dat ze het heeft over het zelf als deeltje en als golf. Ze zegt: „Het zelf is niet zomaar iets, we zijn een zelf als deeltje en een zelf als golf." En toen dacht ik: „Dat zou een metafoor voor de Zon en de Maan kunnen zijn." Je zou kunnen zeggen dat we zowel deeltjes- als golfzelven zijn, en dat de Zon mijn zelf als deeltje uitdrukt en de Maan mijn zelf als golf. Als Zon straalt mijn deeltjeszelf vanuit het centrum van mijn wezen, schijnt op de aarde of in de lucht en op en door de wateren heen, of straalt eenvoudig als het vuur zelf, afhankelijk van het element waarin hij staat. Hij kan stralen met een fel licht of met een flauw schijnsel, afhankelijk van het element en de aspectering, maar hij vertegenwoordigt mijn stralende licht. Maar dat zelf is ook een golf, en heeft ook een maankant.

Aangezien we vandaag naar de Maan kijken en niet zozeer naar de Zon, zijn we meer geïnteresseerd in het zelf als golf. Dus laten we eens kijken naar de menselijke behoefte aan éénzijn en ons vermogen daartoe, ook weer aan de hand van iets dat Danah Zohar in haar boek zegt. „Het kind is vanaf het begin gedurende de eerste maanden versmolten met de moeder." Laat ik eens een paar van die mooie dingen die ze zegt aan u voorlezen. Ze zegt: „Tijdens de periode dat ik zwanger was van mijn eerste kind en de daarop volgende maanden na de geboorte ervoer ik een voor mij vreemde nieuwe manier van bestaan."

Ze is erg bewust, en is dus in staat om het te verwoorden, wat de meeste vrouwen die dit ervaren niet zouden kunnen. „In een groot aantal opzichten verloor ik het gevoel dat ikzelf een individu was, terwijl ik tegelijkertijd een gevoel met betrekking tot mijzelf kreeg als zijnde een deel van een groter en omvattender proces. Eerst breidden de grenzen van mijn lichaam zich naar binnen uit in een omarming van en een vereenzelviging met het nieuwe leven dat in mij aan het groeien was. ik voelde mij volledig en vervuld, een microkosmos waarin *al* het leven lag besloten. Later strekten mijn grenzen zich verder uit naar buiten en omvatten de kinderlijke vorm van mijn eigen baby. Mijn lichaam en mijn zelf bestonden als levensbron en als voedingsbron, mijn ritmes waren die van een ander, mijn zintuigen werden één met die van haar en door haar met die van anderen om mij heen." Hier spreekt een vrouw vanuit de diepten van haar moederlijke natuur – het is de natuur die spreekt, maar door het medium van onze moderne taal. Mooi, hè?

Soms is je zelf een deeltje, en soms is het een golf. Denk eraan, ik gebruik deeltje en zelf, Zon en Maan, op een bepaalde manier. Om daar wat meer licht op te laten schijnen kunnen we kijken naar ons idee bijzonder te zijn en naar ons gevoel van gemeenschappelijkheid'. Ons idee bijzonder te zijn kunnen we associëren met onze zonnezelf, en ons gevoel van 'gemeenzamelijkheid' met ons golf-zijn — het zelf als deeltje en het zelf als golf.

— *Volgens mij heeft u daar een nieuw woord gemaakt.*

Darby: Dat klopt, en dat is ook de plicht van mensen met Uranus in de Tweelingen! Weet u, het is alsof zij zich door de dagen van haar zwangerschap heen bewoog, en terwijl de Maan rondging door de dierenriem werd zij door elke mogelijke zijnsmanifestatie geraakt, en dat gebeurde dag in, dag uit, de volle negen maanden lang. Ze was door het kind dat in haar lichaam groeide verbonden met alle leven vanaf het begin der tijden.

En hoewel je Maan jouw moeder vertegenwoordigt, vertegenwoordigt de Maan alle Moeders en alle wezens en alle schepselen die we ooit zijn geweest. Je wordt geboren uit een lichaam dat geboren is uit een ander lichaam, dat geboren is uit een ander lichaam, dat geboren werd uit een ander lichaam. Dus ofschoon de Zon het punt in je horoscoop is dat staat voor het beeld dat jou bijzonder maakt — jouw eeuwig beeld, je onvergankelijke geest en onveranderlijke zelf — zegt de Maan hoe jij je toegang verschaft tot jouw eeuwigheid door de dagelijkse gewoontepatronen en ritmen in je leven. En bij de aanvang van dat bijzondere leven heb je de vorm van die ritmen ontvangen door je moeder. Maar omdat al die moeders zich bij wijze van spreken achter haar bevinden, verzamelen zij zich in een bepaalde archetypische moeder, die door haar dan versterkt en vervormd wordt en een eigen gestalte aanneemt.

# 3.
# De Maan in de tekens

De Maan staat altijd in een teken, in een huis en in aspect. Door het teken te begrijpen waardoor je emoties zich uitdrukken, begrijp je welk van de twaalf grote astrologische beelden je het meest rechtstreeks voelt, door bij jouw moeder te zijn geboren. Het teken geeft het astrologische archetype aan met behulp waarvan je de ritmen van je moeder oppakt en in je opzuigt, er aan relateert en er op reageert. Dus stel dat je de Maan in aarde hebt. Dan zijn het haar ritmen en haar voeding in fysiek opzicht die jou het diepst raken. Ze praat ook tegen je, heeft aansluiting met andere mensen, heeft haar eigen hartstochten en enthousiasme, heeft haar eigen emoties. Maar waar je het sterkst op reageert is de manier waarop ze je aanraakt, en het ritme — want onthoud goed dat de Maan altijd met ritme te maken heeft — het ritme waarmee ze je oppakt en weer neerlegt en aandacht heeft voor je lichamelijke noden.

Zolang je in haar buik groeit neem je allerlei soorten beelden, communicatiepatronen en emotionele wederwaardigheden door haar in je op. Maar je bent je aan het ontwikkelen tot een bepaalde persoon, en die komt op de dag van je geboorte op een bepaalde tijd en plaats met een bepaalde horoscoop te voorschijn. Het Maan-teken zegt iets over wat je in de baarmoeder zoal in je hebt opgenomen. En van de dag van je geboorte af aan richt dat je emotionele groei op een bepaalde manier. Vanaf je geboortedag zal de relatie van je moeder met de materiële wereld het diepst een stempel op je drukken, als de Maan in aarde staat.

Ik moet even denken aan twee mensen, broer en zus, die geboren werden uit een Zon–Maan conjunctie in een Watermanvrouw.

*— U zegt het alsof het om renpaarden gaat.*

Darby: Nou, een van hen heeft Boogschutter rijzend en doet een beetje aan een renpaard denken. De jongen heeft Maan in Maagd en het meisje Maan in Stier. Geen van beide kinderen had veel weg van de moeder toen ze nog klein waren, en ze heeft een hele tijd haar best gedaan om iets van zichzelf in hen terug te vinden, om hen zover te krijgen dat ze haar Maan-in-lucht manier van zijn tot uiting brachten. Maar zij reageerden op haar ritmen en gewoonten in het fysieke vlak — ze zochten bestendigheid en een gerichtheid op het praktische, twee dingen die ze hun niet op een volkomen natuurlijke manier kon geven. Overbodig te zeggen dat beider Manen gespannen geaspecteerd waren — die van de jongen door een vierkant met Uranus en die van het meisje door een vierkant met Saturnus. Haar kinderen namen iets van haar in zich op dat niet het duidelijkst uitkwam in haar persoonlijke gedrag — een in emotioneel opzicht praktische benadering van het leven — maar zij absorbeerden het via haar lichaam. Ze reikten in de diepte van het voorgeslacht, via haar lichaam, en vonden aardse maanritmen. Misschien waren die uitgesprokener in een grootmoeder of overgrootmoeder.

Ze heeft haar kinderen nooit echt begrepen, en zij wilden altijd iets van haar dat ze niet kon geven. Uiteindelijk was er gelukkig sprake van verdraagzaamheid en liefde tussen hen, maar ze hebben heel wat teleurstellende pogingen moeten verwerken. Ze vroegen allebei van haar om aarde te zijn, en zij verstond zich met hen in ideeën. Ik denk dat de liefde voortkomt uit de manier waarop ze waarschijnlijk voor hen gezorgd heeft toen ze nog kinderen waren. Dat heeft zich op de een of andere manier vastgezet in hun lichaamsherinnering. Maar toen ze in hun vroege tienerjaren kwamen en er behoefte aan hadden dat ze er simpel voor hen wás, probeerde zij hen op een bepaalde manier van kennis te voorzien, en dat wilden ze niet van haar. Later, in hun volwassen jaren, moesten ze allebei manieren vinden om hun verwachtingen te laten varen en eigen bronnen vinden in henzelf om emotioneel aan hun trekken te komen.

> *— Mijn moeder heeft de Maan in Steenbok, en mijn broer en mijn zuster hebben de Maan allebei in water — Kreeft en Vissen. Zij lijken écht iets van haar nodig te hebben dat ik eenvoudig niet nodig heb.*

Darby: Waar staat úw Maan?

— *Die staat in Maagd — ik denk dat dat wel voor de hand ligt.*

Darby: Nou, het zegt inderdaad waarom u niet de zelfde dingen van uw moeder nodig hoeft te hebben als uw gezinsgenoten. De Maan lijkt een bepaald ding in je moeder op te pakken, en via dat element herinner je je moeder. In water echter, óngeacht hoe goed ze je lijfelijk koestert, en óngeacht hoe veel ze tegen je praat en met je communiceert, en óngeacht hoeveel ze met haar energie, haar hartstocht, haar enthousiasme van je houdt, wat jij registreert zijn de emoties ín haar. Je bent met haar verbonden in de diepe wateren van je zijn, en je vermogen om je gekoesterd en verlaten te voelen is sterker dan bij andere elementen. Tenzij je moeder een heleboel water elders heeft zoeken die twee met hun Manen in water vocht in een droog landschap — en vinden het vermoedelijk ook nog, en geven het terug. De Maan van je kind zegt wat dat kind jou te geven heeft — welk element jou gegeven wordt als je het koestert.

Je wordt geboren met de Maan op een bepaalde plaats. Een maand later heeft de Maan, die na het tijdstip van je geboorte gewoon doorgaat, contact gehad met alle planeten in je horoscoop. Dat is de eerste fluistering van je emotionele leven die in je wordt geregistreerd. Twee maanden later is de Maan opnieuw rondgeweest, en heeft elk aspect in de horoscoop geraakt, en is op haar eigen plaats teruggekomen. Aan het eind van het eerste levensjaar heeft ze dat dertien keer gedaan. En rond de tweede verjaardag zesentwintig keer.

In het eerste prille begin kun je bijna aanvoelen of zien op wat voor soort dingen dit kind emotioneel zal reageren. Wat jij bewust of onbewust doet heeft daar heel weinig mee te maken. De Maan is het gedeelte dat dat bepaalt, ongeacht wat je denkt. Je weet wat de meeste moeders denken: „Mijn kind zal anders worden. Ik zal het goed doen." En de meeste moeders geven zich volledig over aan die taak. Maar het kind zuigt uit lichaam en ziel van zijn moeder dat in zich op wat het wil. We zouden kunnen zeggen dat als de Maan in vuur staat het de energie en de verbeeldingskracht van zijn moeder in zich opzuigt. Het is afgestemd op haar innerlijke beelden — de beelden die haar drijven — terwijl een Maan in lucht van haar de ideeën en mentale communicatiepatronen in zich opzuigt die deel zijn van haar voorgeslacht, de patronen waarin informatie verzameld en uitgedrukt wordt. Als je de Maan in lucht hebt, dan is de drijfveer om ideeën te verwoorden diep verbonden met je emotionele band met haar.

— *Ik heb de* Maan *in* Tweelingen, *en nu heb ik onlangs ontdekt dat als ik verkeerd begrepen word — ook al gaat het om iets dat me amper raakt — ik echt behoorlijk van streek raak. Ik weet dat het een cliché is, maar ik heb heb echt het gevoel dat mijn moeder me nooit begrepen heeft. Zij heeft* Maan *in* Schorpioen, *en ik denk dat zij zich vaak door mij in de steek gelaten voelt.*

— *Ik heb mijn* Maan *in* Schorpioen, *en mijn moeder heeft haar* Maan *in* Tweelingen. *Ik probeer haar altijd zover te krijgen dat ze even rustig is.* En *ik kan zién dat ze mij een compleet raadsel vindt.*

— *Zoudt u over elk teken iets willen zeggen?*

Darby: Ja. Ik was toch al van plan dat ergens in de loop van de dag te doen, en dit ogenblik lijkt me even geschikt als een ander. Ik heb geen tijd om hier op details in te gaan, maar ik zal wat aanwijzingen geven met het oog op wat ik over de Maan in het algemeen zeg. Op een dag zal ik al mijn aantekeningen wel 'ns samenvoegen en alles volledig opschrijven. Ik heb Howard [Sasportas] beloofd dat ik dat zou doen, en op een goeie dag zal ik er voor gaan zitten en het echt doen.

## De Maan in de vuurtekens

Maar voor wat nu betreft: ik zei net dat je als je Maan in vuur staat je laaft aan de energie en verbeeldingskracht van je moeder. Dat gebeurt door haar en door dat wat ze in haar gedrag weerspiegelt, maar het komt van dieper in de zin dat het via haar afkomstig is van de vuurvrouwen in je voorouderlijke lijn. Dat is wat je in feite van haar oppakt, of ze dat gevoel van zichzelf ook heeft of niet. Die energieke, emotionele aard, die rijk is aan verbeeldingskracht, is de manier waarop jouw ziel tegen het leven aan gaat. Jij zuigt het uit haar op en maakt het je gedurende je leven eigen.

Dus als je bent geboren met de Maan in Ram pak je het heldhaftige, zelfzuchtige, agressieve, gedachteloze, onachtzame, zelfopofferende...

— ... *Ram? Zelfopofferend?*

Darby: Ja. Heeft u dat nooit gemerkt? Zo egoïstisch als ze zich kunnen voordoen, ze hebben ook een sterke zelfopofferende inslag. Ik denk dat dat komt door de drang naar heldhaftigheid die de Ram bezielt, het verlangen om zich voor het kanon te storten om het dorp te redden, om — dood of levend — als held gevierd te worden. De behoefte om eer te verwerven is enorm. En als dat via de Maan komt, drukt het zich uit in de eb en de vloed van emotionele moed en vrees. Je relateert aan je moeder alsof zij zelfzuchtig is, en haar zelfzuchtigste trekken worden door het kind weerspiegeld, maar ook haar moedigste.

In Leeuw heeft de Maan een nogal grootse voorstelling van zichzelf en het leven. De moeder was een koningin, en of ze de boosaardige of de goede koningin was hangt van andere dingen af. Voor velen van ons met Pluto in Leeuw is ze dikwijls de slechte of dwaze koningin geweest. Maar niet altijd natuurlijk; het kan zijn dat ze gewoon krachtig was op een plutonische manier. Voor degenen onder u met Neptunus in Schorpioen was ze mogelijk de bedroefde of verloren koningin. Maar ze was je koningin, en ze kon daar maar beter aan beantwoorden, anders zou je het haar nooit vergeven. Hier maak je je het gevoel eigen dat de dagelijkse bezigheden in je leven je plezier moeten verschaffen, of tenminste gezag — en een gevoel van gekrenktheid als ze dat niet doen.

En in Boogschutter neem je via haar lichaam en ziel elke avontuurlijke, filosofische of dromende voorouder in jouw lijn in je op. Je voelt haar rusteloosheid heel sterk, en elk verlangen van haar naar een toekomst die vrij is van de dagelijkse sleur.

## De Maan in de aardetekens

Degenen onder u met aarde-Manen waren afgestemd op haar vermogen om praktisch met het leven om te gaan. Zoals ik al zei, de aspectering geeft aan of ze die behoefte kon vervullen.

In Stier zoog je haar behoefte aan materiële veiligheid in je op, haar vermogen om die te geven en haar afgestemdheid op natuurlijke schoonheid. Door haar heb je het vermogen ontvangen om te zorgen voor wat je lichaam nodig heeft en te waken over de emotionele behoefte aan lichamelijke veiligheid.

In de Maagd heb je haar aandacht voor gezondheid en voor de rituelen van een ordelijk dagelijks leven ontvangen. Alle zorgvuldige mensen, handwerkslieden en handarbeidende vrouwen, alle voorouders die bijzonder gevoelig waren voor de fysieke omgeving, resoneerden door jouw emotionele lichaam. Voor degenen van u met Neptunus in de Maagd, en vooral als die conjunct uw Maan staat, is die aandacht zelfs versterkt en bij tijden bijna vergoddelijkt. Ik heb een vriendin die een poosje het spoor bijster is geweest, en ze vertelde me dat het tot nieuw leven wekken van haar rozentuin haar weer 'terug naar huis in Gods wereld' had gebracht, zoals zij het stelde.

In Steenbok pakte je de lijn in je voorgeslacht op die gevoelig was voor maatschappelijke positie door maatschappelijke interactie. Je bent geboren met een beginnend bewustzijn van de zeden van je maatschappij. Je reageert tot diep in je op haar maatschappelijk besef en haar behoefte om beschouwd te worden als een waardevol of gerespecteerd lid van haar gemeenschap.

## De Maan in de luchttekens

Als je geboren bent met een lucht-Maan wil je de intellectuele idealen van je voorgeslacht in je opnemen — een besef van de macht der communicatie. Waar je moeder over dacht en hoe ze woorden en ideeën gebruikte — jij was gevoelig voor deze aspecten van haar aard.

In Tweelingen was je het gevoeligst voor de manier waarop ze woorden gebruikte, voor haar communicatievaardigheid. Jij hebt je afgestemd op de manier waarop zij converseerde en op alle 'woordsmeden' in je voorouderlijke lijn. Als je Uranus óók in Tweelingen hebt vormen woorden waarschijnlijk een weg naar wijsheid, of naar verlichting.

In Weegschaal nam je door haar de lijn in je op die door het verleden loopt en die te maken heeft met het uitwisselen van ideeën omtrent ideaal gedrag. Je registreerde haar gaven en zwakheden in de communicatie zodanig dat 'slechte communicatie' pijnlijk voor je was en 'goede communicatie' rustgevend. Degenen met Neptunus in Weegschaal hebben dat schrijnender gevoeld. Aan de behoefte van die generatie aan vrede en harmonie hing bovendien nog een emotionele behoefte aan gratie en harmonie. Een emotionele sfeer die te heftig is geeft hun het gevoel verloren, verward of schuldig te zijn.

In Waterman nam je de trekken van al je meest idealistische voorouders over. Het vermogen van je moeder om zich bij verschillende soorten mensen op haar gemak te voelen is emotioneel pijnlijk of bevredigend voor je geweest. Haar eigen persoonlijke idealen waren voor jou belangrijk. Haar excentrieke kanten vond je interessant en je voelde je er lekker bij, zolang ze niet elitair waren. Je zoog haar sociale oordelen in je op en keurde die, al naar gelang de aspecten, goed of af.

## De Maan in de watertekens

En als je maan in water staat nam je van haar de basisinstincten van haar over. Je pakte via haar emotionele ritmen het menselijke basisinstinct tot zelfbescherming en de bescherming van anderen op. Je bent geweven uit de wateren van je voorgeslacht, met de meest elementaire behoeften van de mens als schepsel.

Met de Maan in Kreeft heb je door haar de diepste moederlijke ritmen gevoeld en had, meer misschien dan bij welke andere plaatsing van de Maan ook, de behoefte aan ritme en regelmaat in voedingen, warmte en lijfelijke nabijheid. Bij degenen van u met Uranus in Kreeft, en vooral als die dicht bij de Maan staat, kan dat ritme verstoord zijn ten gevolge van moderne psychologische houdingen tegenover het moeder-zijn.

— *Dokter Spock!*

Darby: O, zeker. Maar hoe dan ook, er was iets dat storend werkte, maar dan voor de meesten van ons, iets dat onze prille behoeften dwarsboomde – maar daarover later meer. Mensen met Pluto in de Kreeft, met de Maan in Kreeft — die hebben de oorlog meegemaakt.

En met de Maan in de zwaarmoedige wateren van Schorpioen werkt het basisinstinct tot zelfbehoud via een acuut gevoel voor gevaar en een sterk vlucht/vecht-instinct in emotioneel nabije situaties. Deze Maan wordt geboren bij een moeder wier situatie de emotionele erfenis van voorouders die gevaarlijk en riskant hebben geleefd heeft geïntensiveerd. De geërfde trekken van emotionele beslotenheid en het fel verdedigen van emotionele rechten worden in de Maan in Schorpioen geconstelleerd.

De drijfveer tot zelfbescherming is bij een Maan in Vissen hoogst paradoxaal, zoals te verwachten valt. Deze Maan pakt een voorouderlijke lijn op die aansluiting geeft op allerlei mensen in het verleden. Als daar al enkelen bij opvallen, dan zijn ze waarschijnlijk diep religieus of diep verloren. De drijfveer tot zelfbehoud is samengesmolten met het gevoel iedereen te zijn, en de reactie daarop is vaak medelijden — als ik jou ben en jij kwetst, dan ontferm ik me over jou om voor mezelf te zorgen. Maar het is dikwijls nog subtieler en ook verwarder dan dat. Ik zie dat ik daar over door kan blijven gaan, en wilde eigenlijk even stoppen. Laten we thee gaan drinken.

## Noodlot en vrijheid

Is iedereen nu weer opgefrist? Wat kan een kop thee op het juiste moment toch voedend zijn. Laten we overgaan tot de vragen, want ik kon voelen dat die hier en daar begonnen op te komen.

> — *U heeft het over het teken van de Maan alsof het iets voorbestemds is, alsof dat tegen de tijd van geboorte al vaststaat. Denkt u dat dat zo is? En de huizen en aspecten eveneens?*

Darby: Hmm. Ja, ik denkt dat het teken, nou, laten we zeggen bepaald wordt gedurende de tijd in de baarmoeder. Ik weet niet of het vastligt vanaf het ogenblik van de conceptie, maar het lijkt iets te zijn dat tijdens die maanden toegroeit naar iets dat vaste vorm aanneemt. Een moeder kent haar kind al behoorlijk goed als het op het punt staat geboren te worden, en toch is er ook iets dat volslagen onbekend is. Van wat ik gezien heb kan het herkende stuk beschreven worden door het teken van de Maan, en het niet gekende stuk lijkt eerder te worden beschreven door het huis van de Maan, en in bepaalde opzichten mogelijk door de aspecten — ofschoon het niet zeldzaam is dat een vrouw met een Maan–Mars aspect een kind krijgt met een Maan in Ram. Maar ik ben tot de overtuiging gekomen dat het teken de diepste laag is, in de zin dat die het voorouderlijk geheugen in het kind weerspiegelt, en trekken die drie generaties geleden via het Maan-teken aan de dag traden.

*— Ik heb de Maan in Ram, en ik voel me zeker niet energiek en moedig. Ik voel me meestal een lichtgeraakte sul.*

Darby: U bent van de generatie met Neptunus in Weegschaal, niet? Staan uw Maan en Neptunus in oppositie?

*— Ja, en daar schuif ik alle schuld op.*

Darby: O nee, u moet niet op mijn 'geef-de-planeten-de-schuld' knop drukken. Daar kan ik uren over doorgaan. Maar ik zal me er toe beperken te zeggen dat uw Maan in Ram evenveel lef heeft en even zelfzuchtig en heldhaftig is als elke andere Maan in Ram, maar u bent geïncarneerd in een tijd waarin bevalligheid en harmonie en vrede werden geïdealiseerd, en daardoor is de drijfveer om te vechten al vroeg gesaboteerd door het collectieve ideaal. Moeder vertolkte de verwarring waarschijnlijk door haar ik-gerichte instincten en haar moedige instincten met dit ideaal te maskéren. U bent geïncarneerd met alle Ram-instincten die u heeft opgepakt uit uw voorouderlijke lijn, via haar, maar u bent geïncarneerd in een tijd waarin dat collectief gesproken niet werd beloond. En het is belangrijk om te leren begrijpen waardoor dat komt en, rekening houdend met deze omstandigheden in plaats van er de schuld aan toe te schrijven, wat het doel van uw zielereis kan zijn. De tegenstelling tussen het instinct tot impulsief handelen en een collectief geestelijk ideaal dat luidt: „God/Volmaaktheid is harmonie en vrede" klinkt als een interessant terrein voor een ziel om op te groeien!

*— Waarom komt Ram altijd het eerst aan de beurt?*

Darby: Dwaze vraag.

*— Ja, dat wist ik ook. Maar mijn Maan in Tweelingen mág dat. U hebt*

*niet erg veel over Tweelingen gezegd — ik had gedacht dat u heel wat woorden aan die Maan zou wijden.*

Darby: Dacht u dat? Ik vraag me af waarom. Okee, voor degenen onder u die niet weten dat ik mijn Maan ook in Tweelingen heb. Laat ik dit er nog even over zeggen: mensen met de Maan in Tweelingen zijn nogal overgevoelig — veelal gevoelig voor lawaai en afhankelijk van woorden, waaraan ze iets van waarde ontlenen. Ik heb een vriendin met de Maan in Tweelingen, en zij vertelde me eens dat boeken haar moeder waren geweest. Haar moeder was niet bijzonder vriendelijk of zorgzaam voor haar geweest. Zij had al jong leren lezen en vatte een blijvende liefde voor boeken op omdat ze, zoals ze zei, alles over het leven uit boeken leerde. Ze was behoorlijk bij de tijd, dus ik vermoed dat ze de goeie boeken had gelezen. Van luisteren naar haar moeder, die ze al heel jong afwees, ging ze over op boeken lezen als een bezetene, en ten slotte op lesgeven. Ze is ook een prima lerares.

— *Ik hou van goede boeken, maar ik lees ook een hoop kitsch. Ik houd ook van een goed gesprek, maar soms kakel ik er ook maar op los. Of ik denk dat anderen dat doen*!

Darby: De dubbele ziel van de Maan in Tweelingen. Ik voel met u mee! Dus laat ik voor we doorgaan met andere dingen een ander citaat van Danah Zohar voorlezen: „Tot op grote hoogte is de ervaring van het kind de ervaring van de moeder en hij begint met het weven van zijn eigen zelf door gebruik te maken van zijn moeders kleed. Hij maakt zich de reacties van de moeder op de buitenwereld eigen, haar waarnemingen, haar emoties en haar zorgen en abosorbeert ze in zijn eigen quantum-geheugen-systeem. Zij vormen het materiaal waaruit hij wordt gemaakt en waardoor de verdere ontwikkeling van het neurale netwerk in zijn eigen hersenen zal worden beïnvloed." („*Het quantum-zelf.*" blz. 142.) Ik zou daar alleen aan toe willen voegen dat haar beleving niet enkel bestaat uit wat haar in de tegenwoordige tijd overkomt, gedurende haar zwangerschap, maar dat die ook bestaat uit alle dingen die gebeurd zijn in de diepgelegen lagen van haar psyche, in haar cellen, van moeder op moeder overgeleverd uit de diepte van het verleden. En waar we het over hebben gehad is hoe dit zich manifesteert door het teken waar de Maan bij de geboorte verwijlt. Het teken vertelt ons welk van de twaalf hoofdakkoorden op de toonladder die mensheid wordt genoemd is aangeslagen en dus het hele leven lang in alles dat het leven brengt als onderliggende, steeds weer terugkerende toon zal doorklinken.

Je bent opgegroeid in het moederlijf van een vrouw met een geschiedenis die in elke cel van haar lichaam geschreven is. Je incarneert door die toegangspoort, uit die vrouw, vanuit die geschiedenis, en een deel van het pakket waarmee je incarneert in deze wereld is dat wat je meeneemt van die geschiedenis via de ritmen die haar lichaam zijn. Die ritmen, die door gewoonte gevormde reactiepatronen, zijn gedeeltelijk het resultaat van dingen die haar tijdens haar leven zijn overkomen, keuzen die ze heeft gemaakt, omstandigheden die ze heeft gecreëerd, of die gecreëerd zijn in antwoord op haar reacties. Maar ze zijn slechts gedeeltelijk te danken aan ervaringen in haar leven. Dieper innerlijk zijn het de ritmen die ze geërfd heeft van haar ouders en hun geschiedenis, via de baarmoeder van haar moeder, die ze weer geërfd had via de baarmoeder daarvóór, en zo steeds verder terug. Je ontvangt dat alles terwijl je groeit in haar lijf, en zodra je eenmaal geboren bent begint de tweede fase, met het zorgen voor je.

*— Wat u bezig bent te zeggen klinkt allemaal erg noodlotzwanger en onontkoombaar.*

Darby: Patronen herhalen zich steeds weer opnieuw, overgeleverd van moederlijf op moederlijf, maar elke keer is volkomen nieuw. We erven via onze moeder, de toegangspoort waardoor we worden geboren, allemaal een stuk geschiedenis tot op een zekere diepte en met een zeker gewicht. Toch – en dat is belangrijk en geeft ons dat vreselijke gevoel van verantwoordelijkheid als schepselen – is elk van ons nieuw en uniek vanwege de combinatie van moeder en vader, zaadje en eitje. Elk van ons heeft z'n geschiedenis en is volkomen nieuw; er is nooit eerder een dergelijke combinatie geweest. De planeten draaien rond en ieder moment is het zelfde, maar is er nooit eerder geweest, zoals geen enkele planeetcombinatie er ooit eerder is geweest. Cycli herhalen zich eeuwig en de combinatie als geheel is altijd nieuw, zoals wij – altijd het zelfde en altijd op de rand van het onbekende, het door het noodlot beheerste en het volledig vrije. Geen wonder dat we zo in verwarring raken.

Heeft u een vraag?

— Nee. *Zo kijk ik altijd als ik geïnteresseerd ben en me concentreer.*

Darby: U kijkt ook bezorgd.

— *Ik heb de* Maan *in drie conjunct* Mercurius *in* Maagd.

Darby: Perfect! Ik hoef me pas zorgen te maken als u niet meer bezorgd kijkt. Maar wat ik wilde zeggen is dat we allemaal een bepaalde trek, een akkoord, een thema oppakken waar we altijd weer naar terugkeren, en die geopenbaard wordt door het teken waar de Maan in staat.

# 4.
# De Maan in de huizen

Nu wil ik graag overgaan op de huizen – even een korte schets van elk huis om u de kernideeën te geven, om uw geheugen nog wat op te frissen en u de kans te geven zich open te stellen voor de mogelijkheden van elk huis. Ik wil u een kader aanreiken van waaruit u kunt kijken in plaats van de gedetailleerde conclusies die het resultaat zijn van mijn jarenlang observeren.

— *Dat krijgen we in uw boek, vermoed ik.*

Darby: Dat hoop ik van harte! Dus vooruit! Het huis waarin de Maan staat zegt iets over het levensgebied waarin je schepsel-zijn het duidelijkst is, waar je behoeften als schepsel het sterkst geaccentueerd worden, waar de eb en vloed van het dagelijks leven zich onafgebroken doen voelen.

Voordat je wordt geboren bouwt er zich in je moeder naarmate de dagen voorbijgaan een zekere verwachting op. Het tijdstip komt nader en nader, en dan is het ineens nog maar een kwestie van uren. Ergens in je moeder heerst er een diepe verwachting, hoewel ze daar, als ze een moderne vrouw is, misschien geen contact mee heeft, en anderen daarom laat beslissen wanneer haar kind zal komen. Maar zelfs als alle volwassenen beslist hebben wanneer het komt, kan het hen nog voor verrassingen stellen. We hebben gebeurtenissen niet zo goed in de hand als we onszelf vaak willen doen geloven. Wie weet hoe wij individuele deeltjes worden heen en weer geslingerd door grotere patronen dan we kunnen waarnemen? Alles wat we weten is dat er een moment komt waarop de weeën beginnen en een moment dat het kind komt. Je zou kunnen zeggen dat het roulettewiel daar tot staan komt. En daardoor komen de planeten in de huizen te staan. Op een dag tekent een astroloog de horoscoop van dat moment.

Wij bekijken de configuratie van planeten en sterren en pakken daaruit de Maan en de omstandigheden daaromheen om de prille emotionele omgeving van het kind te kunnen begrijpen. Die omgeving is de moeder. We letten op het teken om er uit te halen wat voor archetypische moeder dit kind zal zoeken, en we letten op het huis. Het huis zegt waar dit kind de eb- en vloedbeweging en het stromen van het fysiek en emotioneel voedende van de moeder zal voelen – welk levensgebied elke maand geactiveerd zal worden, het sterkst tijdens de eerste maanden en jaren van het leven, door wat er tussen moeder en kind plaatsvindt. Dat zal worden weerspiegeld door de transiterende Maan en door de planeten die contact maken met de Maanpositie. En later zegt het huis je in welk levensproces je je het meest thuisvoelt. Of 'thuis' een comfortabel gevoel is of niet hangt van andere dingen af. Het huis waarin de Maan staat zegt je op welk gebied de emotionele gewoontepatronen van het dagelijks leven je zullen voeden, waar je de eb en vloed van 's levens gedurig veranderende overvloed zult voelen.

En nog iets. De plaatsing in een huis vertelt ons waaraan onze moeder haar aandacht besteedde als ze geen aandacht aan óns besteedde – of, om het wat fijner te zeggen, welk gebied was het waar haar aandacht lag en dat wij in de eerste paar maanden en jaren van het leven registreerden als dat wat het vaakst terugkwam. En daar heb je die eb en vloed weer – ze was bij je, ze was er niet; bij je, niet. Waar was ze als ze er niet was? Ik bedoel, waar zat ze met haar aandacht? Een Maan in tien bij haar maatschappelijke positie of het terrein dat zij beheerste; een Maan in zes bij haar werk of gezondheid; een Maan in negen bij haar dromen, toekomstplannen, mensen op andere plaatsen. De eb en vloed van haar zorg voor jou doet zich voelen in verbinding met deze dingen. Later worden die de bron van je emotionele eb en vloed in de zin dat je je op dat gebied vol en weer leeg kunt maken. Hierop worden je emotionele gaven en behoeften tot uitdrukking gebracht. En jij kunt door deze gebieden aansluiting vinden op de diepste bronnen des levens. Je ziel ontwikkelt zich – je aansluiting op de ritmen des levens komt hier tot uitdrukking.

Laten we naar de huizen in volgorde kijken, want ook in die volgorde schuilt een zekere schoonheid die onze gedachten ordent – nou ja, míjn gedachten tenminste.

*— Hoe zit het met de verschillen in huizensystemen, waardoor je Maan in een ander huis kan komen te staan?*

Darby: Ja, dat is een probleem.

*— En?*

Darby: En ik ga daar nu niet op in. U moet een huizensysteem zien te vinden dat u het meest aanspreekt. Ik wil me daar nu niet door laten afleiden.

Als de Maan in het ***1e huis*** staat zal het kind het sterkst de behoefte van de moeder registreren om te overleven – haar behoefte om voor zichzelf op te komen en gezién te worden, misschien door haar man, maar in elk geval door iemand die veel voor haar betekent. Met het opgroeien gaat het kind bij zijn moeder de ritmen herkennen waarin zij ten aanzien daarvan zekerheid zoekt en bezorgdheid laat blijken. Als zuigeling, ingesteld op overleven, zal het deze informatie 'gebruiken' in de zin dat het zich zal afstemmen op haar behoefte om te overleven. Mensen met de Maan in één zien hun moeder meestal als 'overleefster'. In emotionele relaties later doet elke crisis zich voelen als een kwestie van overleving. Ik kan niet overleven zónder jou – ik kan niet overleven als je me vast blijft houden. En je eigen weg gaan en dingen doen voor je overleving verbindt jou met de bron des levens.

De Maan in het ***2e huis*** registreert en versterkt in de moeder elke neiging om zekerheid gelijk te stellen met bezitterschap. Haar aandacht voor de natuurlijke wereld en haar aandacht voor de dingen die zij zelf bezit worden geregistreerd in de eb en vloed van de wijze waarop zij het kind voedt. Weet u, het is misschien vreemd, maar ik kan me niet herinneren ooit iemand met een Maan in twee te zijn tegengekomen die zijn of haar moeder niet waardeerde en liefhad. Ik weet zeker dat er mensen zijn die deze bewering tarten – maar het schijnt een krachtige plaatsing te zijn voor nabijheid. Misschien is het een diep besef waarden te delen. Misschien kun je een moeder die je ontvankelijk maakt voor de schoonheid van de natuurlijke wereld terwijl ze je voedt veel vergeven. Het tot ontwikkeling brengen van je natuurlijke hulpbronnen verbindt je met de ritmen die je voeden.

Degenen met de Maan in het ***3e huis*** registreren de aandacht van hun moeder voor andere dingen in haar omgeving – dingen zoals het komen en gaan van andere mensen om haar heen, en het nieuws van dag tot dag dat doorsijpelt. De plaats van dit kind temidden van zijn verwanten is belangrijk, en de ritmen waarmee het gevoed wordt zijn verbonden met dingen die het van het voeden afleiden. Lezen en praten met anderen zijn voedend, en je zult je ook het meest ondervoed voelen als dat wordt verwaarloosd.

— *Wat bedoelt u daarmee?*

Darby: Ik bedoel dat ik gemerkt heb dat mensen met de Maan in drie dikwijls gefrustreerd raken door wat hen afleidt van dat waar ze emotioneel het sterkst door in beslag worden genomen. En als ik bij moeders ben van kinderen met Maan in drie, merk ik de frustratie van deze kinderen als hun moeder zich even van hen laat afleiden. Ik denk dat zij heel sterk afgestemd zijn op die afleiding, en dat hun emotionele ontwikkeling later afhangt van hun vermogen om afleidingen in het dagelijks leven – en uiteraard ook in gesprekken – te aanvaarden, te verdragen, er ruimte voor te laten en er mee om te gaan. Ik heb een dierbare vriendin met de Maan in Ram in drie, en we maken deel uit van een studiegroep die vroeg-astrologische manuscripten vertaalt. Als we te ver van de tekst raken begint zij geprikkeld te raken, en barst dan opeens uit: „Kunnen we niet weer terug aan het werk?" Om de een of andere reden vind ik dat verrukkelijk.

Zuigelingen die geboren zijn met de Maan in het ***4e huis*** registreren heel sterk de binding van hun moeder aan de familie. Zij wordt gevoeld als iemand die deel is van een familie, en zo ontwikkelt voor dit kind overleving zich tot overleving binnen de familie. Terwijl de Maan iedere maand voortdraait aan de hemel en verschillende aspecten maakt met de geboorte-Maan versterkt dat de verbinding tussen het teken van de Maan en het familieleven. Elke keer als ze weer in het Maan-teken komt zuigt het kind de dynamiek van de familie met alle emotionele en lijfelijke voeding in zich op. En er is bij deze plaatsing een diep besef van grootmoeders, waarbij ik heb gemerkt dat het besef van vaders moeder sterker is dan dat van moeders moeder. Word je van je familie afgesneden, dan moet je verbinding zoeken met de diepere familie – de wortels van je familieleven, de ritmen van de natuur zelf als familie.

*— Geeft dat een hechte relatie met de moeder aan? Ik heb de Maan in vier, en ik hóud helemaal niet van mijn moeder!*

Darby: Ik heb een goede vriendin van achter in de zestig die de Maan in Weegschaal in vier heeft staan. Ze is geadopteerd, en stond onverschillig tegenover haar natuurlijke moeder en had een hekel aan haar adoptiemoeder. Maar ze werd gefascineerd door haar eigen emotionele geschiedenis, en heeft daar zelfs een boek over geschreven. Ik denk dat het een diep emotionele binding is met je achtergrond, en of die binding gemakkelijk is of niet hangt van andere dingen af. Het is gewoon zo dat de eb en de vloed van de emotionele en lijfelijke zorg hecht verbonden zijn met het familiegevoel van je moeder, en jij registreert dat in haar en versterkt het in haar gedurende je hele kindertijd en zelfs in je volwassen omgang met haar.

De Maan in het ***5e huis*** is afgestemd op het vermogen van de moeder tot zelfexpressie en tot plezier maken. Elke keer als de transiterende Maan deze geboorte-Maan aantikt registreert de zuigeling de creatieve, vitale interactie van de moeder met haar kind en met het leven zelf. Ik denk dat deze plaatsing zich in de centrale rol in het leven van de moeder voelt – en of het zich in die centrale rol gelukkig of ongelukkig voelt hangt af van andere dingen. Het kind registreert de mogelijkheden van dat rollenspel tussen hem en zijn moeder.

Een Maan in het ***6e huis*** registreert dag na dag en maand na maand de rituelen en de routinehandelingen waarmee het voeden vergezeld gaat. Het is afgestemd op het proces van het op orde brengen, en zuigt de houdingen van zijn moeder met betrekking tot dergelijke rituelen in zich op en weerspiegelt ze met zijn gedrag terug naar haar. Natuurlijk heeft dit te maken met gezondheidsgewoonten en dergelijke, en terwijl de Maan voortgaat slaat haar aandacht voor rommeligheid en ruimte scheppen – in verschillende dimensies – neer in de gewoonten van het kind. Later zullen de omstandigheden op de werkplek verbonden raken met de eb en vloed van het emotionele leven. Dagelijkse rituelen zullen gevoelens van volheid en leegte oproepen.

Degenen die geboren zijn met de Maan in het ***7e huis*** voelen de kracht van hun moeders relatie met haar partner, echtgenoot, levensgezel. De geboorte van dit kind valt samen met haar emotionele bewustwording van hem en van hun wisselwerking. De zuigeling brengt de ritmen van de concrete en de emotionele voeding in verband met zijn moeders gevoel van zekerheid binnen haar huwelijk of partnerschap. Later zullen het huwelijksleven of het partnerschap de bron worden van de diepste gevoelens van vervulling of gemis. Voor de generatie met Neptunus in Weegschaal raakt dit dikwijls vermengd met een ijler spiritueel verlangen. En voor de generatie met Pluto in Weegschaal wordt deze menselijke behoefte verbonden met kwesties van leven en dood en met de generatiebehoefte om de dynamiek binnen partnerschappen naar een nieuwe vorm te transformeren.

De Maan in het ***8e huis*** registreert diepgelegen angst van de moeder voor verlies – verlies van haar partner, hun zekerheid, en misschien haar angst voor het leven, met de mogelijke uiteinden daarvan, en haar angst voor de dood als deel daarvan. Het kind registreert ook de afwisseling in haar van beurtelings kracht en hulpeloosheid in het aangezicht daarvan – de kracht in haar om haar huwelijk, haar zorgen over hun zekerheid te transformeren. Later brengen relaties deze angsten en de mogelijkheid tot emotionele transformatie naar boven. Het leven zelf wordt als intens en machtig gevoeld, en iemand met deze plaatsing ervaart golven van grote kracht en gevoelens van diepe verlatenheid. Deze mensen verbinden zich vollédig met anderen, of helemaal niét. En transformatie maakt deel uit van hun levensbeleving.

Met de Maan in het ***9e huis*** is de moeder meestal verbonden met mensen die gedurende perioden ver weg zijn. De eb- en vloedbeweging in de emotionele verbondenheid wordt gevoeld door het contact dat zij voelt met haar eigen bron, of door de afwezigheid daarvan. Het kan natuurlijk zijn dat haar eigen moeder, of haar familie of haar man komt en gaat, en dat haar veiligheid en haar onveiligheid daarmee sporen. Maar ik ken iemand met Maan conjunct Neptunus in de Maagd in negen, en haar moeder was zowel religieus als vaak ziek, en de eb en vloedbeweging van de veiligheid van het kind was verbonden met perioden waarin ze gezond en zorgzaam was, of ziek en afwezig. Deze vrouw nadert nu de middelbare leeftijd, en het getijde van haar veiligheid is afhankelijk van hoe diep ze door haar religie wordt gevoed – soms voelt ze de verbondenheid wel en soms staat het zo ver van haar af.

Met de Maan in het ***10e huis*** valt de aandacht van je moeder voor jou samen met haar ambitie. Terwijl de maanden verglijden registreer je haar pogingen tot perfect voeden om zowel jouw behoeften te vervullen als haar eigen behoefte aan respect van anderen. Het werk dat ze ter wille van jou doet zet zich diep in de lagen van je emotionele lichaam vast, en er ontwikkelt zich in jou een verband tussen werk en emotionele voldaanheid. Als het werk je de achting brengt waar je behoefte aan hebt, voel je je door het leven gevoed. Als dat niet zo is krijg je het gevoel te verhongeren. De eb en vloed brengt je in contact met de eb en vloed van 's levens overvloed. Het zou interessant zijn om eens te kijken hoe degenen die de Maan in tien en Uranus en Neptunus in Steenbok hebben dit voelen. Zij zijn geboren in een tijd waarin de structuren van het maatschappelijke leven onderhevig zijn aan verandering en hervorming. Hebben deze Manen in tien het gevoel dat hun eigen persoonlijke ritmen van zekerheid en onzekerheid sterker afhangen van grotere kwesties? Dat vermoed ik.

De Maan in het ***11e huis*** zijn moeders aandachtsritmen met betrekking tot haar leven naar buiten toe, tot haar groep van vrienden en gelijkgestemden, haar verbinding met de behoeften van de gemeenschap waarin ze leeft. Haar eigen idealen ten aanzien van de gemeenschap en hoe ze in die idealen opgaat beïnvloeden jou. Je vertrouwen in de bron des levens wordt verbonden met je vermogen om je op zinvolle wijze met anderen te verbinden. Later zul je groepen mensen vinden die vermoedelijk samenwerken voor een of ander ideaal. Je gevoel van volheid en leegheid in het leven houdt verband met collectieve idealen.

— *Eindelijk de Maan in twaalf. Wij worden altijd het laatst besproken.*

— *De Maan in Vissen is altijd de laatste.*

— *Niet te geloven! Een wedstrijd om de laatste plaats tussen de Maan in twaalf en een Vissen-Maan!*

— *Maar ik was ongeduldig omdat ik mijn* Maan *in twaalf in de* Rám *heb*!

Darby: En waar staat uw Vissen-Maan?

— *In tien, maar vierkant* Mars *in* Boogschutter.

Darby: Nou, ik ben blij dat onze ideeën over neptunisch gedrag vandaag niet helemaal op z'n kop worden gezet. We kunnen allemaal opgelucht ademhalen, want onze wereld werkt nog volgens haar eigen logica. Verder dus met de Maan in het ***12e huis***. Met de Maan in twaalf is je moeder tijdens je prille leventje op de een of andere manier diep in slaap. Mogelijk is ze ziek, in een ziekenhuis of gesticht, maar het is even goed mogelijk dat ze zich om een andere reden afgezonderd voelt. Ziekenhuizen en gestichten zijn wel het eerste waar je op komt, niet?

Ik heb een vriendin die haar eerste kind kreeg toen ze tegen de veertig liep. Het kind heeft de Maan in twaalf, en toen ik haar vroeg of ze gedurende de eerste paar jaar op de een of andere manier in slaap was, lachte ze en vertelde dat ze wanhopig had geprobeerd slaap in te halen, zo uitgeput was ze tijdens zijn eerste levensjaren, vooral omdat haar tweede kind onverwacht achttien maanden na hem kwam! De Maan in twaalf registreert het zieleleven van zijn moeder zo diep, dat hij soms zelf nauwelijks weet wat hij voelt. Zijn diepste gevoelens blijven soms jarenlang onder water. Hij is geschápen voor opoffering en heeft een diep gevoel van eenzaamheid, dat niet per se een probleem hoeft te zijn.

Goed, over de een wat meer dan over de ander. Maar dit is een ééndaagse werkgroep, en ik kan jullie alleen dát geven wat in de beschikbare tijd in me naar boven komt. Ik zal nóg een dag over de Maan moeten doen om de volheid van dat prachtige stukje van ons zonnestelsel ook maar te benaderen. Zó'n vruchtbaar symbool!

De Maan zal altijd laten zien wáárin je het meest op andere mensen lijkt, in de zin dat je daar je menselijke zwakten het sterkst tot uitdrukking brengt. Het huis geeft aan waar deze algemene menselijkheid zich uitdrukt, waar je je het meest thuisvoelt. Dus met de Maan in vier zijn je natuurlijke reacties het gewoonst als je thuis kan rondtuttelen, op je eigen stekkie, je eigen territorium. Het teken en de aspecten beschrijven jouw bijzondere manier om dat gewone menselijke gedrag uit te drukken. Als je de Maan in twee hebt lijk je in je behoefte aan materiële zekerheid het meest op andere mensen. Dus het is niet alleen zo dat je iets van die neiging en aanleg erft van je voorouders, maar het is ook zo dat je je in dat opzicht vooral bij de gewone kudde voegt.

# 5.
# Aspecten van de Maan met andere planeten

*— Ik snap wat u over de huizen zegt en dat de aandacht van de moeder voor het kind tegen een bepaalde achtergrond wordt gevoeld. Maar heeft dat ook niet met de aspecten te maken?*

Darby: Jazeker. Daardoor wordt het eb-en-vloed verhaal jouw eigen verhaal. Behalve natuurlijk de andere dingen die ze beschrijven zullen de aspecten de duur en de intensiteit van het emotionele ritme dat je met je moeder hebt gedeeld beschrijven. Op een bepaalde manier bekeken ben je volledig de uitwerking van haar ritme. Maar aangezien jij met die bepaalde maanconfiguratie bent geboren, en die jouw persoonlijke energieveld beschrijft, speelt jouw energie ook een rol in de dans van jou met anderen. En de aspecten beschrijven de eigenheid van het ritme dat later jouw natuurlijke emotionele ritme met andere mensen komt te beschrijven.

## Aspecten met de buitenplaneten

*— Hoe zit het met de Maan conjunct Pluto in Leeuw?*

Darby: Goed, laten we met iets lichtvoetigs beginnen! Maar laat ik eerst iets zeggen over de Maan in krachtig aspect met welke transsaturnale planeet dan ook. We beschouwen het aspect als het ritme waarin je moeder je voedt ten gevolge van haar innerlijke of uiterlijke omstandigheden. Als een buitenplaneet je Maan aspecteert, dan voelt je moeder om de een of andere reden de kracht van het collectieve, en ze reageert op die trekkracht en op jou tegelijk – vooral als het een conjunctie is. In bepaalde opzichten identificeert ze zich zo volkomen met een bepaalde dimensie van het collectieve dat jij vaak relateert aan een moeder die zo ongeveer het archetype van iets is. Haar persoonlijk leven wordt door dat grotere principe overgenomen, hetzij doordat ze zo versnipperd is, hetzij doordat ze zo in vervoering is, en waarschijnlijk zelfs allebei te gelijker tijd. Bij gespannen aspecten wordt die collectieve dimensie verbonden met haar moederzorg voor jou, maar op een meer hinderlijke en bewuste wijze. Bij de vriendelijker aspecten sijpelen die dimensies wel in haar moederlijke zorg door, maar ontpersoonlijken die niet zo volslagen.

Hoe velen van u hebben de Maan in een nauw aspect, welk dan ook, met de transpersoonlijke planeten? Bijna iedereen, als ik naar de opgestoken handen kijk. Nou, dat is niet zo gek in een zaal vol mensen die psychologische astrologie studeren – of zullen we het ruimer nemen en zeggen: moderne astrologie? U kent waarschijnlijk allemaal het gevoel bezeten te zijn van iets dat groter is dan jezelf, erdoor in vervoering te raken, erdoor beheerst te worden of je ermee te vereenzelvigen – of dat nu door meditatie komt of door liefde, door het eten van chocolade of door een sprookjesachtige of een helse vakantie. Het komt altijd door je innige relatie met het leven. U weet wat het is om absoluut één te zijn met iets dat je doet, en in die toestand verdwijnt de tijd. U weet ook hoe het voelt om weer uit de toestand terug te vallen. Het leven staat het jou als schepsel niet toe om je te vereenzelvigen met iets dat boven alle tijd staat.

We hebben mythen over mensen die meesterschap of verlichtheid hebben bereikt, en misschien is het mogelijk om dat op het aardse vlak te bereiken. Dat hopen we en dat wensen we – hetzij meesterschap, hetzij verlichtheid, of althans iets dat daar op lijkt. In zekere zin is dat het geval als jij als schepsel en de transcendente toestand één met elkaar worden. Maar vaker wél dan niet – tenzij je jaar na jaar, dag na dag, uur na uur saturnaal werk hebt verzet om die toestand te verdienen – vaker wél dus heeft het iets verontrustends over zich, en iets pathologisch', en je vrienden zeggen: „Ha, die is weer verliefd!" of „Die is hélemaal van de wereld!" of „Die staat niet meer met beide voeten op de grond!" of „Geschift!". Saturnus is de poort naar die toestanden. Die toestand is eigenlijk niet geoorloofd, behalve via de deur van Saturnus.

— *Wilt u daarmee zeggen dat dat niet mogelijk was vóór de ontdekking van de transaturnale planeten? En dat het niet mogelijk is voor degenen die zulke aspecten niet hebben?*

Darby: Nee, nee! De Maan in een krachtig aspect met Jupiter kan maken dat je je volledig identificeert met De Leraar bij voorbeeld, of met De Mysticus, en de Maan met Venus met De Minnaar. Maar bij de buitenplaneten vindt identificatie plaats met iets dat vanuit het onbewuste omhoogkomt in het bewustzijn, iets van zo'n planeet dat nog niet in kaart is gebracht. Maan–Jupiter en Maan–Neptunus geven allebei religieuze beleving van emotionele ervaringen. Maar verschillen van elkaar. Of laten we zeggen: de dimensies zijn verschillend. Het terrein van Jupiter is sinds het begin van de astrologie in kaart gebracht. Het terrein van Neptunus is nieuw en maakt deel uit van de ontwikkeling naar éénwording van de menselijke soort. O, maar nu dwaal ik veel verder af dan me lief is.

Met Maan–Jupiter kun je je gaan vereenzelvigen met een religieus archetype, en dat heb je in je opgezogen uit het gedrag van je moeder. Maar met Maan–Neptunus pak je iets op dat naar boven komt – misschien de sporen van een collectief reiken naar het eeuwige, dat nog niet volledig naar boven is gekomen. Dat is verwarrender misschien, omdat we ons gevoel van emotionele vervulling zoeken, vinden, in verband brengen mét en verliezen door iets zo ongrijpbaars, iets zo subtiels en zo moeilijk te omschrijven. De buitenplaneten vallen nog buiten het bereik van het bewustzijn. Alle goden vallen natuurlijk buiten ons bewuste bereik – hun aard althans – maar de transsaturnale planeten weerspiegelen iets dat ons collectieve besef van de tijd–ruimte werkelijkheid te boven gaat. O jee – nu houd ik er over op.

Dus tenzij je moeder uit een andere dimensie kwam is de kans groot dat als je de Maan conjunct Uranus, Neptunus of Pluto hebt, er iets verstorends in je prille jaren een rol heeft gespeeld. Zij was zowel persoonlijk als collectief. Ze was de dokter-Spock-moeder, in de goede of in de verkeerde zin – de Maan conjunct Uranus. Ze was de moeder die de verloren droom hervond en probeerde te grijpen – de Maan conjunct Neptunus.

En bij de Maan conjunct Pluto was ze de levenschenkende, doodschenkende Kali-moeder. De intensiteit van haar moederschap was zo groot dat je elke keer dat je haar moedermelk kreeg, je ook een lading ontving van die bepaalde toestand, en dus mik je op verlichtheid, of je maakt er een puinhoop van. Daartussen is geen middenweg. Zo kan het althans aanvoelen. Het zijn niet alleen conjuncties die dat gevoel geven, het gevoel van alles-of-niets hoort bij alle buitenplaneten in aspect met je Maan. Óf je zet in op de hoogste manifestatie van die planeet, óf je lijdt er onder – het één of het ander. Als het een conjunctie is kun je je tijdenlang met die planeet identificeren, en daardoor verliezen. Emoties moeten zo krachtig en zo transformerend zijn, zo spiritueel en zo verlichtend, zo spannend, of ze zijn het niet waard ze te hebben.

Bij Maan–Pluto aspecten heeft de gevoelsintensiteit van de moeder zich overgedragen op het kind. Zij ervoer tijdens de zwangerschap en het prille leventje van het kind zulke sterke emoties, dat ze op een bepaalde manier moest inbinden. En toch voelt het kind met deze aspecten de intensiteit – het heeft daar voelsprieten voor – en ervaart het de moeder en het leven als heel intens. Soms zijn gevoelens zo intens dat ze even verdoofd lijken. Voor degenen met de Maan in een krachtige verbinding met Pluto kan de intensiteit van de blik of het gevoel tussen moeder en kind bij tijden overweldigend zijn. De gevoelens van de moeder zijn heel erg sterk en het kind kan er niet tegen als het verwenst wordt. Mensen met de Maan in een krachtig aspect met Pluto hebben een emotioneel krachtige onderlinge wisselwerking nodig om überhaupt iets te voelen. Het levensverhaal dat de ziel vertelt is een verhaal van kracht. Gebeurtenissen worden intens beleefd, of helemaal niet. De ziel verdwijnt bij tijden ondergronds, en dan vertoont zich niets aan de oppervlakte. Maar dan breekt het zich weer baan, en dat geeft een gevoel van grote intensivering van het emotionele leven. En daarna is het weer stil, terwijl de onderwereld bezig is met het verwerken.

*— Persephone.*

Darby: Ja, en Demeter en Hades.

*— Zou het anders aanvoelen als je broers of zusters hebt? Als je een broer of een zus hebt die een andere combinatie heeft, zou je tenminste dankzij*

*hem of haar een andere kant van je moeder ervaren.*

Darby: Dat is een interessante gedachte.

— *Toen ik de horoscoop van mijn broer deed was ik heel verbaasd dat hij een Maan–Pluto had. Ik dacht toen: „Dat speelde allemaal toen ik klein was, in míjn huis."*

Darby: Wat bedoelen we als we zeggen „onze moeder"? Waar is die gemeenschappelijke moeder? Onlangs had ik een cliënt die de Maan in Boogschutter vierkant Saturnus in Leeuw had, en nadat hij me had verteld hoe koud en onaangenaam zijn moeder was vroeg ik hem: „En hoe gaat uw zuster met uw moeder overweg?" En hij: „O, zij ziet dat natuurlijk allemaal niet zo, zij mag haar graag." Ik keek bij de geboortedatum van zijn zuster, en zag dat zowel de Maan als Venus die dag in de Boogschutter stonden, en ze stonden driehoek Pluto.
Maar mag ik u vragen, is uw broer jonger?

— *Ja.*

Darby: Véél jonger?

— *Twee jaar.*

Darby: U was te jong om te weten wat er zich tussen hen afspeelde.

— *Alles wat ik weet is dat ik weigerde thuis te komen toen hij geboren was. Ik was bij mijn grootouders ondergebracht.*

Darby: Dat is op zich al interessant, niet? Dat van dat verdwijnen met de Maan.

— *Weet u, toen u het had over de transpersoonlijke planeten en meesterschap of puinhoop moest ik aan iemand denken. Die heeft de Maan en Pluto bijna op elkaar staan, en hij is miljonair, dus hij heeft die Plutokracht echt heel doeltreffend gebruikt. Maar ik geloof dat het een minder productieve vorm van gebruik is. Want in zijn persoonlijke relaties streeft hij toch naar die ándere plutonische beleving, niet zozeer de macht alswel de absolute intensiteitsbeleving en heel plutonische soorten beleving. In een bepaald opzicht is hij een meester, maar in andere opzichten maakt hij er een behoorlijke puinhoop van.*

Darby: Ik denk dat dat in het algemeen zo is. We leven verschillende kanten van de aspecten. Ik vermoed dat het ónze taak is om te herkennen wanneer je in de ene en wanneer je in de andere kant zit. We ontwikkelen de kracht van de bespiegeling, misschien als resultaat van de ervaringen die worden geconstelleerd tijdens de gang van onze secundaire Maan. Door dit vermogen tot bespiegeling kunnen we getuige zijn van onszelf en onze gedragspatronen. We kunnen de mogelijkheden ontdekken die bij de plaatsing en de configuratie van onze Maan horen, en aan de hand van het leven nadenken over de aard van de dingen die ons overkomen. We kunnen de behoeften van onszelf als schepselen leren herkennen, en hoe die zich uitdrukken in het teken, het huis en de aspecten. En misschien kunnen we naarmate we voortgaan onszelf en ons schadelijke gedrag misschien in de gaten houden. We kunnen de aspecten niet veranderen, omdat ze vaste gegevenheden in ons vertegenwoordigen – ons gegeven met de gave van het leven zelf. Maar aan de hand van onszelf kunnen we de tijd overzien en leren herkennen hoe onze ritmen van volheid en leegheid zich uitdrukken. Met Maan– Pluto aspecten kun je zeggen: „Daar zit ik nu in een fusie, of in een liefdesaffaire, met gevoelens van erop-of-eronder. Ik heb het gevoel alsof ik op het punt sta getransformeerd of afgeslacht te worden – dat is de manier waarop ik het leven tegemoettreed.

## Aspecten met de persoonlijke planeten

Als de Maan conjunct Saturnus of Jupiter staat dan mag er thuis onverschillig wélke maatschappelijke wind waaien, je moeder door onverschillig welke maatschappelijke situatie gebonden of door onverschillig welk maatschappelijk archetype gegrepen zijn – je krijgt dat gewoon mee. Je zou kunnen zeggen dat Jupiter en Saturnus het een en ander zeggen over de plaatselijke tijd–ruimte goden, de autoriteitsfiguren. Saturnus conjunct de Maan in Ram: Belegerde Krijger huwt Amazone. Saturnus conjunct de Maan in Weegschaal: De Rechter van Eerlijke Transacties huwt Liefde. Ze is getrouwd met een bepaald sociaal-maatschappelijk archetype, en jij zuigt de plichten daarvan met de moedermelk in je op. Met Jupiter is het waarschijnlijk leuker. In je moeder komen de avontuurlijker, optimistischer aspecten van het sociaal-maatschappelijke klimaat samen. Soms is dit een behoorlijk heftig aspect. Ik heb twee cliënten die voortdurend onder de medicijnen zitten, om hen emotioneel op koers te houden. Maar ik heb ook een vriendin die dit in de Stier heeft, en die ook nog wel eens doorslaat, maar nooit zo ver dat ze haar zicht erop verliest. Als het leven plezierig is, bestaat er geen groter plezier. Maar als het dat niet is, is het moeilijk.

Maan–Venus conjuncties staan bekend om de nauwe relatie met de moeder, hoewel ik vaak cliënten heb die dat ontkennen. Maar van wat ik gezien heb geloof ik dat 'nauw' niet altijd 'genietelijk' betekent.

Ik wil u wat vertellen over een man met de Maan conjunct Mars in Boogschutter op de Ascendant. De enige herinnering die hij zo ongeveer aan zijn moeder had was een angstige. Hij weet van de andere gezinsleden dat ze vele gezichten had, maar in de tijd dat hij geboren werd was ze erg overstuur en maakte zichzelf angstig. Hij heeft me over een van de incidenten verteld. Hij was bijna in slaap, toen zij binnenkwam en hem uit bed trok en hem zijn gebeden op liet zeggen omdat hij was gaan slapen voordat hij ze had opgezegd. Hij kende z'n gebeden niet allemaal en zij werd erg boos. Hij was in die tijd nog erg klein. Omdat ze stierf toen hij nog heel jong was stel ik me zo voor dat ze in die tijd vocht om in leven te blijven en er weer bovenop te komen. Maar ze was dus een en al actie, een en al beweging en een en al boosheid.

– *Weet u hoe ze gestorven is?*

Darby: Ze doodde zichzelf 'per ongeluk'.

– *Dat is akelig.*

Darby: Afschuwelijk en droevig en verschrikkelijk. Hij is een Kreeft, en hij praat liefdevol over haar, maar herinnert zich haar met angst. Hij heeft de Zon in het 7e huis en de Maan op de Ascendant en hij komt heel krachtig op mensen over, maar op een heel specifieke manier. Hij is ontzettend grappig en heel filosofisch, en je kunt óf niet om hem heen, of hij is nogal afwezig en stilletjes.

Wanneer krachtige planeten de Maan aspecteren, of laat ik liever zeggen als er krachtige aspecten naar de Maan zijn, dan verliest je moeder zich soms, vaak, met tussenpozen, in iets anders. Dat is de grondtoon ervan. Bij het vierkant en de oppositie kan het lijken alsof dat aan de omstandigheden ligt, maar dan is het nog háár reactie op die omstandigheden. En omdat dit in jouw horoscoop staat is het op een soms vreemde manier jouw geboorterecht – jouw bestaan brengt haar tot een reactie. Wanneer het een conjunctie is, is dat het waarmee ze zich in die tijd het meest vereenzelvigde, in een mate waarin soms geen sprake is van de reactie van schepsel op schepsel.

Dus als het Saturnus of Uranus is gaat ze volgens het boekje te werk, of dat boek haar sociale groep is of het boek van dokter Spock. Als het Venus of Neptunus is gaat ze te werk volgens een soort romantisch beeld, of ze dat romantische beeld nu ontleent aan haar eigen lezing, aan televisiebeelden of aan reclameborden over wat moeder-zijn is. Het is heel onbewust. Dus dat zuig je in je op, in je eigen zelfontplooiing; van schepsel-zijn tot menselijk wezen is dat de energie waar je mee werkt. En het wordt doorgegeven, tussen jullie uitgewisseld in haar blik.

— *Wat bedoelt u met blik?*

Darby: Dat bijzondere kijken dat steeds weer tussen moeder en baby plaatsvindt. Dat gebeurt gewoonlijk tijdens de borstvoeding. Het is een stil, extatisch in elkaar opgaan, dat ik zo vaak tussen zuigeling en moeder heb gezien. Natuurlijk zijn er moeders die om de een of andere reden geen borstvoeding kunnen geven. Maar dan gebeurt het nóg, en ook op andere ogenblikken. Sommige moeders laten dat gebeuren of hebben er veel tijd voor – bij het eerste kind is er vaak meer tijd – en andere moeders hebben minder tijd. Maar elke keer als het gebeurt lijkt het alsof er iets wordt doorgegeven tussen de ziel van de moeder – die deel is van de ziel van haar familie, die deel is van de eigenste Ziel van de Wereld – en dat nieuwe kinderschepseltje, dat zijn eigen ziel vanuit het verleden tot groei brengt. Nu, de aspecten lijken de duur, de intensiteit en het ritme van die blik aan te geven, en alle gedeelde tijd van zuigeling af tot kind.

Er is een punt waarop het niet langer uitmaakt of de aspecten naar je

Maan positief of negatief, lastig of gemakkelijk zijn – het maakt niet uit. Er móet een punt zijn waarop dat er werkelijk niet meer toe doet, in de zin dat je ermee kunt léven dat je degene bent die je bent, die weerspiegeld wordt door welke aspecten ook. Maar de meesten van ons hebben een heel eind te gaan voor ze op dat punt komen. Door te worstelen met al die kwesties die door de aspecten worden weerspiegeld, kom je op een gegeven moment tot een zuiverder klaarheid in je zelfaanvaarding. Kijken in de spiegel van de Maan naar je vroege conditionering is een manier om onderweg te gaan naar het soort zelfaanvaarding door zelfkennis dat er toe leidt dat je je vollediger en minder voorwaardelijk met het leven kunt verbinden. Er is een punt waarop elk aspect en elke plaatsing enkel nog maar je binnenkomst en je prille vorming in het leven weerspiegelt – jouw erfenis onder alle omstandigheden. Als menselijk wezen word je gevormd, vorm je jezelf, door de omstandigheden die je in je jeugd hebt geërfd.

— *Hoe zit het met schade? Er zijn zo velen van ons die zich beschadigd voelen, vooral in ons emotionele leven. Of we denken dat anderen dat zijn, ook als we menen dat we zelf in orde zijn. Komt dat niet door onze relatie met onze moeder?*

— *En onze vaders!*

Darby: Ja.

— *Is dat alles wat u te antwoorden hebt?*

Darby: Nee, maar ik hield even in om te zien wat er gebeurde. Maar als u wilt ga ik verder. Natuurlijk, wat we schade noemen komt ook door onze vaders en door onze fysieke en psychische omgeving. Dat hoort bij het leven hier en nu. We hebben een ideaalzelf, een ideaalwereld, en we hebben dat wat ons hier en nu gebeurt, en daar gaapt zo dikwijls een kloof tussen. Daar moeten we mee om leren gaan. Hier kijken we ernaar aan de hand van de Maan. Als we onze emotionele moeilijkheden beschrijven gaan we gewoonlijk uit van de aspecten naar onze Maan en, vanzelfsprekend, naar Venus. Het gebeurt zelden dat iemand denkt: „Al mijn problemen stammen van mijn Maan in ...", welk teken dat ook is. We zullen wel zeggen: „Ik heb het moeilijk omdat ik me in de steek gelaten voel met mijn Maan in acht" of „Mijn moeders eerzuchtige bedoeling met mij hebben me beperkt." Maar meestal kijken we naar de aspecten om te begrijpen waarom ons emotionele leven minder dan volmaakt is.

*— Ik heb de Maan in Leeuw in twee, vierkant Saturnus in Schorpioen in vijf. Ik hou heel erg van mijn moeder en voel geen enkele wrok jegens haar. Dat doe ik wél jegens mijn vader, die in mijn ogen heel wreed is en haar vreselijk heeft onderdrukt. Maar ik bewonder haar – en zoals u zei over het 2e huis deel ik haar liefde voor schoonheid. Ze heeft een uitzonderlijke tuin.*

Darby: Ik kan er niets aan doen dat ik me afvraag of er niet ergens een stukje begraven wrok zit, met Saturnus in Schorpioen, dat zich op een verborgen manier kenbaar maakt, of misschien een verborgen angst – maar ik begrijp uw diepe genegenheid voor haar, met de Maan in Leeuw in twee, en uw trots voor haar creatie. Een leeuwemaan houdt ervan liefde te voelen en heeft er een hekel aan om afkeer te voelen van iemand van wie hij houdt, of schaamte. Op een bepaald ogenblik zult u misschien uw binnenwereld willen onderzoeken op tekenen van verborgen strikken die u wellicht in uw creatieve leven belemmeren, maar ik wil u niet voorstellen uw psyche uiteen te rijten om de geheime holte met loerende duisternis te vinden. Houd enkel de projecties in uw emotionele leven in de gaten. Dat is iets dat we allemaal moeten doen, en met de Maan vierkant Saturnus zijn je aandacht voor karakterontwikkeling en je emotionele ontwikkeling nauw met elkaar verbonden. De Maan vierkant Saturnus moet hard werken om in contact te blijven met de voeding die zij in het emotionele leven krijgt en geeft. Dat kan zonder dat je er erg in hebt uitdrogen. Het raakt geïsoleerd. Voelt u zich wel eens geïsoleerd?

*— Ik ben een Ram. Denkt u dat ik me de tijd gun om daar op te letten?*

Darby: Nee, vermoedelijk niet. Misschien komt het er via uw lichaam uit.

*— Mijn huid en mijn haar worden vreselijk droog.*

Darby: Dan zou het misschien goed zijn eens op te letten wanneer u onplezierig droog bent, als mogelijk teken dat uw innerlijk leven te verdroogd is. Het kan een signaal zijn dat u zich heeft afgesneden van de gevoelsstroom om u heen. Wanneer Maan vierkant Saturnus ten aanzien van die dingen onbewust gaat uitwerken, wordt het leven heel droog. Plicht en verantwoordelijkheid nemen de plaats in van warmte en koestering. Werk hard en houd je doof voor je gevoelens! De Maan vierkant Saturnus incarneerde bij een moeder die het zwaar had en worstelde met het leven. Ze was afgesneden van haar emotionele behoeften.

*— In dit geval had ze geen tijd omdat ze al twee jongen kinderen had, en een gewelddadige man.*

Darby: En die informatie zoog u bij elke aanraking van haar in u op. De neiging om uw eigen gevoelsleven te negeren valt samen met de neiging om u te begraven in werk zodat u niet kunt worden overvallen door het gevoel afgesneden te zijn. Het deel in uzelf dat oordeelt, de boel op sleeptouw neemt en toewerkt naar meesterschap over uzelf – het saturnale deel – kan heel onderdrukkend zijn in plaats van dat het uw emotionele wisselwerking met anderen, met het leven, ondersteunt. Wat u van uw moeder hebt geërfd is de gewoonte om uzelf te onderdrukken, die zo diep zat, dat ze het zelf misschien niet eens heeft herkend. Haar natuurlijke instinct om van haar zwangerschap te genieten en de verrukking over haar kindje werd overschaduwd door de boodschap van diep in haar om zich tegen de zinnelijke aantrekkingskracht van die beleving te verzetten.

*— Maar ik denk dat het eerder uitputting is geweest en het gebrek aan steun van de vader dan iets in haar.*

Darby: O ja. Ik leg de nadruk geloof ik op de onderdrukkende boodschap van diep binnenin haar in plaats van op de omstandigheden. Ik denk dat dat is omdat u zei dat het een aspect was van Leeuw naar Schorpioen, en dus in het vaste kruis. Voor mijn gevoel is dat veeleer onderdeel van haar aard dan van de omstandigheden. Maar u voelt uw leeuwemaan als háár en Saturnus als uw vader. Het is heel verleidelijk om nu de hele horoscoop te bekijken, en eigenlijk zou ik dat ook moeten doen, maar ik wil zo dicht mogelijk bij het aspect blijven als ik kan.

Of het nu ingeworteld zat in haar of in de omstandigheden, u nam dat pakketje op in uw lichaam en in uw emotionele aard. U nam dat over toen u in de baarmoeder groeide – een deel van dat pakket. Vaak is er wrok jegens en kritiek op de moeder bij dit aspect omdat het lijkt of ze je niet heeft ondersteund als ze had 'behoren' te doen. Misschien komt dat vaker voor bij mannen die het aspect hebben, gewoon omdat... nou ja, om vele redenen. In uw geval voelt u sympathie voor haar, voor haar strijd tegen de verdrukking. Misschien herinnert u zich haar botheid jegens u als iets noodzakelijks, de omstandigheden in aanmerking genomen. Maar u bent ook bot tegenover uzelf, in reactie op uw emotionele behoeften. Bent u moeilijk voor andere vrouwen?

— *U bedoelt vrouwen die hun verantwoordelijkheden verzaken?*

Darby: Ja, vrouwen die hun gevoel volgen in plaats van hun plichten.

— *Wel, ik denk dat het heel egoïstisch is om maar te doen wat je voelt. Dat is voor een deel het stuklopen van huwelijken, is het niet?*

— *Ik denk dat het 'stuklopen van huwelijken', zoals u het noemt, meer te maken heeft met het feit dat vrouwen zo lang onderdrukt zijn, en nu vinden dat ze hun gevoel moeten volgen omdat de wereld anders door zal gaan zichzelf te vernietigen.*

Darby: En ú heeft uw Maan in wat voor aspect met Uranus?

— *Ja, uh, die heb ik in het 10e huis, vierkant* Uranus *in het 7e.*

Darby: Interessant hè, hoe we ontdekken dat onze houding ten aanzien van hoe mensen zich zouden behoren te gedragen voortkomt uit deze hoogst vruchtbare planeet. Waar ik hier op doel is dat je je emotionele lichaam oppakt door je moeder, en door háár zuig je de gebeurtenissen in je leven die je emotionele geschiedenis worden en tot de ontwikkeling van je ziel leiden in je op. Door dit van haar in je op te nemen neem je het specifieke terrein van het emotionele karma van je familie over, de schoonheid en de schade uit het draaiboek van die familie. Niet alles daarvan – enkel dat éne akkoord, dat éne motief of pathologische patroon. Ieder kind pakt zijn eigen akkoord op dat het in de baarmoeder leert spelen, en het stapt het leven in terwijl dit akkoord zich eindeloos blijft herhalen, en vanuit dit akkoord treedt het in wisselwerking met anderen.

— *Een van de dingen die u eerder hebt gezegd is dat de schade die de moeder heeft opgelopen wordt doorgegeven.*

## „Het probleem met moeder"

Darby: Schade, ja. Laten we dat woord gebruiken voor dat wat onze natuurlijke eb-en-vloed reactie op de voeding die het leven in al zijn diepte en schakeringen biedt belemmert. Laten we dit onderdeel „het probleem met moeder" noemen. Dat doet me aan Howard [Sasportas] denken. Hij was er altijd dol op om overal dit soort zinswendingen in de hem kenmerkende ironische stijl aan te hangen. Ik denk dat ik het op het bord schrijf.

Wat ik wil zeggen is dat de schade – dat wat wij interpreteren als schade – deel is van het pakketje waarmee we op de wereld komen. We hebben allemaal een persoonlijk en een collectief ideaal van veiligheid en onvoorwaardelijke liefde in ons, en dat idee is vermengd met alles wat uit aarde en tijd geboren is. Hoe breder de kloof tussen het ideaal en dat wat ons dag na dag overkomt, des te sterker voelen we dat als schade. En er bestaat niets waarin dat sterker is dan in onze relatie met onze moeder. Om de een of andere reden geldt dat voor de twintigste-eeuwse mens. Het zou interessant zijn om in te gaan op de erfenis van de afgelopen twee, drieduizend jaar, die die nieuwe draai aan de moeilijkheid tussen het mannelijke en het vrouwelijke ondersteunt. Maar voor het ogenblik kunnen we in gedachten houden dat er sprake is van een lange, complexe erfenis, die waarschijnlijk stamt uit het denken uit het IJzeren Tijdperk. Voor ons houdt het in dat we ons richten op onze relatie met onze moeder en op hoe nabij ze het ideaal kwam dat ons bezielt, individueel en collectief, of hoe ver ze daar vanaf stond. Waarschijnlijk zul je je altijd beschadigd voelen door de prille relatie met je moeder, behalve als je je Maan in Kreeft in vier of in Stier in twee driehoek Jupiter in Kreeft hebt staan.

— *En waarschijnlijk ook dán!*

Darby: Nou, misschien niet, omdat je te druk bezig bent overweg te leren gaan met het natuurlijke leven. Maar hoe het ook zij, omdat de mensheid als collectief zich beschadigd voelt door haar verleden, haar moeders, haar ouders, zul je als je enig contact hebt met buiten het idee ergens oppikken – via welke buitenplaneet ook. In zekere zin bestaat er nauwelijks een plaatsing die niet een bepaald soort kloof kent. De moeder is de draagster van het godinne-archetype. Zij krijgt dat omdat we geen enkele vrouwelijke godheid meer over hebben. Sommige katholieken hebben de Maagd Maria, en als je haar maar genoeg hébt, ben je minder geneigd moeder al je narigheid te verwijten. Maar de meesten van ons hebben geen kerk of religie of de goden en godinnen waaraan onze archetypische geest zich kan hechten, dus als het aankomt op het volmaakte, ideale, goddelijke vrouwelijke principe, kijken we op onze specifieke twintigste-eeuws westerse manier naar onze moeder, en zij moet wel tekortschieten.

We hebben ons eigen individuele moederschepsel gevraagd om het archetype uit te leven. Voorts verwachten degenen van u die kinderen hebben dat uw kinderen dat ook van ú zullen vragen. Of ze dat zullen doen of niet is weer iets anders. Misschien doen ze dat helemaal niet, en doen ze iets volslagen anders. Maar voor het grootste deel hebben we dat deze eeuw allemaal gedaan. En als psychologisch astrologen kijken we naar de Maan en haar plaatsing en aspecten om te zien hoe we de schade wellicht kunnen beschrijven – de kloof tussen volmaakte voeding en hoe ze zich gedroeg.

Iemand heeft iets gezegd over driehoeken en sextielen. Waarom is het zo moeilijk om iets te zeggen over driehoeken en sextielen en zo gemakkelijk over vierkanten en opposities?

— *Het gebrek aan wrijving.*

Darby: Ja. Je hoeft je niet bewust te worden van de krachten die bij sextielen en driehoeken onderling werkzaam zijn. Misschien een beetje bij sextielen omdat je die beter gebruikt, maar minder bij driehoeken, omdat het je bij driehoeken geschonken wordt. Dus mensen met driehoeken snappen niet waarom niet iedereen beseft hoe simpel het is, want je hoeft maar dít te doen en het gebeurt. Met vierkanten is het werken geblazen, omdat bij vierkanten het ontwikkelen van bewustzijn wordt gevraagd. Anders loop je voorgoed met je kop steeds weer tegen de zelfde muur, of tegen andermans muur. Bij Maan-aspecten activeren emotionele situaties moedercomplexen, maar die zijn duidelijker, gemakkelijker te zien en het is ook gemakkelijker er greep op te krijgen met de moeilijke aspecten, is het niet? Met de harmonische aspecten lijkt het zo vanzelfsprekend, dat je er eigenlijk geen greep op krijgt.

— *Ik heb de* Maan *driehoek* Neptunus, *en ik word er van beschuldigd dat ik teveel opga in andermans problemen.* In *therapie is dat echt een punt.* Maar *ik zie eenvoudig niet in waarom het slecht of verkeerd is om op die manier ergens in op te gaan.* Het *lijkt alsof dat de manier is waarop we er voor elkaar moeten zijn.* En *als dat een probleem is dan is het een beter probleem dan helemaal niet in staat zijn je met andermans leed te identificeren.*

Darby: En uw moeder?

— Die *was heel gevoelig voor mij – later voelde dat aan als een inbreuk.* Later *werd ze ook alcoholica, toen mijn vader stierf.* Ik *dacht dat mijn hart zou breken.* Maar *ik wilde liever zó liefhebben, zó voelen, dan niét te voelen.*

Darby: Ja, dat begrijp ik. Uw moeder had waarschijnlijk een romantisch beeld van hoe het was om zichzelf te zijn in relatie tot ú, tot haar man, en u heeft dat in u opgezogen, maar dat romantische beeld heeft niet uw voeding en de ontwikkeling van uw gevoel van veiligheid verstoord.

En hoe zit het met de Maan driehoek Mars? De moeder is energiek, maar de energie, anders dan die van het vierkant, snijdt niet dwars door het totstandkomingsproces van je emotionele ritmen heen. Ze komen samen op een manier die als vanzelfsprekend aanvoelt. Ze worden met elkaar verbonden. Als je denkt aan een vrouw met de Maan driehoek Mars of met een Maan driehoek Venus, of aan een man die dat in zijn horoscoop heeft en het type vrouw waarop hij zal reageren, dan zal de vrouw met Maan driehoek Mars haar emoties heftiger en soms minder sierlijk tot uitdrukking brengen dan de vrouw met Maan driehoek Venus. Maar ze zullen beide geïntegreerd worden in hun gevoelsleven – niet storend, en ze vragen geen bewuste inspanning en aandacht. Er is niet zozeer sprake van een gevoel van beschadiging.

Laat ik het op een andere manier stellen. Het teken waarin de Maan is geplaatst zegt op welke uitdrukkingsvorm van het moederarchetype je bent afgestemd. Er zijn twaalf verschillende vormen. Ik denk niet dat het teken ooit een probleem is, omdat ieder teken zijn eigen wereld heeft, zijn eigen leven. Misschien is het natuurlijker of gerieflijker om haar liever in het ene dan in het andere teken te hebben, maar het verhaal van de dierenriem wil dat er twaalf hoofdtypen zijn of mogelijke manifestaties, van elk der principes en elk der planeten. En dus is de Maan in een teken eenvoudig één van de tekens waardoor de vrouwelijke kant van het leven zich zal manifesteren.

De huisplaatsing begint het verhaal diepte te geven. Die vertelt welke kant van het leven de eerste maanden en zelfs jaren van het leven geactiveerd bléven worden, zodat je aandacht in beslag genomen werd door dát aspect van leven in de eb- en vloed van je prille verzorging.

De aspecten van andere planeten zijn de dingen die je óf lijken te storen, óf lijken te helpen bij het vinden van een weg naar 's levens voeding. Aspecten en tot op zekere hoogte huisplaatsing zeggen iets over hoe je moeder jou 'beschadigde' door niet in staat te zijn te beantwoorden aan het archetypische beeld van haar dat in de diepten van je lichaam en je psyche leeft. De schade is dat zij het archetype zélf niet was, en aspecten geven je het patroon van hoe ze van dat archetype afweek. Natuurlijk zal elke astroloog dat patroon vanuit zijn eigen gezichtshoek duiden – maar het teken, het huis en aspecten zullen het patroon verraden.

En om nog een stapje verder te gaan: het patroon rond de Maan onthult niet alleen informatie over het soort schade, verkniptheid of pathologie, maar het onthult ook het patroon dat naar je ziel wijst. Die Maan-configuratie zegt je op elementaire wijze iets over het pad waarlangs de ziel haar groei zoekt. Dus met die Maan vierkant Saturnus kijk je misschien tegen je zielereis aan als een reis in enigszins ruw terrein – een reis langs diepe holten vol isolement en van stille schoonheid, en veel werk.

*— Zoals ik al eerder zei heb ik niet het gevoel dat mijn moeder me heeft beschadigd, maar ik begin te zien dat ik erg vast kan zitten in dingen. Maar doorgaans denk ik dat dat komt omdat andere mensen dingen op de verkeerde manier doen. Dat van die relatie met mijn ziel, dat weet ik niet zo. Ik ben geïnteresseerd in de wijze waarop je de relatie tussen moeder en kind ontwikkelt en in de latere ontwikkeling. Maar ik ken dat woord niet. Maar ik ben minder bang voor isolement dan toen ik jong was. Ik verwacht van een relatie niet dat die me redt van de eenzaamheid. Ik werk er waarschijnlijk te hard aan om de dingen buiten te houden. Wat u 'eeuwigheid' noemt vind ik als ik alleen ben, zeker – als u daarmee bedoelt wanneer de tijd lijkt op te houden en alles in orde is. Werken in de tuin, dat is de Maan in twee, vermoed ik.*

*— Kunt u eens naar een ander aspect kijken? Maan vierkant Venus?*

Darby: Ja – in welke tekens?

*— Maan in de Stier vierkant Venus in de Waterman.*

Darby: Mooi. Dus het archetype dat u met de Maan in Stier hebt opgepakt, geërfd via uw moeder, is een aardemoeder, ja? Zij is iemand die in een perfect ritme is, wier eb en vloed, wassen en afnemen te maken heeft met het in contact zijn met de dingen om haar heen, in een goed contact met de aarde, met haar lichaam, met jóuw lichaam. Aan jou geeft ze het gevoel, de mogelijkheid, het geheugen, de aanraking door van de een contactrijke aarde. Je groeit in een moederlijf dat echt sterk en geaard is.

Maar de manier waarop ze zich een stijl aanmeet, háár bepaalde stijl van bewegen, van zich kleden, van aandacht voor zichzelf, de wijze waarop ze naar zichzelf kijkt en zich gespiegeld voelt door andere mensen, is een ánder type vrouw. Venus in de Waterman is veel intellectueler, excentrieker, 'interessanter', meer op mensen georiënteerd, en háár interactie met andere mensen botst met die andere capaciteit die je van haar voelt, dat welhaast volmaakte vermogen tot zorgen. Mensen met Maan vierkant Venus gaan vaak door het leven alsof ze voedsel zoeken dat ze nooit hebben gehad. Ze hebben het wel gehad, maar steeds net genoeg voor het moment, en die momenten voelden zo volkomen, maar ze duurden nooit lang genoeg – en waren daarom ook nooit volledig bevredigend. Er is besef van de mogelijkheid tot volmaakte afstemming op het leven, volkomen vertroosting en gerief, en emotionele situaties activeren dat besef, maar het leidt onvermijdelijk tot frustratie omdat het volmaakt comfortabel is, en dat gaat vervelen. Als het spannend is is het weer te wild. En je blijft maar onbevredigd en hongerig. En die honger en onvrede leiden er vaak toe dat je allerlei verschillende vrienden om je heen verzamelt, en dat je een hartstochtelijke relatie ontwikkelt met het leven zelf als de bron van de voedende zorg en ook als dat wat die voedende zorg kan frustreren. Het is een zeer persoonlijke relatie met het leven, met je ziel.

Als voor de Maan in Kreeft of de Maan in Stier *het* – het leven, de liefde, het samenzijn – drie seconden of drie minuten of een uur volmaakt is, dan is het compleet. Maar voor een vierkant met Venus van beide kanten, zowel de Leeuw als de Waterman, verstoort moeders stijl van relateren die volmaakt archetypische manier. Dus je blijft voortdurend zoeken naar de volmaakte voeding, terwijl je relateert op een manier die er borg voor staat dat je die niet krijgt, behalve gedurende kortstondige momenten. Kunt u daar iets mee? Wat ik bedoel is dat de moeder het niet in de eerste plaats gegeven heeft. Ze zal een geheugenspoortje ervan gegeven hebben, omdat er geen mens bestaat die onze archetypische honger kan stillen. Het zijn de archetypen, of dat wat ík de archetypen noem – de goden, dat wat alles te boven gaat, de vorm der dingen, dat wat we goden, godinnen en het goddelijke plegen te noemen – die geacht worden die honger te bevredigen.

In zekere zin staat bij een Maan vierkant Venus jouw eigen stijl van relateren, zoals je die hebt opgepakt van je moeder, haaks op de manier waarop je het soort emotionele voldoening probeert te vinden dat je zoekt. Er zijn momenten die volmaakt zijn, maar ze duren niet lang genoet. Dat wordt later meegenomen in andere persoonlijke relaties. En toch biedt deze omstandigheid het bewustzijn – de kloof tussen honger en werkelijkheid – die tot vragen leidt die je bij je eigen ziel brengen en er toe leiden dat je een relatie aangaat met het leven, met je levenskracht.

Aangezien maanaspecten de dingen in je of buiten je weerspiegelen die verstorend hebben gewerkt op een volmaakt natuurlijk ritme tussen jou en je moeder, verschaffen ze je aanwijzingen over jouw ritme van relateren aan anderen, aan het leven. De schade – dat wat het natuurlijke ritme heeft vervormd – is dat wat onze persoonlijke en intieme manier van relateren aan onszelf en aan anderen en aan het leven beschrijft. Dat zijn de ritmen waarin we aan onze eigen bestaansbron relateren – dat wat ons de passen van specifiek ónze dans laat zien.

Met deze manier om in contact te komen met deze bron, deze diepte des levens, zijn we ons hele leven doende. Laten we naar nóg een dimensie daarvan gaan kijken. Laten we gaan kijken naar de relatie met degenen die onze 'anderen van betekenis' zouden kunnen worden of dat inderdaad worden.

Onze Maan wordt altijd geactiveerd als we lijfelijk contact met elkaar hebben. Hoe intiemer het contact, des te sterker de Maan en haar aspecten worden geactiveerd. Dus in zekere zin brengt alle lichamelijke intimiteit ons terug bij onze bron – onze moeder, en door haar onze relatie met het leven zelf zoals uitgedrukt in onze erfenis. We voelen ons het natuurlijkst – zelfs als natuurlijk ongemakkelijk is – bij iemand die aanvoelt, ruikt, beweegt, klinkt als onze moeder voor ons toen we zuigeling waren; niét zoals onze moeder nú, maar zoals ze kan hebben aangevoeld in ogenblikken van intimiteit. We zeggen wel dat mannen in hun vrouw hun moeder zoeken. Ze verwachten dat hun vrouw moeder is, ook als ze niet willen dat ze dat is. Daar steekt duidelijk waarheid in, op dat vlak. En ook vrouwen hebben behoefte om mate van zorgzaamheid en veiligheid bij hun mannelijke partner te voelen. En zo hebben ook wij met de Maan te maken.

Ons natuurlijke ritme van actie en reactie moet voor onze partner acceptabel zijn – eerst voor onszelf en dan voor onze partner. Het is een natuurlijk instinct dat als je nabij en lijfelijk intiem contact met iemand hebt, dit geconditioneerde reacties in je oproept, want het intiemste lichamelijke contact dat je in je leven hebt is met degene uit wier lichaam je bent gekomen. Je staat in een onafgebroken nauw lichamelijk contact met je moeder, tenzij ze bij de geboorte is gestorven – en dat is een verhaal op zich als je het aan de hand van de Maan bekijkt – maar je komt nooit meer een ander zo nabij, behalve een geliefde of minnaar, of misschien een verpleegster die je lichaam verzorgt bij ziekte of ouderdom.

Dus degene die in die eerste maanden, die eerste drie jaar, een volkomen intieme en nauwe relatie heeft met je lichaam, conditioneert je ten aanzien van elke nabije intieme relatie die je later zult hebben.

Toen ik astrologie begon te studeren was ik ergens in de twintig, en we oefenden op elkaar en liepen in Boston bij elkaar de deur plat. We plachten ergens te gaan zitten om de Venus en de Maan in de horoscopen van mannen te bekijken waar we op dat ogenblik belangstelling voor hadden. Dan vonden er gesprekken plaats als: „O, nee, hij heeft z'n Maan in Steenbok driehoek Saturnus. Dat houdt ik vast niet lang uit. Ik ben te luchtig!" „Ja, maar jij hebt de Maan in tien, kan dat niet helpen? En kijk eens, hij heeft z'n Uranus conjunct Venus in Tweelingen." „Ja, dan wordt hij wel aangetrokken, maar dat houdt niet lang stand als hij d'r achter komt dat ik zo zwáár ben, met die sterke Pluto van mij." Of: „O, kijk 'ns! Hij heeft de Maan conjunct Neptunus in de Weegschaal. Mijn Zon staat wel conjunct Pluto, maar ook sextiel Neptunus – misschien is 'ie uiteindelijk wat te zweverig voor me."

Ik herinner me dat dat een goede oefening voor ons was, want het was onze manier om over elkaar te praten en tegelijk te leren. We hielden er wat dwaze ideeën aan over óók. Ik geloof niet dat het ons er ooit van weerhouden heeft onze gevoelens en lusten te volgen. Waarschijnlijk gebruikten we de informatie helemaal niet juist, maar we moesten af en toe gewoon oneerbiedig zijn, denk ik. Onze leraren zaten zwaar aan de spirituele kant van de astrologie – vóór elke les baden we tot de Grote Geest, en we werden bewustgemaakt van de eerbiedwaardige kunst die we leerden. Dus buiten de les speelden we ermee. „Hé, hoi, wie heb jij ontmoet?" „Nou, hij heeft Venus in de Boogschutter, maar Maan in de Stier vierkant Pluto – heb ík dat?" Of: „Hij heeft Maan in de Vissen." „O, prima, dan ga ik door met Browning lezen."

> — *Dat doen wij ook, maar het ligt in feite psychologischer. Soms kan het wel goed zijn om de ander zo te leren begrijpen, maar soms staat het je ook in de weg.*

Darby: Dat doet het zeker. We hebben interactie met het aspect in plaats van dat we communiceren met de persoon, die onder bepaalde vaste gedragspatronen toch altijd een eindeloos mysterie blijft. Maar om terug te komen op het onderwerp – we worden door mensen aangetrokken door een zekere innerlijke herkenning, een zeker dierlijk gevoel, héél primitief, héél diep. Het lijkt alsof die aantrekking voortkomt uit de behoefte van onze ziel aan innig contact met die ander – de behoefte om de levensbron zelf aan te raken. Natuurlijk is voor ons moderne mensen niets zo eenvoudig of ongecompliceerd. Wij moeten door labyrinten heen.

Maar laten we het eens vanuit de Maan bekijken. Een man wordt aangetrokken door een vrouw. Er zijn vele redenen, maar het maanverhaal is dat als zij door jouw Maan beschreven kan worden, als ze nabij het gevoel van jouw Maan kan komen, ze je langer aanspreekt dan enkel een weekeinde. Als ze zich niet op dat terrein kan uitdrukken duurt het contact waarschijnlijk niet langer dan een nacht, of een gesprek. Misschien dat het als ze er té volmaakt op aansluit niet kan standhouden – niet voor moderne individuerende volwassenen. Wij zitten halverwege gevangen, wij die niet meer primitief en primair instinctief zijn, en we zijn ook nog niet hogelijk bewust. We zitten daar ergens tussenin. We zijn nog ver van ons collectieve ideaal af, maar we worden niet meer domweg door het noodlot gedreven. Als iets te perfect dekt, gebeurt er dikwijls iets. Het slaat om de een of andere reden gewoon niet aan, omdat het bijna is alsof het ons niet is toegestaan iemand anders een deel van onszelf *té* volmaakt te laten leven. Maar als ze een béétje aansluit, genoeg om haar ritme op een of ander dierlijk niveau te kunnen herkennen – als ze genoeg aansluit maar niet helemaal – dan kan het. Voor mensen die in een overgangsfase zijn, wat wij allen zijn, schijnt dat het beste te werken. Ze moet er genoeg op aansluiten dat je haar kunt herkennen, zodat je weet wat ze is, van wat voor makelij. Je herkent het weefpatroon, maar het moet dat van jou niet te volledig dekken. Je moet in staat zijn om de projectie weer terug te nemen. Er móet uiteenloop zijn. Als ze jouw ziel volmaakt tot uitdrukking zou brengen, hoe kun je dan je éigen zelf vinden? Je kunt nooit een relatie met je eigen anima hebben, in Jungiaanse termen.

Voor een vrouw ligt het een beetje geheimer in de zin dat zij haar

Maan en het ritme lééft, omdat een vrouw dichter bij haar lichaam staat, gewoon van nature, door wat er gedurende de maanden en de jaren van haar vruchtbare leven gebeurt. Ze leeft dan op de een of andere manier dichter bij haar Maan-aspecten, of ze wil of niet. En als zij een gezel zoekt vraagt ze van hem om haar Zon- en Mars-aspecten tot uitdrukking te brengen – met aan de rand een beetje Saturnus.

— *Een beetje?*

Darby: Nou, dat hangt af van je eigen relatie met Saturnus en met Uranus, toch? Maar om het even hoe het zit, zij verlangt dat hij in staat is haar bepaalde ritmen op te nemen, dat hij in staat is op haar te reageren. Haar Maan beschrijft haar vermogen – en het bereik daarvan – om zich aan te passen aan een ander. Zij voelt zich het best op haar gemak wanneer hij haar ritmen kan accepteren. Het ritme dat zij via haar moeder in zich heeft opgezogen is het hare, en ze verwacht dat de ander haar daarin tegemoet kan komen.

— *Kunt u een voorbeeld geven?*

Darby: Ja. Als je als vrouw de Maan in de Boogschutter vierkant Jupiter hebt, dan zul je je stellig niet op je gemak voelen bij een man die absoluut saturnaal is met daarbij een beetje Uranus. Hij moet je op een bepaalde manier vrij kunnen laten, vrij binnen het stamverband, vrij binnen de conventie. Als vrouw moet je Artemis mogen zijn, en als hij geen Artemis in zich heeft, dan kan niets ter wereld – geen gezamenlijke achtergrond, geen intellectuele of fysieke achtergrond – het zover krijgen dat je in elkaar opgaat. Ik moet zeggen dat het heel ongewoon is als Maan-plaatsingen en -aspecten niet worden weerspiegeld tussen mensen die enige tijd of langer met elkaar optrekken. Soms kun je elkaar ontmoeten onder een secundair Maan-aspect en daardoor in de war worden gebracht, maar als je het enige tijd gunt, zal de waarheid zich aandienen. Elkaar ontmoeten en samen verdergaan vinden tegenwoordig zo snel op elkaar plaats, dat er geen tijd is om elkaars echte ritmen te ontdekken.

— *Ik heb de* Maan *vierkant* Neptunus *– wat zou u zeggen over mijn verwachtingen jegens vrouwen?*

Darby: Ja, laten we het eens bekijken vanuit de Maan-plaatsing van een man. Welke tekens?

— *In de Leeuw, vierkant Neptunus in de Schorpioen.*

Darby: Moeder als koningin, een goede of een slechte koningin, maar wel een koningin, verdwaald op reis door de collectieve onderwereld. De collectieve sfeer in haar omgeving heeft haar natuurlijke instincten in de war gebracht – een verdwaalde koningin. Dat zou u er toe brengen een koninklijke vrouw te zoeken, misschien eveneens verdwaald, maar misschien poëtisch, romantisch, extreem, zielvol. Je ziel ontwikkelt zich door vereniging met zulke vrouwen, en door de ontgoocheling die je ervaart door zulke vrouwen. Neem me niet kwalijk, dat klinkt erg raadselachtig, maar ik kan hier alleen maar een impressie van mijn gedachtenassociaties te geven.

— *O, dat is prima. Om het maar te zeggen, mijn moeder was aan de drank en trouwde met een heel ontaarde man, mijn vader. Ze scheidde van hem toen ik ongeveer tien was. Ze is toen met drinken opgehouden en heeft een diepe spiritualiteit ontwikkeld, die ze nog steeds heeft. En de vrouwen voor wie ik val zijn dikwijls verloren koninginnen, poëtisch, soms geschift, en soms uitermate creatief. Mijn eigen spirituele queeste, de zoektocht naar mijn ziel, is maar net begonnen. Ik verlang nog steeds van vrouwen dat ze als háár zijn – maar door de leemten voel ik meer en meer dat wat u de 'bron' noemt.*

Darby: Wauw, dat is mooi. Een man of een vrouw die je net hebt ontmoet is waarschijnlijk altijd een spiegel voor je projecties. Hoe verder geïndividueerd en hoe duidelijker ze zijn, des te sneller breken ze door je projecties. Als er een emotionele binding is dan komt je Maan in het geweer, klaar voor actie, klaar om te ontvangen en te geven, om gevoed en weer achtergelaten te worden, om opgepakt en weer neergelegd te worden in overeenstemming met het ritme dat je is aangeboren. Als je de Maan en Uranus in scherp contrast tot elkaar hebt, dan hebben je verwachtingen en je natuurlijke gedrag een onvoorspelbaar, grillig ritme. Óf het lijkt van de ander te komen, óf jij voelt het tegenover die ander en waarschijnlijk allebei. Met Maan–Mercurius aspecten spring je heen en weer tussen twee communicatieniveaus, veelal zonder dat daar lijn in zit, en dat veroorzaakt misverstanden. Maar welke aspecten het ook zijn, het is joúw Maan en die kun je maar beter leren kennen en overweg leren gaan met de problemen die jij en anderen daarmee hebben, omdat het de manier is waarop jij je toegang tot jouw ziel verschaft, jouw verbinding tussen het tijdelijke en het eeuwige.

De Maan heeft te maken met wassen en afnemen, met eb en vloed, met weerspiegeling. Ze is het ritme waarin we verwachten te worden opgenomen en weer neergelegd. Die verwachting stemt misschien niet overeen met ons ideaal ten aanzien van opgepakt en weer teruggelegd worden, maar het is ons ritme. Wat je ervaart is teruggelegd te worden, een zinnetje als „nou, ik hang op" om aan te geven dat de ander het telefoongesprek wil beëindigen, een feestje met een geeuwende gastheer of -vrouw, zodat je ook maar opstapt en je toch op een bepaalde manier verlaten voelt. Er wordt een akkoord gespeeld, en de Maan beroert akkoorden die tot in de kern van je wezen doorklinken. Ze werkt niet alleen in je relatie, ze werkt in jouw ritme met het leven.

Laten we nu eens gaan kijken naar dat wassen en afnemen en af- en aanvloeien. We zouden kunnen zeggen dat we zowel neergelegd als opgepakt moeten worden. Als er een begroeting is, komt er ook een afscheid. We hebben zowel behoefte aan intimiteit, op welk vlak onze Maan die intimiteit ook toelaat, maar we hebben het ook nodig om met rust te worden gelaten. Als we bij anderen volledige bevrediging zouden vinden zouden we nooit een relatie kunnen opbouwen met onszelf, met onze ziel – onze eigen verbondenheid met het leven. Daarom is het dat we op ogenblikken van verlaten worden of bij verlies, of als we afgewezen worden, méér dan anders verdacht moeten zijn op ons proces – of wij nu degene zijn die afwijzen, of zelf afgewezen worden. Als we ons niet afgewezen voelen hebben we een te goede afweer, of we onderdrukken die. Ik denk dat dat het zelfde is. Onze Maan laat het type aanvaarding–afwijzing zien waarmee we het leven tegemoettreden, en het leven betekent hier andere mensen. Soms kan ik me afgewezen voelen omdat het regent terwijl ik de Zon had willen zien schijnen, of als de bus niet wil komen als ik hem nodig heb.

*– Dan moet u zich in dit land nogal eens afgewezen voelen.*

Darby: Door hier te zijn heb ik heel wat over mezelf geleerd. Ik kan elke dag van het jaar een bestaanscrisis doormaken – vooral als de bus niet komt en het regent.

— *Dat zijn heel wat bestaanscrises.*

Darby: Ja. Ik heb gemerkt dat Engelsen tegen dit soort dingen beter bestand zijn. Ik lijk vaak de enige te zijn die in de rij voor de bus een andere kijk op z'n eigen leven en op de aard van het bestaan probeert te krijgen. Maar misschien dat de anderen dat ook doen, maar stiekem, en heb ik nog niet geleerd dat het onbeleefd is om het naar buiten te gooien.

— *Gooit u het er uit?*

Darby: Ja, ik moet toegeven dat ik dat doe. Dat loopt er op uit dat ik me een zonderling voel, zoals je er in London wel op straat ziet lopen, of dat ik gezellige aanspraak heb in de rij voor de bus.

— *De plezierige kant van het buitenlandse zijn?*

Darby: Stellig. Nu, wat ik net bezig was te zeggen is dat er iets in die eb en vloed van de Maan is dat te maken heeft met je emotionele relaties en met je reacties op je ervaringen in het leven. Onvermijdelijk komt er af en toe iemand dicht bij je, en onvermijdelijk zal die soms weer weggaan terwijl jij dat niet wilt, en dat is wat het leven onvermijdelijk met zich meebrengt. Het regent als jij op vakantie gaat, en je had zonneschijn verwacht. Dat is het leven, en je Maan reageert daar op.

Je horoscoop kan vertellen wat de stijl is waarin je een afwijzing verwerkt, in het klein of in het groot. Als je een 'martiale' Maan hebt en je belt een vriendin op die heeft gezegd dat ze er om zes uur zou zijn en ze ís er niet, of ze is telefonisch in gesprek, dan ben je op slag boos, en die boosheid slaat het akkoord aan dat diep in je de frustratie oprakelt van toen je zes maanden oud was en niet kreeg wat je wilde. Als je een verbinding Venus–Maan hebt en je gaat bij vrienden thuis op bezoek en het eten is niet zo goed als je had gedacht, en ze bieden je geen kop thee aan, of ze zijn wat kortaf, dan is dat een vervelend gevoel, het gevoel niet aardig genoeg te worden gevonden, zó gewekt. Laten we even bij die lijn blijven. Een Maan die oppositie Saturnus staat zal het gevoel geven dat je afgewezen bent omdat je niet goed genoeg bent, of omdat je iets verkeerd hebt gedaan. Als de Maan vierkant Mercurius staat heb je je misschien een dag vergist. Met Maan–Jupiter neem je zelf zoveel eten mee dat het bijna onwaarschijnlijk is.

— *Of het is nooit goed, maar je hebt in elk geval lol.*

— En Maan–Uranus?

— *Je voelt je geschokt, want je had zulke hoge verwachtingen.*

— En *je wist niet eens dat je die hoge verwachtingen hád.* En Pluto?

— *Je veegt in één zwaai het eten van tafel en zegt dat ze je niet meer terug zullen zien.*

— Nee, *het is waarschijnlijker dat je helemaal niets zegt...*

— *... en op weg naar huis een bestaanscrisis doormaakt*!

Darby: Dus u ziet, er zijn verschillende stijlen van gevoelssituaties die kunnen worden opgeroepen als het akkoord van de afwijzing iets in uw gevoelsherinnering tot klinken brengt. Ik denk dat het heel nuttig is om acht te slaan op die momenten van afwijzing, vooral als die zich over een bepaalde periode ophopen. Want die vormen het signaal dat het tijd is om je naar binnen te richten en je eigen innerlijk leven eens nader te bekijken. Dat kan via je lichaam – sommige mensen kunnen met hun emotionele golven en ritmen in contact komen via hun lichaam, door meditatie, stilte, of door beweging en dans. Anderen kunnen dat het gemakkelijkst door hun fantasie – eveneens meditatie, tekenen, schilderen, actieve imaginatie, het letten op dagdromen. Er zijn vele manieren. Sommigen doen het in een bepaalde vorm, door psychologische bewustwording en de processen die dat op gang brengt. Anderen bereiken het door routinehandelingen – de auto wassen, strijken, de zolder opruimen, tuinieren. U kent dat gevoel wel, als u na een reeks klappen weer wat op verhaal komt.

We bekijken het nu vanuit je relatie met het leven en vanuit de Maan terwijl ze wast en weer afneemt. Het is alsof je naar buiten vol bent geworden, en nu keer je je weer naar binnen en keer je terug naar jezelf, zodat je weer naar buiten kunt komen, weer terug kunt keren. Je hebt de volheid bereikt en nu is het tijd om af te nemen, om je terug te brengen bij je lichaam, terug naar je herinneringen aan wat gisteren gebeurde, wat vorige week gebeurde, vorig jaar, en dat moment in verband te brengen met herinneringen uit je prille jeugd – want elke keer dat je in je eigen voetspoor tot stilstand komt, ligt meteen daarachter een beeld uit je kindertijd. Je gaat voort van moment naar moment en alles gaat lekker, en dan ineens is er iets waardoor het stopt, en als jij dan stopt en omlaag kijkt, zit er iets uit je kindertijd daar. Als het je een emotionele reactie geeft dan beweegt zich hoogst waarschijnlijk iets uit je kindertijd net onder de oppervlakte. Je emotionele reactie kan nauw merkbaar zijn of heel heftig, of daar tussenin, afhankelijk van de plaatsing en aspecten van de Maan. Het kan zijn van „O jee!", of misschien van „Sterf de moord!" of „Snik!". Maar als je er acht op slaat kun je het mettertijd leren herkennen als iets vertrouwds, en dan wordt het iets om op te letten en naar te luisteren. Door er op te letten kun je de sleutel ontdekken waardoor je de gebeurtenissen die je doorleeft kunt omzetten in voedsel voor de ontwikkeling van je ziel.

Nogmaals, we kijken hier naar de Maan als symbool van je instinctieve emotionele relatie met het leven en met anderen. En we hebben net zitten bedenken hoe we het keren van de getijden kunnen herkennen, zodat we er voor kunnen zorgen dat de eb- en vloedstroom van ons eigen bijzondere ritme zich kan uitdrukken. We proberen te zien hoe we ons naar buiten kunnen uitstrekken en ons weer naar binnen kunnen keren in overeenstemming met het ritme van onze natuur zoals onze Maan en de configuratie waarin ze staat dat beschrijven. We kijken naar ons vermogen om onszelf in de persoonlijke manier waarop we ons met het leven verbinden te herkennen. Onze Maan drukt onze gemeenschappelijkheid uit. Daarin zijn we door onze behoeften het zelfde als ieder ander, maar in die gelijkheid zijn we tevens verschillend.

Dus iemand met een Maan–Jupiter verbindt zich met het leven als geheel door expansie in verschillende soorten mensen, verschillende stammen. Met een Maan–Saturnus verbindt iemand zich met het leven als geheel over stugge en doornige landschappen, en een Maan–Cheiron via de wonden die opengaan door toedoen van andere mensen en via wonden van het leven zelf – de wonden van door de tijd gebonden eeuwigheid. Mensen met een Maan–Neptunus vinden voeding in...

— *... kroegen.*

Darby: Kroegen? Ik wilde tranen zeggen, maar voor sommigen kunnen het kroegen zijn.

— *Ik zit menigmaal boven mijn bier te huilen.*

— *En natuur, en muziek.*

Darby: Ook door gevoelens van verlies, door onzichtbaar te worden – laat ik het zó stellen: door te weten dat het soms absoluut volstrekt juist is om volledig op te gaan in je omgeving. Ik ken een paar echt goeie fotografen met de Maan vierkant Neptunus.

— *Ik heb de Maan vierkant Neptunus en oppositie Uranus, en als ik helemaal overstuur ben kan ik niets anders doen dan door straten lopen waar het heel druk is, want dat is anoniem terwijl er toch mensen zijn.*

Darby: Dat heeft niet te maken met relateren aan hen, of wel?

— *O nee. Het heeft te maken met óndergaan in de menigte.*

Darby: Terwijl het met Maan–Uranus wél het geval is – je moet dan feitelijk relateren aan hen. Je moet dan een smoes verzinnen om aan hen te kunnen relateren, enkel om deel te zijn van die stroom mensen, en dat is het voedende. Misschien kan de Maan ons laten zien hoe we tijd – Saturnus – kunnen verspillen, want dan kun je tijd ook gebrúiken. Als je geen tijd kunt verspillen, dan is er kans dat je die ook niet goed weet te gebruiken. Ik zeg 'verspillen' van Saturnus uit gezien, niet vanuit de Maan – zoals door de straten zwerven of, als je het geluk hebt dicht bij de natuur te wonen, door de heuvels of de velden zwerven.

*— Hoe zit het bij de Maan en Cheiron? Daar heeft u helemaal niets over gezegd.*

Darby: Dat heb ik zoëven gedaan.

*— Jawel, maar niet genoeg.*

Darby: Voelt u zich nu ondervoed? Nou, vooruit. Het enige wat ik echt kan zeggen over Maan–Cheiron aspecten, vooral de lastige, is dat ze de wonden weerspiegelen die we opmerken in onze relatie met de aarde zelf, met de fysieke grond van ons bestaan. De gewonde relatie met je eigen moeder legt iets bloot dat nu, in onze tijd, bevestigd lijkt te worden. We zijn in een schadelijke verhouding met de wereld om ons heen beland. We kunnen niet ophouden de natuur schade toe te brengen, en de natuur op haar beurt verhaalt de schade op ons – onze verontreiniging en het onvermogen van de Aarde om ons nog langer tegen de gevaarlijke stralen van de Zon te beschermen bij voorbeeld. Degenen met Maan–Cheiron aspecten lijken gewond te zijn op een manier die ons collectieve gewond-zijn weerspiegelt. Het oneigenlijke gebruik van voedsel en seks en het verscheurde ritme van intimiteit en eenzaamheid weerspiegelen onze relatie met onze wereld. Op wat voor manieren deze aspecten zich ook persoonlijk uitdrukken, ze kunnen altijd in verband worden gebracht met iets dat collectief gewond is. Mensen met een Maan–Cheiron weerspiegelen dat collectieve gevoel van het gewonde mensdom, de gewonde wereld. En hun spirituele reis kan ons dankzij die emotionele verwonding terugbrengen bij een nieuw verbondenheid met onszelf, onze wereld.

*— Hoe zit het met adoptie. Kun je dat uit Maan-aspecten halen?*

Darby: Ik moet zeggen dat ik dat niet weet. Ik heb een goeie vriendin die geadopteerd is, en ik heb verschillende cliënten die geadopteerd zijn, maar ik zou niets weten dat adoptie in het algemeen aangaf. Daarin is astrologie frusterend, en geruststellend. Er zullen altijd dingen zijn die onbekend blijven en een mysterie. Maar er zal vast wel iemand zijn die hier onderzoek in heeft gedaan en waarschijnlijk weet wat voor overeenkomsten er in adoptiegevallen zijn. De twee vrouwen die ik ken hebben allebei een moeilijke Maan–Venus – de één heeft ze in een vierkant en de ander heeft ze beide in een vierkant met een transpersoonlijke planeet. Maar ik weet het niet.

Het kan toeval zijn dat er sprake is van lastige Maan-aspecten. Die goeie vriendin van me die geadopteerd is heeft Venus vierkant Neptunus en de Maan in het 4e huis in de Weegschaal vierkant Pluto in de Kreeft in het 12e huis. Geboren te worden uit het ene moederlijf en dan gevoed te worden door de hand van een ander moet wel een diepe uitwerking hebben op je leven. Mijn vriendin is achter in de zestig en leeft op zichzelf, en de verbondenheid van haar ziel met het leven is heel krachtig. Ze heeft een emotioneel nogal wild leven achter de rug en heeft zich uiteindelijk ontpopt als iemand van grote diepgang. Dus ik weet uit eigen ervaring dat adoptie de ontwikkeling van je ziel niet stopzet of verhindert. Het is een manier, zoals elke andere omstandigheid. En je vindt je weg er doorheen, of niet, zoals in elke andere omstandigheid.

## Transits óp de Maan

— *Hoe zit het met transits?*

Darby: Op de radix-Maan?

— *Ja. Als Pluto bij voorbeeld oppositie je geboorte-Maan komt te lopen.*

Darby: Laat ik daar kort iets over zeggen, en daar laten we het bij. Als de planeet die in transit een aspect met je geboorte-Maan maakt er één is die deel uitmaakt van de oorspronkelijke Maan-configuratie, dan activeert hij die configuratie, die je emotionele gewoonten weerspiegelt – hij zet die op scherp. Al het 'materiaal' in je komt naar boven en moet verwerkt worden. Dat geeft je nog een mogelijkheid om voor je gevoel terug te reiken in de tijd, naar het prille begin van je leven en verder, via de erfenis van je voorgeslacht naar de bron. Dat zal aangename en onaangename patronen activeren, overeenkomstig een eigen logica, en het zal het akkoord aanslaan via innerlijke en meestal ook uiterlijke gebeurtenissen. Er is altijd een gelegenheid om op dat wat daar beneden zit te bespiegelen en je eigen levensverhaal te aanvaarden of af te wijzen.

Als de transiterende planeet van oorsprong niet deelheeft aan je maanverhaal, dan kan hij gebeurtenissen weerspiegelen in overeenstemming met zijn eigen dynamische werkzaamheid, maar die geven veeleer het gevoel dat er iets gebeúrt dan dat er iets aan de hand is. Het wordt niet per se omgezet in voedsel voor je ziel. Maar er zijn in je horoscoop altijd andere dingen tegelijk aan de hand, dus is dit gewoon een soort les in Franse grammatica.

— *Les in Franse grammatica?*

Darby: Ja. Zo van: dít is de regel, en er zijn net zoveel uitzonderingen als je je kunt voorstellen. Als de Maan ongeaspecteerd staat is er wel emotie, maar die verbindt zich niet met iets anders. Het is alsof het gebeurt en dat als jij er bij bent wanneer het gebeurt, jij wéét dat diegene emotioneel is, maar als je er niet bent heb je er geen idéé van dat diegene iets emotioneels beleeft, want dat deelt zich emotioneel niet mee. Emoties en zielecontact met het leven staan los van de andere dimensies die deel van iemand uitmaken. Als je een ongeaspecteerde Maan hebt is het, als je je eigen ziel wilt ontwikkelen, bijna alsof je op een bepaalde manier van anderen moet worden afgezonderd. Het is een aspect dat goed zou zijn om te mediteren – iets waarbij iemand zich in feite afzondert om zich te verbinden met zichzelf, zijn ziel en het leven als geheel.

— *Liz vergelijkt dat met het hebben van iemand die in de kelder huist. Als je er niet in afdaalt weet je ook niet of hij daar echt zit. Misschien heb je wel het vermoeden, maar je weet het pas zeker als je naar beneden gaat.*

— *Er duiken allerlei emoties bij je op. Ze zijn niet iets dat je kent. Op z'n best is het primitief en mythisch.*

Darby: Ik heb een vriendin met Maan conjunct Pluto in acht, ongeaspecteerd. [Zo'n ongeaspecteerd tweetal is een *duet*.] Als ze verliefd is dan is ze intens emotioneel in alle situaties. En als het voorbij is, dan wordt ze gewoon weer rustig. Een ongeaspecteerde Maan is een unieke ervaring. Het verleden is meestentijds een gesloten boek. Het gevoelsleven is iets heel geslotens, iets heel afgescheidens. Het kan wijzen op een ongewone verbondenheid met het leven, maar het kan op anderen nogal onpersoonlijk overkomen. Dat betekent niet dat er geen liefde is, maar liefde is een afzonderlijke ervaring. Het kan heel eenzaam zijn, maar ook heel heilig, maar erg voor zichzelf.

Ik weet dat er meer vragen opkomen – dat kan ik aan uw gezichten zien en ik voel ze in de lucht hangen. Maar ik laat het hierbij voor wat betreft de geboorte-Maan. Ik hoop dat u de vragen wilt onthouden en ze later wilt stellen – aan uzelf of aan elkaar. Ik roep graag meer vragen op dan er antwoorden bij zijn – ik bedoel vragen die u niet van zich af kunt zetten, totdat u ze zelf aankunt.
Het is tijd om het lijf behoorlijk te voeden. Laten we gaan eten.

# 6.
# De secundaire Maan

Ik wil het nu gaan hebben over de secundaire [= secundair-progressieve] Maan. Dat is de interessantste progressie om te volgen, gewoon omdat die sneller verloopt dan welke andere planeetcyclus ook: ongeveer elke tweeënhalf jaar een tekenwisseling. In iets minder dan achtentwintig jaar maakt de secundaire Maan een ronde door de dierenriem en keert weer terug op haar eigen plaats. Die cyclus onthult het verhaal van hoe je emotionele ontwikkeling zich ontvouwt. De secundaire Maan trekt je altijd voort, maar laat je toch altijd terugkeren naar je wortels. Ze wordt een spiegel, en ze nodigt je uit je daarin te spiegelen ten aanzien van de aard van je eigen reis zoals je die doormaakt via je reacties op andere mensen, maar ook op het leven zelf. Ze is verbonden met de Saturnus-cyclus en door de tijd kunnen deze twee cycli je het onderliggende patroon, de schering en de inslag van het tapijt van je leven onthullen, het leven geleefd temidden van de oneindige dimensies van het leven zelf.

Bij de volgende maanwerkgroep wil ik het over de onderlinge verwevenheid van die cycli hebben, maar vandaag wil ik onze verbeelding openen voor de secundaire Maan door simpelweg te kijken hoe zij door de tekens en de huizen gaat. Op die manier wil ik haar bekijken als de spiegel die je kunt gebruiken voor de onwikkeling van jouw relatie met de ziel. Laten we beginnen met een paar sleutels waarmee we de deuren naar de geheimen ervan kunnen ontsluiten.

## De Maan en zielevorming

Ik wil het eerst even over James Hillman hebben. Kent u zijn werk? De meesten van u schijnen hem te kennen, zie ik. Je zou kunnen zeggen dat hij een post-Jungiaan is, maar dat is tegenover beide mannen niet helemaal eerlijk. Hij is zonder meer diep beïnvloed door Jung, en in feite was hij Jungiaans analyticus, totdat hij van zijn eigen richtig werd, om het zo maar eens te zeggen. Hij is een Ram met Zon en Maan in Ram in het 11e huis voor zover ik weet, en hij heeft met zijn rusteloze pionierszièl het collectieve denken zonder meer beïnvloed. Zijn boeken kwamen tijdens een periode in mijn leven toen ik worstelde om mijn intuïtieve gedachten over de secundaire Maan vorm te geven. Achter het woord 'ziel' stak voor mij een hoop geschiedenis – mijn vroege katholieke opvoeding enzo. Zijn geschriften hielpen me om mijn geconditioneerde denken weer in het heden te brengen, en hij hielp me het huwelijk tot stand te brengen tussen mijn religieuze voorstellingswereld en mijn psychologische besef. Veel van zijn ideeën hebben als lanceerplatform gediend voor mijn eigen ontwikkeling rond de ideeën die ik u hier nu voorhoud.

Een van de krachtigste inzichten die hij in me wekte kwam uit een passage van Keats die hij aanhaalde. Keats schreeft een brief aan zijn broer, waarin hij naar deze wereld verwees als 'het dal der zielevorming'. Hij zegt dat dat het nut van de wereld is. Hillman ontwikkelt dit idee van zielevorming verder. En zijn werk heeft mij geholpen om vorm – mentale vorm – te geven aan mijn intuïtieve gedachten over de secundaire Maan.

Hij definieert ziel als datgene wat zin en betekenis mogelijk maakt. Hij zegt dat het de ziel is die – en dan citeer ik uit *„Re-visioning Psychology"* – „gebeurtenissen omzet in ervaringen, medegedeeld wordt in liefde en een religieuze betrokkenheid heeft." Hij gaat verder met te zeggen dat de ziel gebeurtenissen verdiept tot ervaringen. Hij zegt dat hij met het woord ziel bedoelt „de verbeeldingsrijke mogelijkheid in onze aard, het beleven door bespiegelende overpeinzing, droom, beeld en fantasie – de modaliteit die alle werkelijkheden herkent als primair symbolisch of overdrachtelijk."

Ik heb daar lang op zitten broeden. Dat ding dat ik ziel noem, dat wat me in de tijd verbindt met iets eeuwigs, is deel van, of ligt ten grondslag aan mijn voorstellingsvermogen. En het beschrijft de ruimte van waaruit ik de gebeurtenissen in mijn leven overpeins. Er vallen dingen voor, en het is die ziel die ze verteert, ze bespiegelt, en wel zó dat het ervaringen worden. Onverteerde, onbespiegelde gebeurtenissen worden geen echte ervaringen. Dat omzettingsproces van gebeurtenissen in ervaringen vindt plaats door bespiegeling op de beelden die oprijzen uit de gebeurtenissen in ons leven. We kunnen over die gebeurtenissen nadenken door de beelden die er uit oprijzen.

Hillman heeft het woord ziel uit de exclusieve sfeer van de formele godsdiensten gehaald. Hij zegt dat het de ziel is, de kracht van de bespiegeling, de verbeeldingskracht die terugkeert in gebeurtenissen en die in een nieuwe visie stelt en zich er opnieuw mee verbindt, waar de zielevorming zich voordoet. De uitdrukking 'zielevorming' is heel sprekend. Er is sprake van een voorstellingsruimte waarin iets gebeurt. Ik denk dat ik zou moeten zeggen dat we, naarmate we dichter bij die ruimte komen, we in relatie treden met de plaats waar geest en stof elkaar raken. We beginnen ons te nestelen in die ruimte tussen het zichtbare en het onzienbare, tussen materie en geest – onze ziel – en ons leven raakt bezield en diept zich uit in het tijdelijke en het eeuwige door bespiegeling.

Dus er overkomt je iets, maar als het niet in je voorstellingsvermogen gebeurt, dan is het geen gebeurtenis, dan is het geen ervaring. Bespiegeling of reflectie zet gebeurtenissen om in ervaring. En voor astrologen hebben bespiegeling en vertering te maken met de Maan. Ik wil herhalen wat Hillman zegt: „Ziel zet gebeurtenissen om in ervaringen, verdiept gebeurtenissen tot ervaring. Ziel deelt zich mee in liefde en heeft een religieuze betrokkenheid doordat ze betrokken is op de dood." Die laatste kwaliteit van de ziel brengt ons terug bij Jungs idee van de Maan als verzamelplaats voor overleden zielen, en bij de rol van de Maan als brandpunt van de verbondenheid met het voorgeslacht.

Door de Maan herinner je je voorouders en herinneren zij zich jou. Daardoor ben je niet alleen met je persoonlijk verleden verbonden, maar met je verre verleden, dat helemaal teruggaat tot de aanvang der tijden. De verleden levens in jou en elke nieuwe ervaring die je hebt brengen je terug naar dat verleden en brengen het verleden naar het heden, dat je naar de toekomst leidt. Je verbindt je met het leven via je verleden, zoals je dat in de baarmoeder via het lichaam en de psyche van je moeder in je hebt opgezogen, en later in je ervaringen met haar persoonlijk hebt gemaakt. En je hele leven lang verdiept elke nieuwe emotionele ervaring deze verbondenheid met het leven, en door het leven met de eeuwigheid.

— *Schrijft* Hillman *rechtstreeks over de* Maan?

Darby: Nee – hij schrijft over de ziel. Maar ik geef u één of twee ideeën van hem omdat ze mij zo geholpen hebben. Ik hoop dat dit niet verwarrend is. Sommige van zijn ideeën zijn zo deel van mijn denken geworden dat ik niet eens meer weet waar ze vandaan komen. *„Re-visioning Psychology"* en *„The Dream and the Underworld"* in mijn boekenkast worden met kleefband bijeengehouden. En ik heb zijn ideeën natuurlijk in me opgenomen om mijn eigen te ontwikkelen. Dat vinden we bij grote schrijvers, het geschenk van de inspiratie.

Hij zegt: „Ziel maakt zin en betekenis mogelijk; verandert gebeurtenissen in ervaring." Het is de ziel – het stuk van jezelf dat we ziel mogen noemen – die zin en betekenis mogelijk maakt, omdat de ziel dat is wat bespiegelt. Niets heeft betekenis totdat er op bespiegeld wordt. Voor ons astrologen is de Maan in de horoscoop dat wat dit bespiegelen belichaamt. Wie de Maan in een water- of aardeteken of -huis heeft staan zal van nature gemakkelijker het verleden bespiegelen. Als je de Maan in een vuur- of luchtteken of -huis hebt is het gemakkelijker om de toekomst in beeld te krijgen, om je ziel voorwaarts te gooien. Dan bespiegel je van nature minder makkelijk het verleden.

O, daar schiet me iets te binnen. Een beeld, een herinnering aan Howard [Sasportas] naar aanleiding van wat ik net zei. Hij had de Maan in Stier. Hij hield me verbonden met de tijd toen we nog bij elkaar waren, toen we nog vóór in de twintig waren. Met zijn Maan in Stier in het 4e huis werd hij het nooit moe te verwijzen naar alles wat ons voorheen was overkomen. We spraken erover in Londen en brachten alles weer in het heden terug. Hij herinnerde zich dingen die ik vergeten was, maar hij bracht ze terug bij me. We herinnerden elkaar aan steeds meer dingen en weefden ons oorspronkelijke verhaal in kleuren die onze beider levenstapijten nieuwe fleur gaven. Was ik niet naar Londen gekomen, dan zou hij deel van een stukje van mijn verleden zijn geweest dat zich elders voortzette, en zou ik me hem al dan niet herinnerd hebben. Ik kwam naar Londen, verbond me met hem, en door zijn Maan in Stier verbond hij me opnieuw met mijn verleden. Onze emotionele verbinding met het verleden was naar ons heden gebracht.

— *Maakte zijn Maan een verbinding met iets in uw horoscoop?*

Darby: Ja, met mijn Venus, en met mijn Mercurius in het 9e huis. We werden ook herenigd in een vreemd land. Mijn Maan stond op zijn Venus. Dus we konden het elkaar over en weer geven – en met vreugde.

Hillmans verhaal dat de ziel gebeurtenissen verdiept tot ervaringen is de sleutel tot deze middag. Waar we naar kijken is het feit dat door bespiegeling gebeurtenissen in ervaring worden veranderd. En ervaring heeft zin en betekenis en léidt tot zin en betekenis. Een leven met gebeurtenissen heeft geen zin. Neem de verhoging van Jupiter in de Kreeft. Er zijn vele manieren om dat te duiden, en één van die manieren is dat je zin en betekenis vindt door je verleden te bespiegelen. Door je ervaring te bespiegelen, door die als deel van je leven te bezitten, verbindt je leven zich – de punten van de gebeurtenissen worden samengebonden tot iets dat een patroon vormt, en in dat patroon wordt de zin geopenbaard.

— *Wilt u zeggen dat het leven een uiteindelijke zin heeft, en dat het proces dat u beschrijft die zin ontdekt?*

Darby: Goede vraag. Moeilijk om te beantwoorden trouwens. Wat ik zeg is dat het ding dat ik ziel noem het ontmoetingspunt is van geest en materie, van het zichtbare en het onzienbare, van het tijdelijke en het eeuwige. Wanneer je je met dit deel van jezelf verbindt, kun je er naar luisteren en voeling houden met de bespiegelende kracht ervan, wat de áárd ervan is. Dit stuk waar levende bespiegeling plaatsvindt, deze ziel, doet als je er naar luistert dat wat het van nature geneigd is – het dient om je door het tijdelijke op weg naar het eeuwige levend te houden. Het vormt een brug tussen de tijd en de eeuwigheid, en aldus doende onderscheidt het patronen in je leven die weerspiegeld worden in de natuur, die jou verbinden met de natuur, en die zich kenbaar maken in de tijd, maar die het onzienbare gebied onthullen dat we geest noemen – en die je weer terug in de tijd brengen. En uit dat alles komt een zin en betekenis te voorschijn.

— *Eh... zoudt u... ik bedoel...*

Darby: Ja, het is moeilijk uit te drukken. Laat ik het in astrologische taal stellen. De Maan staat voor je moeder, maar je moeder had zelf een moeder die een moeder had, en zo tot de aanvang der tijden, de oorsprong van de stof en van de kenbare werkelijkheid. De Maan beschrijft bepaalde kanten van je moeder en van jouw prille ervaring van haar moeder-zijn, maar het gaat dieper. Door de gewoontepatronen van relateren aan je lichaam en aan je leven en aan anderen word je herinnerd aan je moeder, en dat brengt je bij het verleden dieper in jou, voorbij je eigen persoonlijke moeder en je eigen leven.

Nu, de secundaire Maan draait verder. Vanaf het ogenblik dat je geboren wordt loopt die op zichzelf uit, om het zo te zeggen, en voert je je eigen leven binnen. Je verleden, dat verleden diep in je dat je in je opgenomen hebt via het lichaam van je moeder, wordt naar het heden gebracht en versterkt en verbijzonderd door de wisselwerking tussen jou en je moeder. Dat wordt onthuld door de aspecten en de huizen die met je Maan verbonden zijn. Relatiepatronen zetten zich vast.

Maar je secundaire Maan vertelt je dat je ook naar andere mensen wordt toegetrokken met andere manieren van relateren. Ja, je radix-Maan wordt voortdurend versterkt door emotionele ervaringen, maar je wordt ook de toekomst in getrokken, in nieuwe ervaringen. Je leven wordt bezield als je teruggaat en je eigen leven in ogenschouw neemt door de secundaire Maan te volgen en de ervaringen die voortkomen uit de beschouwing daarvan, en door te letten op waar ze nú staat en je emotionele leven aan de hand van de beelden ervan gade te slaan.

De patronen die je begint te ontwaren brengen je ertoe te bespiegelen, en die bespiegeling brengt je tot diépere bespiegeling. De Maan draait altijd rond, beweegt zich altijd van het ene punt naar het andere. Door haar te volgen en er in contact mee te blijven blijf je meebewegen. Er ontvouwen zich patronen, en die kunnen als je gelijke tred houdt met de verandering van je innerlijke perspectief, niet worden omgezet in vaste dogma's over het leven. Je bespiegelt vanuit die plek van je ziel, en je bespiegeling houdt je ontvankelijk voor 's levens veranderlijke bestendigheid. Deze zielevorming, en ik denk dat ik het liever zielerelatievorming zou willen noemen – het leggen van een relatie met dit bespiegelende stuk in jezelf – houdt het proces van bespiegeling en het ontwaren van zin en betekenis levend. De gebeurtenissen in je leven worden onafgebroken verteerd tot ervaring, en iedere nieuwe dag voegt daar iets aan toe.

Het leven heeft zin en betekenis wanneer je er een ritme in begint te ontdekken, een patroon in je dagelijks leven. Het krijgt betekenis. Jupiter staat verhoogd in de Kreeft. In de eb en vloed van het dagelijks leven vinden we zin en betekenis, als we onszelf de tijd gunnen om er op te bespiegelen. Dus door bespiegeling worden gebeurtenissen omgezet in ervaring, en ervaring leidt tot een gevoel van betekenis. Ik zeg niet dat er Een Betekenis is en dat je die zult vinden; ik zeg dat het zoeken naar betekenis deel is van het mens-zijn, en patroonwaarneming is iets waarover we van nature beschikken.
Patroon*herkenning* leidt tot zin en betekenis, en die betekenis wordt vaak tot dogma verheven, waarna verdere ontwikkeling tot staan komt. Wij kijken naar manieren om in beweging te blijven, om ontvankelijk te blijven voor de dingen hier.

Nu, de secundaire Maan. Je begint met de Maan érgens, waar dan ook, met de Maan in welk aspect dan ook. Je wordt geboren en je wordt buiten het lichaam van je moeder in contact gebracht met haar lichaam. Van het moment af aan dat je geboren bent word je van je persoonlijke moeder weg getrokken doordat de zich opzamelende gebeurtenissen in je leven tot ervaringen worden die meer en meer jouw eigen worden. Eerst is dat nauwelijks merkbaar, en na één levensmaand is de secundaire Maan pas 1° verder, slechts iétsje verder dus. En de maand daarop is ze weer een stukje verder. Het is nauwelijks merkbaar – niet echt merkbaar. Pas als ze 15° of 30° verder staat. Die 30° betekent ongeveer dertig maanden, en dat is ongeveer tweeënhalf jaar. Als ze eenmaal 30° verder staat en je tweeënhalf jaar oud bent, heeft ze noemenswaardig contact gemaakt met elke planeet in je horoscoop.

> — *Dat is even lang als Saturnus over een teken doet – tweeënhalf jaar. Saturnus heeft dan een even groot gebied gedekt. Hij heeft dan ook elke planeet voor de eerste keer aangestoten.*

Darby: Dat klopt, en volgende keer wil ik het over het verband tussen de secundaire Maan en de Saturnus-cyclus hebben. Laten we nu echter in ons achterhoofd houden dat ze altijd in een nauwe relatie tot elkaar staan – ofschoon ze in de loop van het leven langzaam op elkaar uit gaan lopen, of althans een nieuw soort relatie ontwikkelen. Maar laten we dat nu laten rusten. De eerste achtentwintig jaar lopen ze behoorlijk gelijk op – ze behouden door hun cycli de relatie die ze bij de geboorte hadden. Dat valt eerder op en is waarschijnlijk ook meerzeggend als ze een échte relatie hebben in de geboortehoroscoop – ik bedoel als ze in aspect met elkaar staan of in wederzijdse receptie, of een van beide in het huis van de ander. Iemand met Saturnus in vier zal het gewicht van zijn of haar verleden voelen wisselen en veranderen naarmate de secundaire Maan voortgaat en nieuwe voedingsbronnen ontsluit. Mensen met de Maan in tien zullen hun verhouding ten opzichte van werk, status of positie opnieuw bepalen elke keer dat Saturnus van teken en huis verandert.

— *En hun verhouding met hun moeder en haar ambitie voor hen?*

Darby: Een leuke, ja. Langs de snaar die verlangt dat moeders ambitie voor haar kind herinnerd wordt klinken nieuwe aspecten van de karakterontwikkeling, van een nieuwe verhouding jegens 's levens noodzakelijke plichten, ook door naar omlaag. De voeding die je via werk en maatschappelijke positie ontvangt en geeft, de tijden van honger en het gevoel van armoede die je tegenkomt vanwege je positie in de wereld, zullen elke keer dat Saturnus van teken en huis verandert meeveranderen. Zowel de cyclus van de secundaire Maan als die van Saturnus weerspiegelt aspecten van afscheiding, heroriëntatie en een nieuwe wijze van je verbinden met het leven in de volgende fase.

Maar laten we terugkeren naar de maankant. Het punt waar de Maan begint beschrijft wat jij en je moeder met elkaar delen voor wat betreft de erfenis waaraan jullie allebei zijn ontsproten. Je incarneert door haar en jij bent de volgende mogelijkheid van dat maanerfgoed. Dat maanerfgoed bouwt zich verder op, de erfenis van dat familiegewoontenpatroon bouwt zich stap voor stap verder uit, maar in het begin staan jij en zij elkaar zo ná – nog geen ademtocht ruimte tussen jullie in. Maar met elke ademtocht verwijdert de secundaire Maan zich verder, en zo verwijder jij je van haar. Weliswaar conditioneert ze je nog steeds, maar jij verwijdert je van haar.

## De secundaire Maan in de tekens

Nou, hoe kom ik van hieruit terecht waar ik wezen wil? Ik wil gewoon de tekens rond en dan de huizen, maar als ik dat wil doen moet ik een sprong maken. Behalve bij degenen die Maan in Ram hebben zal de secundaire Maan enige tijd na de geboorte voor het eerst de Ram in gaan.

— *Maar wij zijn de laatsten die dat bewust ervaren.*

Darby: Klopt. U hebt uw Maan in de Ram, en dus beleeft u alles vanuit die voordelige positie, maar merkwaardig genoeg krijgt u dat als laatste van allemaal te ervaren, bij de Maan-terugkeer rond uw achtentwintigste – wat ook de inleiding tot uw Saturnus-terugkeer is. Degenen met de Maan in de Vissen zullen de Ram pas kort voor hun Saturnus-terugkeer ervaren, en de degenen met de Maan in de Weegschaal ervaren de Ram al rond hun veertiende. Maar wanneer dat ook is, het is een begin.

Wanneer de secundaire Maan ***de Ram*** in gaat begin je aan een nieuwe cyclus. Het is anders dan wanneer de Maan het 1e huis binnengaat. Als de Maan secundair het 1e huis binnengaat, is het begin heel persoonlijk omdat – tenzij je Ram op de Ascendant hebt – ze in een ander teken staat, en dat teken beschrijft de manier waarop jij persoonlijk het leven binnenkomt. Het is jouw bijzondere voertuig waarmee jij door het leven gaat – je persona, je filter, je harnas, je visitekaartje, je masker. Dit is waar je ten tonele komt, de manier waarop je je voordoet zowel als waarop je je verbergt. Dus dit beschrijft ook een nieuwe fase in je leven, een verbinding van de manier waarop je persoonlijk in wisselwerking staat met het leven, en je emotionele ritmen, je emotionele manieren. Het is alsof je persona bezield wordt, verbonden wordt met je innerlijk leven. Je verleden en je heden verbinden zich in de uitdrukking van je persoonlijkheid.

Maar wanneer de secundaire Maan de Ram in gaat, en dat teken staat in een ander stuk van je horoscoop, dan is dat anders. Je hebt ongeveer tweeënhalf jaar om zoveel als je kunt te ervaren van hoe het voelt om Ram te zijn – dapper, heldhaftig, gedreven, jezelf voortstuwend, jagend, zoekend, actie...

— ... *op jezelf gericht, onstuimig, eisend...*

Darby: Ja, onnadenkend, ongeduldig, het leven bestormend. Dit is joúw tijd om te ervaren hoe die energie voelt. Tuurlijk, dat wordt enigszins gematigd door het huis waar de Maan secundair in staat en de aspecten die ze maakt, vooral met je geboorte-Maan. Je kunt niet voluit Ram zijn als je daar geen planeten hebt staan. Maar je kunt dichter bij dat aanstormende gevoel komen, dat gevoel van stootkracht, dan ooit. Het is echt 'spermatische energie'. Het is waarbij je opstijgt in de vlucht, uit het kanon geschoten wordt en afstevent op verbinding en geboorte. Je verbindt je met de aanvangsstormloop van iets-uit-het-niets dat de geboorte van de schepping is.

De eerste keer dat de secundaire Maan de Ram bereikt heb je er minder greep op dan de tweede keer, bijna dertig jaar later. De zichzelf opstuwende storm en drang is er nog wel, maar je hebt een groter vermogen tot bespiegeling doordat je vele jaren van ervaring achter de rug hebt. Maar het bestormen is er ook nog als je negentig bent. Je voelt de drang om voorwaarts te springen, en hoe meer je springt hoe beter. Als je secundaire Maan in de Ram staat is het écht tegen de draad in om beschouwend en rustig te zijn. Dat gáát gewoon niet, en iemand die je heeft leren kennen toen je secundaire Maan nog in de Vissen stond vindt je al gauw een beetje fel gebeten!

Als de Maan eenmaal ***de Stier*** in verhuist, komt er iets dat zich wil vestigen. Dat wat in de Ram is begonnen wil nu wortel schieten. Je ziel ontwikkelt een bepaald vermogen tot bestendigheid en een vasthoudende volharding. Het huis en de planeten die worden beroerd vertellen je meer over het type innerlijke en uiterlijke gebeurtenissen die verbonden zijn met dit gevoel in iets te wortelen. De eerste keer dat mijn secundaire Maan de Stier in ging werd ik verliefd op bomen. Ik raakte geobsedeerd – bezéten van bomen. Omdat ik zulke gelukkige planeten in Stier heb is dat nooit meer overgegaan, maar het wás me 'n liefdesaffaire destijds! De Stier kan ongemakkelijk zijn voor degene die ongemakkelijk tegenover zijn lichaam staat of tegenover zinnelijk plezier, maar hij trekt je op forse wijze naar de natuur toe. Je hebt de tijd om je zo dicht als maar mogelijk is bij de schoonheid van de aarde en het aardse te voelen.

— *Horen daar bezitterigheid en jaloezie bij?*

Darby: Bezitterigheid en het vermogen om je diepgaand te hechten, en misschien jaloezie – maar dat hangt van andere dingen af, denk ik. Je maakt je gedurende deze tijd iets eigen. Wat onder de Ram als een impuls begon wordt in de Stier van jezelf.

Als de Maan eenmaal ***de Tweelingen*** binnengaat, splitst alles zich op. Nogmaals, of dat gemakkelijk of ongemakkelijk is hangt af van je geboorte-Maan. En de gebeurtenissen erbij hangen af van andere dingen – transits, andere progressies, en de omstandigheden rond de Maan bij geboorte. Maar hier raak je in gesprek met je ziel. Je ontdekt dat je 'met je tweeën' bent. Eén is er op tijd en één is ergens anders, en ze moeten met elkaar in gesprek blijven. Je kunt even uitgeschakeld worden of enige tijd versnipperd zijn, maar je komt ook te communiceren met een kant van jezelf, of met andere mensen, die voordien niet beschikbaar was of waren. Je ervaart het gevoel van dualiteit in het huis waar de Tweelingen huist.

— *Of twee huizen.*

Darby: Heeft u Tweelingen op twee huizen?

— *Ja, en mijn secundaire* Maan *overschrijdt juist de grens tussen het 7e en het 8e huis.*

Darby: Nou, dan vindt u de gesprekken die u voorheen leuk vond nú misschien wel wat bleek. Misschien heeft u nu de behoefte om met mensen op een dieper niveau te praten.

— *Ik geniet voor het eerst in mijn leven echt van feestjes, maar vorige week ben ik er naar één geweest waar ik me zó verveeld heb. Ik krijg nu het idee dat ik op zoek was naar een ander soort verbondenheid.*

— *In het 8e huis, ik vraag me af wat dat kan zijn geweest.*

— O, *ik vat 'm.* Nou, *het is grappig dat u er op wijst, maar er waren wat behoorlijk sexy vrouwen die ik daarvóór niet had opgemerkt.*

Darby: Hmm, met uw secundaire Maan in Tweelingen in acht zoudt u best een tijdje behoorlijk exotische gesprekken kunnen hebben.

— *Dan moet ik mijn partner waarschuwen.*

Darby: Ja, hoewel u die ook met háár kunt hebben. De secundaire Maan in Tweelingen geeft je toegang tot de fijnere kneepjes van het gesprek, met anderen en met jezelf. Je bent gespleten, en je converseert om dat wat gespleten voelt héél te maken.

Als de Maan ***de Kreeft*** in gaat daal je af in gevoelens, wat voor lucht- en vuurtypen onbehagelijk kan zijn. Je ontdekt de behoefte, en het vermogen, om op eigen benen te staan en je te nestelen.

Ik moet zeggen dat ik nog nooit een vrouw in haar vruchtbare jaren met een secundaire Maan in de Kreeft heb ontmoet die niét een poosje broeds werd. Voor vrouwen die niet zijn afgesneden van hun instinct als schepsel is het een tijd tijd om kinderen te krijgen, als dat kan. Het is heel moeilijk om de dwingende oeroude lokroep van de levenskracht te weerstaan. En tevens komt de behoefte op aan die stukken geborgenheid waaraan nog niet is voldaan.

— *Mijn secundaire Maan staat in de Kreeft in het 7e huis, en ik voel me belachelijk bezitterig jegens mijn man. Ik heb de Maan in Ram en Venus in Tweelingen, en ik bén helemaal niet zo. Gisteren heb ik gehuild omdat hij van het weekeinde weg is met een paar vrienden van hem. Ik voelde me zo in de steek gelaten, ik kon het niet geloven, en hij evenmin. Hij heeft me nog nooit zo gezien. En dat van dat broedse – dat laat me maar niet los.*

Darby: Eb en vloed. Maar blijf die gevoelens in de gaten houden. Ze zijn misschien wel lastig en onbehagelijk, maar als je die wateren weet te bevaren, vind je wellicht een nabijheid zoals je die niet eerder hebt gekend. Je sluit je aan bij alle vrouwen die zich zo voelen tegenover hun echtgenoot, en bij alle mannen die zo aan hun vrouw gaan hangen, en ik weet zeker dat je ze voordien nooit hebt geduld.

*— Dat is heel zwak uitgedrukt. Ik voel me dwaas op een manier zoals ik me nog nooit heb gevoeld. Waar is dat nu allemaal goed voor?* Mijn *man is ook hoofdzakelijk vuur en lucht.*

Darby: Van de ziel uit bekeken is het niet goed om verstoken te zijn van contact met gevoelens en ervaringen. Om afgesloten te zijn van anderen omdat we hen beoordelen vanuit onze bekrompen kijk is in strijd met de wijsheid van de Maan, die heenebt en weer terugvloeit en op alles haar vergevingsgezinde licht doet schijnen. Om gevoed te worden door 's levens overvloed, om deel te zijn van de Werelziel, om wérkelijk in verbinding te staan met de diepe bron des levens, moeten we alles voelen wat menselijk is. Je afhankelijk voelen en bescherming behoeven en deel uitmaken van een familie zijn menselijk. Sommige mensen hebben dat in ruimere mate dan anderen. U hebt het nú. Het kan u tot een diep gevoel van eenzijn brengen met een deel van de mensheid waar u van afgesneden bent geweest – en het kan u tot een gevoelsmatige intimiteit brengen die u voor altijd zult koesteren. Maar als u de vurige aard van uw man niet wilt afschrikken, moet u hem misschien uitleggen dat dit maar tijdelijk is. Kijk voor de zekerheid ook waar zijn secundaire Maan staat, zodat u zicht op mekaar houdt.

*— Ik meen dat die in de* Maagd *staat.*

Darby: Nu, dan kan hij er iets mee gaan doen. Elke maanprogressie heeft haar eigen schoonheid en haar eigen verontrustende kant. En het eb-en-vloed verhaal is overal van toepassing. In de kreeftetijd ben je het meest geborgen en op jezelf, en het meest verwaarloosd en afgesneden. Door deze ritmen te ervaren vind je aansluiting bij de ritmen van het leven op deze aarde. Het zou dwaas zijn je enkel op de goede gevoelens te blijven fixeren.

Laten we naar ***de Leeuw*** gaan. De plaats in je horoscoop waar de Leeuw staat, vertelt waar het licht in het hart van je geest zijn weg naar buiten vindt – of, zoals je het ook mag zeggen, welk levensgebied door de levenskracht verlicht wordt. Ineens wil ik de Zon de levenskracht noemen en de Maan de levensbron. Woorden zijn zo onmogelijk. Ze onthullen dingen en verhullen ze te gelijker tijd; ze verhelderen en verwarren.

— *Hermes.*

— *De Trickster.*

Darby: Ja, magie en ijdel vertoon. Maar goed, het huis waarover Leeuw heerst is niet het huis van de Zon, tenzij je de Zon in Leeuw in vijf hebt. Het huis waar de Leeuw heer van is is met een subtiele schakel verbonden met het huis van de Zon – zoals het zomerverblijf van de koning. Dus als de secundaire Maan de Leeuw in gaat, komt het zomerpaleis in het licht te staan en wordt in gereedheid gebracht voor gasten. De koningin is gereed voor de ontvangst. En je ziel verbindt zich met alle vorstelijke, trotse, arrogante, voorbeeldige, dominante, geraakte en bazige voorouders in je erfschap.

— *Geraakt en bazig?*

Darby: Ja. Ik denk dat één van de moeilijkheden met een leeuwemaan de wrokkigheid is dat ze, nou ja, dat ze de Zon niet is, vermoed ik. Of iets dergelijks. Ze heeft zo veel goede kwaliteiten, maar ze koestert die verwachting waar onze 'óp-naar-de-Waterman' wereld haar de gelegenheid niet voor geeft. Als de Maan secundair de Leeuw in gaat is er een verwachting van iets schitterends, en als het leven schitterend is, dan is het groots. Maar als de lichten uit zijn en het grijs en treurig is – het ebgetijde – dan is er een gevoel van verontwaardiging. Degenen die planeten hebben waarmee ze boosheid en verontwaardiging naar buiten kunnen brengen hebben een uitlaatklep. Maar zij die dat niet hebben lopen rond als hoogheden in ballingschap.

Ik moet denken aan aan een vriend, een Schorpioen, wiens Maan onlangs door Leeuw liep, in zijn 10e huis. Toen nieuw werk uitbleef, wat op gezette tijden gebeurde, was hij zo ongeveer de kluts kwijt. Het had er de aard niet naar om boosheid en verontwaardiging naar buiten te brengen, en dus keek hij enkel wat verdwaasd en verloren – alsof hij gouden gewaden had gedragen die nu doorweekt werden door regen. Als alles zonneschijn is – ik bedoel het leven en je aansluiting met mensen die je bemint en bewondert – o, wat is het dan schitterend. Betoverend. Je staat in verbinding met het grote je-van-het. Maar als het paleis gesloten en donker is, dwalen er verloren ego's door de straten. We weten hoe het voelt om verstoten hoogheden te zijn. Een goeie ervaring in dit land, vindt u niet? Een beetje medeleven met die lui.

— *Bent u koningsgezind?*

Darby: Waarschijnlijk. Nee, ik ben een romantica.

— *Planeten in de Leeuw soms?*

Darby: Dat is een geheim.

— *In twaalf of in acht?*

Darby: Zullen we maar weer doorgaan met ons werk?

— *Laten we dat maar doen. We wilden net met de Maagd beginnen.*

Darby: Dat zullen we maar doen. De Maan in ***de Maagd*** is toch enigszins een schok na de Maan in Leeuw. Voor sommigen is het kalmerend, voor anderen te hortend. Mijn Schorpioen-vriend zei toen zijn secundaire Maan de Maagd in ging, nog steeds in het 10e huis: „Ik voel me nu een stuk beter, ik voel me niet meer zo te kijk staan." Hij kon weer voort met zijn werk, en dat kwam hem goed uit, wat zijn Zon stond ook nog in zes. De periode van de Maagd is een tijd waarin je dingen kunt ordenen en uitschiften, of je dat leuk vindt of niet. Het huis waarover de Maagd heerst – en u begrijpt dat ik bedoel waar Virgo woont – is daar waar je de details bijhoudt. Maar het is voor jou ook de tijd om aansluiting te vinden bij het deel van je voorouderschap waar zich degenen bevonden die zich dienstbaar hebben gemaakt aan het leven. Je ontdekt de vreugden en de talloze kleine invullingen van je dienstbaarheid aan het leven. Alles wat je hindert bij het wegwerken van de dingen irriteert je. Je onderhoudt je tuin – wat voor levensgebied je tuin ook moge zijn. De eb en vloed van het dagelijks leven activeert dat deel van je ziel dat gevoelig is voor elke vorm van bezoedeling. Je voelt de dingen scherp, en reageert met nerveuze heftigheid op elke zweem van kritiek. Je voelt je sterker dan ooit verbonden met het ambachtelijke, afhankelijk ook van andere dingen. Hier ligt je kunstvaardigheid, en de vreugden en troebelen daarvan worden door je lichaam en je ziel weerspiegeld.

**_De Weegschaal_** is een tijd van evenwicht zoeken. Het huis waarin de Weegschaal woont is het huis waarin je je evenwicht vindt en verliest en het steeds weer opnieuw zoekt. De secundaire Maan door de Weegschaal maakt je toegankelijk voor schoonheid en waarheid en de wijze waarop die verweven zijn. Je ziel tracht haar evenwichtspunt te vinden, en door het te vinden en te verliezen en het opnieuw te vinden ontdek je een plek in jezelf waar je evenwichtigheid het hardst nodig is en je het diepst verheugt. Lelijkheid – dat wat jij lelijk vindt – doet pijn, en je bent het zelfzuchtigst en het gulst in je aandacht voor schoonheid en gratie. Mensen die gratieus zijn trekken je aan en mensen die bot en onbehouwen zijn stoten je af. En door die kanten van je aard word je heen en weer getrokken. Relaties, vooral die met je partner, vragen een uitgebalanceerd evenwicht van je en een gratie die je van nature wel of niet hebt, afhankelijk van andere dingen. Het is een tijd waarin je ziel haar vermogen ontdekt om compromissen te sluiten.

De overgang van de Weegschaal naar **_de Schorpioen_** kan aanvoelen als een overgang van het strand naar de oceaan – en dan bedoel ik hier niet de Middellandse Zee. Ik bedoel meer de Atlantische Oceaan, die zoals ik zelf heb ondervonden behoorlijk ruw is. Het is een tijd van intense gevoelens, en het tumult woont in het huis waar Schorpioen over heerst. Confrontatie en loutering maken deel uit van jouw ervaringen met dit huis. Voor elke vorm van oneerlijkheid tegenover jezelf zul je boeten met verduistering van het licht. Je diepste angsten en je diepste kracht worden naar boven gebracht door relaties en door wederwaardigheden die weerspiegeld worden door transits en andere progressies. Je maakt stormen mee, en als je van stormen houdt, zul je hier op de rand volop het gevoel hebben te léven. Dit is een gebied waar je op het randje leeft, in de zin dat je je door dit huis, of door deze huizen en dat wat ze inhouden, zowel in de steek gelaten kunt voelen als in staat om ongeacht hóe te regenereren. Wat deze secundaire Maan in je achterlaat is een gevoel van diepe klaarheid en een duidelijk besef van eigen kracht. Maar die kracht wordt geschonken door het leven waarin we leven en sterven en leven en ten slotte sterven zélf. En op een bepaald tijdspunt in deze periode word je daar mee geconfronteerd.

En dan gaat de Maan ***de Boogschutter*** in. En o, wat vond ik dat feestelijk aanvoelen! Voor de één is het uiteraard te diffuus, en voor degene wiens fantasie overheerst wordt door het intellect is het soms wat chaotisch. Je voorstellingsvermogen neemt een hoge vlucht op de vleugels van de wind. Het huis waarin hij woont vertelt waar je fantasie je in vuur en vlam zet om op de toekomst af te gaan met alle vertrouwen en optimisme die je met jouw karakter kunt opbrengen. Dit is een gebied van rusteloze energie, en het tilt je naar het rijk van de mogelijkheden, en natuurlijk gooit het je ook weer naar beneden vanaf de top van je *hubris*. Maar wát een avonturen kun je beleven. En wat hébben de dingen toch vaak 'n betekenis! Emotioneel sta je er zo open voor dat je overal om je heen patronen ontwaart – en het moet een heel beroerde periode zijn als je op het vaste standpunt blijft staan dat er geen zin bestaat. Maar dat kan natuurlijk óók zinvol blijken.

De Maan schrijdt voort ***de Steenbok*** in, en waar je in gloed bent geraakt voor beelden die in Boogschutter betekenis voor je hebben gekregen, beginnen die nu vorm te krijgen in de diepten van je innerlijk. Voor wie in beslag wordt genomen door waarachtig werk is dit absoluut een heerlijke tijd. Misschien wel wat eenzaam – velen kennen het ongenaakbare innerlijke landschap uit eigen ervaring, maar het is het gebied waar elk stukje gedisciplineerde inzet voor een doel deel wordt van je voeding.

> — *Wat bedoelt u daarmee? Gedisciplineerde inzet kan misschien wel tot voeding leiden, maar het kan zelf toch geen voeding zijn?*

Darby: Ja, ik geloof dat ik weet wat u bedoelt. Steenbok staat oppositie Kreeft, en daarom moet het voor de secundaire Maan wel een onbehagelijke plek zijn. Maar dat is naar mijn ervaring tot dusverre niet zo – althans niet voor volwassenen. Twee van mijn cliënten die al lang bij me komen vertelden me dat het ongelofelijk eenzaam werd toen de Maan in hun vroege tienerjaren de Steenbok in ging,. Eén van hen verloor haar moeder, en zij moest voor de jongere kinderen haar rol op zich nemen. De andere raakte al zijn vrienden kwijt om de een of andere reden die ik me niet meer herinner of die ik niet begrepen heb, en hij is die tijd doorgekomen met het oplossen van wiskundige puzzels. En tja, hij is wiskundige geworden.

Hij kwam bij me tijdens de tweede doorgang van de Maan door Steenbok – nou, hij kwam al jaren bij me – en het was weer een eenzame tijd, niet zo extreem, maar anders door z'n rijpheid en ervaring. Toen de Maan de Waterman in ging en over zijn Ascendant brak er een bepaalde begripsvoorstelling in hem door waar hij en zijn collega's zich nu al jaren mee voeden. En natuurlijk zijn gezin, want het bleek nogal lucratief uit te vallen. Die eenzaamheid kan ook 12e huis zijn geweest.

Het punt is dat de ervaring die je hier opdoet met eenzaamheid en gerichtheid en verantwoordelijkheid en last en het ontwikkelen van beheersing op een bepaald gebied door deze Maan worden samengebracht, en deel van je zieleleven worden. Doordat je in deze periode te maken hebt met de bespiegelende mogelijkheid van de Maan in de Steenbok krijg je een spiegel waarin je je kunt bezinnen op de manifeste werkelijkheden van het leven. Wat ik bedoel is dat je zo ongeveer op een ongenaakbare berg zit, in je eentje, en dat geeft je de mogelijkheid om dat deel van de werkelijkheid te begrijpen. Nu is het uit met het gepierewaai, zegt dit deel van de cyclus.

— *En wat bedoelde u met waarachtig werk?*

Darby: Heb ik dat zo gezegd? Waarachtig werk is dat waar je helemaal achter staat. Je geeft je daarin met hart en ziel. En je krijgt er meestal erkenning voor, hoewel het geen betaalde baan hoeft te zijn. Ik heb een vriendin die letterlijk 'huisvrouw' is – die ouderwetse roeping die een beetje uit de mode is geraakt. Zij houdt van haar man en haar gezin en haar huis. Ze is een geweldige huishoudster, maar omdat ze het uit liefde doet krijg je toch niet het gevoel dat je niet overal in haar huis mag zitten. Het is geen hysterisch op orde houden van het huis – het is op een of andere manier natuurlijk. Ze houdt van haar werk, en dat werk bestaat uit het huis op orde houden voor haar gezin. Héél ongebruikelijk in mijn vrienden- en kennissenkring! Toen haar secundaire Maan in de Steenbok kwam geloof ik dat ze er op uit wilde om een baan te zoeken of zoiets. Ze heeft daar een ogenblik over lopen denken, maar toen besloot ze de kelder en de zolder eens anders in te richten, en het eind van het liedje was dat ze er een groter huis aan overhield. Ik heb dat vol verbazing gadegeslagen.

Elke secundaire Maan brengt je een stapje verder in de levenscirkel. En elke stap wordt individueel ingevuld door waar de Maan in je horoscoop staat en welke invloed transits en progressies hebben, maar elke secundaire Maan, elk teken, brengt je onverbiddelijk van het ene levensfacet in het volgende, en naarmate je ziel zich daarin weerspiegelt verdiep jij je in het leven. Op een bepaald niveau halen we altijd dingen naar ons toe en stoten ze weer van ons af – we zijn uiteindelijk behoeftige wezens – maar in je zieleleven bezit je de kracht om te (be)spiegelen, en die gebruik je om belevenissen in je leven om te zetten in ervaringen die jou verbinden met de bron des levens.

De overgang van de Steenbok naar ***de Waterman*** is meestal niet zo merkbaar als de andere overgangen, misschien vanwege de verbinding van beide tekens met Saturnus – tenzij je natuurlijk een planeet precies op 0° of 1° Waterman hebt staan. Het kan een poosje lijken alsof het Saturnus-thema zich voortzet, maar na enige tijd merk je dat het minder goed te beheersen is. Het huis waar de Waterman op staat is het levensgebied waarop je niet volgens conventionele methoden te werk kunt gaan, wel? Misschien *wil* je dat wel en probeer je het ook, afhankelijk van hoe sterk je Saturnus is, maar het lukt je echt niet. En als je secundaire Maan daar loopt word je daarin gestuit en een beetje veranderd, heb ik het idee. De voeding daaruit is de afwisseling aan ervaringen en de honger daarbij is de honger naar alles tegelijk. De ervaringen die je ziel gedurende deze tijd registreert zijn zo wisselend dat bespiegeling maar heel fragmentarisch lukt – maar je komt zo dicht als je maar kunt bij het ervaren wat het is om 'versies' van jezelf te zijn waar je tot dan nog niet veel mee hebt gedaan. Deze fase roept de delen in je wakker die andere fasen niet kunnen bereiken. Door zich daarin te spiegelen ontwaakt je ziel in haar eigen uniekheid en eenderheid. Je voegt je bij de club, om het zo maar eens te zeggen – 'n club, elke club die een versie van je idealen aanhangt.

Het binnenglippen van de Maan ***de Vissen*** is wat traag. Het huis waar de Vissen over gaan is in elk geval je versmeltpunt, niet? Gek genoeg, of misschien ook niet zo gek, blijkt dit vaak een tijd van uitersten. Ik bedoel dat het prettige gevoel echt betoverend is en het nare gevoel echt onafzienbare druilerigheid. Misschien mag je zeggen dat de ziel alle onopgeloste, onafgemaakte emotionele ervaringen in je leven tot dusverre samenpakt, zodat ze kunnen bezinken in je wezen en voorgoed van jezelf worden en voorgoed oplossen in diffuusheid. Ik kan niet over de Vissen praten zonder poëtisch te worden. Maar laten we proberen ons bij de feiten te houden. Vissen kunnen heel droevig en heel gelukkig zijn. Ontgoocheling en terugslag van het ego zijn hier wegen tot voeding. Hoe meer je geeft, des te minder tijd je hebt om te piekeren, maar piekeren kan soms de beste manier zijn om het leven te verdiepen en de waarheid onder ogen te zien van de uiteindelijke ontbinding. Laten we het daar bij houden.

Ik weet dat ik door er zo doorheen te gaan de deur naar allerlei frustraties openzet, want iemand kan zeggen: „Ja, maar toen mijn secundaire Maan in de Vissen stond kreeg ik een nieuwe baan en moest ik mijn kiezen laten trekken, en wat heeft dat met de Vissen te maken?" En we kunnen door alle vragen gaan van „Waar stond je Saturnus en in welk aspect met deze of die, en in welk huis of welk aspect staat dit of dat?" en noem maar op. Wat ik hier probeer te doen is u een soort beeldenhandvat aan te reiken waarmee u toegang kunt krijgen tot het stuk in u dat weerspiegeld wordt door de secundaire Maan. Als u eenmaal bij het beeld of de beelden die dat stuk in u weerspiegelen bent gekomen, kunt u daar op elk ogenblik in elk stadium naar toe en uw leven bespiegelen in de dimensies van uw eigen ziel.

Vanmorgen heb ik het over het teken van de geboorte-Maan gehad als iets tot ontwikkeling komt gedurende de periode die je in de baarmoeder doorbrengt, iets dat jouw voorouderlijke gewoonten op je overdraagt – de snaar van jouw voorouderschap die de basis voor je emotionele ontwikkeling vormt. En die snaar is jouw persoonlijke manier om je te verbinden met andere mensen en met ervaringen in het leven. Het huis en de aspecten geven daar verder uitsluitsel over en geven er een persoonlijke kleuring aan, maar het teken is de snaar.

Nu, als de secundaire Maan voortgaat kun je zeggen dat ze de snaren beroert die jij toevallig niet hebt gekozen – snaren waaraan jij tot aan je geboorte geen gehoor hebt gegeven. Maar we hebben alle zijnswijzen in ons. We gaan allen terug tot de geboorte van het universum zelf, dus alles zit wel ergens in ons, en de Maan die zich van teken naar teken beweegt stelt je in staat iets ánders te beroeren dan dat wat je een poosje bent. En door elke zijnswijze te beroeren kun je geleidelijk aan je bestaan verdiepen. Ik denk niet dat je meer geluk, vrede of troost vindt als je je secundaire Maan gebruikt om je op die manier in het leven te spiegelen; of dat het iets goedmaakt. Het stelt je in staat om als completer mens de plaats in te nemen tussen je leven als schepsel en je goddelijkheid, tussen het beest en de engel in je. Da's alles.

Goed, heeft iemand iets op te merken. Heeft iemand van u eerder met de secundaire Maan gewerkt? En wat weet u erover?

> *— Ik weet dat mijn secundaire Maan in Schorpioen staat. Waar je voor moet uitkijken is dat je op het moment dat de secundaire Maan een teken binnen gaat er niet een soort kick of een opduvel van krijgt. Naderhand luwt dat wel en kun je de energie in je opnemen, maar als ze voor het eerst dat teken in gaat ontmoet je iemand, of gebeurt er iets dat zegt: „Secundaire Maan van teken gewisseld!" Bij mij gebeurt het op de minuut nauwkeurig.*

Darby: Maar ú ken ik. U bent iemand die op de minuut reageert. U kunt ons vertellen wat er gebeurt als de Maan de Boogschutter in gaat. Bij mij duurt het een paar weken, máánden zelfs, voor ik de verandering registreer. Maar ik ben een impressioniste en u bent meer iemand van het fijne graveerwerk. Wat ik zo leuk vind aan het werken met de Maan is het werken met lagen op lagen op lagen andere dingen. De Maan die secundair de Schorpioen in gaat is anders dan wanneer ze het 8e huis in gaat, of als ze een majeure relatie heeft met de transit- of radix-Pluto. Die activeren allemaal de zelfde diepten, maar op verschillende manieren en met andere resultaten. De secundaire Maan kent dus lagen op lagen.

In zekere zin wijst de secundaire Maan met een vinger naar de plek waar het leven in je relatiepathologie port die wordt blootgelegd door je geboorte-Maan. Dat doet ze naarmate ze voortgaat vanuit verschillende hoeken, op verschillende manieren. Als je de Maan in acht hebt en je bent bijzonder gevoelig voor afwijzing door in de steek te worden gelaten, dan rakelt de secundaire Maan dat op zeker punt op z'n eigen manier weer op.

> *— Je krijgt vanuit twaalf verschillende invalshoeken de kans om je in de steek gelaten te voelen!*

Darby: En elke keer krijg je de kans het vanuit een nieuwe invalshoek aan te pakken, of om je oude gevoelens en ideeën erover te bekrachtigen. Maar het geeft je ook toegang tot andere manieren van menselijkheid. Als de Maan in Tweelingen geeft ze je de gelegenheid contact te maken op het vlak van de roddel. Misschien heb je de Maan wel in de Maagd in tien en roddel je nooit omdat het ongepast gedrag is, maar als de secundaire Maan de Tweelingen in gaat en je roddelt niet, dan vergooi je een perfecte kans. Misschien zul je nooit meer in staat zijn het weer te doen. Roddel is één aspect van de wind die ons allen insluit. Je kunt het vlak waarop je het doet kiezen. De drang om je met anderen te verbinden, en met een onbekend deel van jezelf, is nu op een bepaalde manier sterk.

— U *bedoelt dat je eindelijk iedereen die vreselijke geheimen kunt vertellen die je hebt over de mensen op jouw departement?*

Darby: Ik geloof dat ik nu op een rechtzaak afsteven. Ik zie de schandaalbladen al voor me: „Astrologe zei haar het te doen!" En mijn secundaire Maan staat op het ogenblik in zeven.

– *Wat u nu ook zegt, het zal u achtervolgen zodra de* Maan *het* 8e *huis in gaat.*

Darby: Ik word er bij voorbaat al schichtig van.

— *Ik herinner me niet dat ik toen mijn secundaire* Maan *de* Kreeft *in ging een kind wilde, maar ik heb een hele hoop planten voor mijn huis gekocht.* Het *was ook de eerste keer dat ik alleen woonde, en ik vond het heerlijk.*

Darby: Als je secundaire Maan in de Kreeft staat hóef je geen kind te willen, maar het is opvallend hoeveel vrouwen aan het eind van de secundaire Maan in Tweelingen broeds beginnen te worden. Maar bij degenen onder u die niet in contact willen komen met de oeroude natuurlijke drang tot voortzetting van het holen-, gezins- of stamleven wil dit heel diepgelegen stuk menszijn zich toch op een of andere manier uitdrukken. Door het 'hoe' gade te slaan spiegel je je persoonlijke leven in het grotere leven.

Als de secundaire Maan de Leeuw in gaat en je merkt dat je niet een beetje aan het pochen slaat, dan laat je een prachtige gelegenheid onbenut, en dat betekent dat als ze in een ander teken staat en je ziet mensen die staan te pochen, je hen zult fnuiken. Misschien zul je dat tóch wel doen, maar als je je gevoelens ten tijde van de Leeuw hebt bespiegeld, kun je van diep binnenuit waarschijnlijk begrip opbrengen.

Als we tegen ons zeventigste nog geen vorm van verdraagzaamheid bezitten, hebben we grote brokken leven verspild. Het is de secundaire Maan die ons de gelegenheid biedt om steeds meer mens te worden. Als je tweeënhalf jaar echt vervuld bent van jezelf, en dan weer met beide benen op de grond komt, en dan weer vervuld van jezelf en opnieuw met de benen op de grond komt, en je ziet iemand anders wie dat ook gebeurt, dan zul je daar niet onverdraagzaam tegenover staan – dat kún je niet. Maar ik weet niet of dat echt wel het belangrijkste is als je je secundaire Maan benut voor het weerspiegelen van je innerlijke oriëntatie. Nou, misschien, ik zal er nog eens over nadenken.

*— Wat is dat andere dat al dan niet meer of minder belangrijk is?*

Darby: Goeie vraag! De twee dingen die ik hierin zie zijn de weerspiegeling van de Maan in de eb en de vloed van gevoelens, naar buiten gericht op anderen en naar binnen gericht op jezelf. De een is niet belangrijker of minder belangrijk dan de ander. Gevoelens vloeien aan en ebben weg – dat is hun aard aangezien het de aard is van alle goeddeels uit water bestaande lichamen op deze aarde. Elk teken dat de Maan secundair doorloopt kent zijn eigen oriëntatie, zijn eigen manier om gebeurtenissen te constelleren tot ervaringen. Die gebeurtenissen, zowel de innerlijke als de uiterlijke, worden weerspiegeld door transits en progressies. De Maan trekt ze met behulp van het gevoel naar elkaar toe en smeedt ze aaneen tot ervaringen. Je kunt in contact komen met die innerlijke dimensies, met die gevoelens, door de secundaire Maan in het oog te houden. Je geboorte-Maan geeft informatie over het emotionele patroon dat je hebt overgenomen enkel door geboren te zijn. De secundaire Maan kan je bij de tijd en emotioneel gaande houden doordat ze het verleden met zijn gewoonten en gebeurtenissen vervlecht met de overvloed en de leegte van het heden – door een spiegel te zijn waarin je leven wordt weerspiegeld. Het teken en het huis die ze doorloopt geven de dimensies van de spiegel.

Iets lichtvoetigers: ik heb gemerkt dat als je van het ene naar het volgende teken gaat je je stijl een beetje, of aanzienlijk, verandert. Dat is misschien uitgesprokener bij vrouwen dan bij mannen – als je secundaire Maan van teken verandert, verander je je stijl. Dus pas op. Als de secundaire Maan aan het eind van een teken staat, laat je dan niet verleiden tot koopjes. Dat heb ik ervaren.

— *Wat voor koopjes?*

Nou, ik dacht aan kledinguitverkoop. Maar je kunt natuurlijk ook aan de uitverkoop van autolaarsjes denken, of van auto's. Ik heb gemerkt dat als ik iets koop aan het einde van een teken, het kan zijn dat ik er van binnen spijt van heb als het volgende teken is opgedoken.

— *Ik verander nooit iets aan mijn kleedstijl – dit soort spijkerbroeken draag ik al tien jaar.*

— *Dat hebben we gezien!*

Darby: Zoals ik zei kan dat bij vrouwen sterker zijn dan bij mannen – maar mannen die zich uitdrukken in hun kleren en hun kleuren zou het ook opvallen. En vrouwen die het niet doen zal het ook niet opvallen.

— *Dus je moet geen huis kopen wanneer de secundaire Maan in Tweelingen staat omdat de buurt je misschien niet meer bevalt als ze de Kreeft in gaat?*

Darby: Hmm. Ik weet niet of ik dat in die zin wil aanmoedigen. Ik sta er niet achter dat het zo drastisch wordt gebruikt. Maar iets anders. Als je aandacht begint te krijgen voor de dingen die je emotionele reacties ontlokken op het gebied dat het teken van de secundaire Maan aangeeft, krijg je ergens gevoel voor. Je slijt als het ware een pad uit voor je innerlijk leven. Ik wilde jullie niet in de war brengen met zo'n concreet voorbeeld en ik wil ook niet dat jullie voor jezelf dérgelijke regels maken. Ik heb onlangs gemerkt dat mijn stijl gewijzigd wordt door de maanprogressie van dat ogenblik. Misschien is dat omdat ik mijn emoties tot uitdrukking breng in mijn kleding, en daarom spreekt me dat aan. Als je je emoties tot uitdrukking brengt in je huis, dan kan het zijn dat je daar bij elke tekenwisseling iets aan verandert. Je moet het meer zó zien. Het gaat om het opmerken waarin jij je gevoelens uitdrukt en aandacht te besteden aan mogelijke veranderingen daarin als je aan het eind van een teken overgaat naar het volgende.

*— Mijn secundaire Maan staat nu al bijna twee jaar in Schorpioen. Gedurende die hele periode heeft mijn moeder een Pluto-vierkant gehad.*

Darby: Dus in een bepaald vlak kunnen jullie de dingen waar je over praat en waar je toegang toe kunt krijgen met elkaar delen — als je tenminste in staat bent te delen.

*— Dat zijn we gelukkig wel.*

D by: Dat brengt me erop dat ik nog even op die moeder terug moet komen. Steeds als je een volgend teken binnengaat vindt er ook een omslag plaats in je interactie met haar. Ik denk dat dat duidelijker is in de cyclus van secundaire Maan, waarover ik het een andere keer, in een andere studiewerkgroep wil hebben – als de Maan vierkant je radix-Maan komt, in oppositie daarmee, enz. Maar ik geloof dat het ook de moeite waard is om op de opeenvolging van de tekens te letten, vanwege nieuwe kanten aan de relatie met haar. Het is ook de moeite waard te weten waar haar secundaire Maan staat en hoe de relatie tussen u en haar ligt. Ik heb een vriend wiens Maan en die van zijn moeder bij de geboorte vierkant stonden, en ze hebben het moeilijk met elkaar gehad tot hij ver in de twintig was. Tegen die tijd kwamen hun secundaire Manen driehoek op elkaar te lopen, en hun relatie is met de jaren beter en beter geworden. Dat kan ook andersom plaatsvinden. Er kan met de jaren steeds meer, laten we zeggen uitdaging in je relatie komen. Gaat u eens na of er een vervelende Maan–Maan progressie tussen u beiden speelt.

*— Ik blijk elke twee of drie jaar van relaties te veranderen. Dat beangstigt me wel een beetje – het zou best elke keer kunnen zijn dat mijn secundaire Maan van teken wisselt!*

Darby: Kijk het eens na. Het lijkt inderdaad wel wat extreem.

*— Ik verander wel niet elke keer als mijn Maan van teken wisselt van vrienden, of partner, maar ik merk dat ik elke vriendschap die ik heb dan opnieuw doorlicht. Ik heb dat nu zo'n tien jaar bijgehouden.*

Darby: Dat is best zinnig. En over partners gesproken: het is goed om de secundaire Maan van je partner en die van jezelf in de gaten te houden. Ik heb gemerkt dat mensen met wier Maan de jouwe een sextiel maakt de vriendelijkste soort contacten zijn. Er is minder spanning en meer belangstelling dan bij welk van de andere ook. Uiteraard is de oppositie van secundaire Manen waarschijnlijk het interessantst, maar die vergt natuurlijk zorg en aandacht voor wat er tussen jullie heen en weer stroomt. Driehoeken zijn natuurlijk fijn, en vierkanten zijn vierkanten, natuurlijk! Ik heb een goeie vriendin bij wie ik in het gebied van secundaire Maan vierkant secundaire Maan ben gekomen. Van geboorte zijn onze Manen niet met elkaar verbonden. Het fascineert me zoals we eindeloos bijna moeten vertálen wat we tegen elkaar zeggen over mensen, relaties, het leven. De werking van de Maan is altijd het duidelijkst in intieme relaties. En het is natuurlijk een manier om klaarheid te scheppen inzake de emotionele ontwikkeling van je kinderen. Het geeft je een handvat bij dingen die anders verwarrend zouden zijn. Maar nogmaals, ik zal daar meer over zeggen in de werkgroep over de cyclus van de secundaire Maan.

## De secundaire Maan in de huizen

Laten we nu overstappen op de huizen. Nogmaals, het zijn losse opmerkingen en aanwijzingen en beelden om je dingen te laten opmerken. Ik heb gemerkt dat de secundaire Maan in de prille jaren van je leven terwijl ze van het ene naar het andere huis loopt je ervaringen brengt die direct via je moeder lopen. Zij is daarop gericht, op het gebied van dat huis, en jij derhalve mét haar. Elke ongeveer zeven jaar zet je weer een stap verder bij haar vandaan, op weg naar het bewonen van je eigen leven – hoewel sommigen van ons sterker aan het verleden vasthouden dan anderen, bewust of onbewust. En ik weet niet eens zeker of we daar veel aan kunnen doen – de ziel heeft haar eigen tijd. Soms denk ik dat we alleen maar kunnen toekijken – weerspiegelen, gadeslaan, denken en toekijken.

Wanneer de secundaire Maan het 12e huis verlaat en het ***1e huis*** binnen gaat, is dat werkelijk een geboorte. Jij en je emotioneel lichaam verbinden zich met elkaar. Je hebt een veel directer gevoel van jezelf. Het teken op de Ascendant is je binnenkomst in het leven, en reeds als de secundaire Maan dat teken binnen gaat maar nog in het 12e huis staat, begint het gerommel van een nieuw ontwaken, maar het ligt nog verscholen in je droomleven. Als ze eenmaal over de Ascendant gaat wordt je behoefte aan zelfbespiegeling sterk. Door het hele 1e huis heen zwelt die neiging tot zelfbespiegeling af en aan, en je hebt de behoefte dingen te doen die je met het beeld dat je van jezelf hebt emotioneel voldoening schenken, of dat beeld voeden.

Als de Maan het ***2e huis*** in gaat richt zich die zelfbespiegeling op je natuurlijke hulpmiddelen. Het teken waar de Maan in staat vertelt iets over je algehele houding daar tegenover en je vermogen om die hulpbronnen aan te boren, en planeten in dit huis zeggen je welke delen van jezelf zich bezighouden met onder andere het ontwikkelen ervan. Maar nu, in dit geval, word je heel persoonlijk door die hulpbronnen in beslag genomen. Door (be)spiegeling komen je natuurlijke talenten tot leven.

— *En voel je je dan sterk betrokken bij geld en zo?*

Darby: Dat kan. Als je drie jaar oud bent zul je de dingen niet zozeer bespiegelen, maar je er wel heel bezitterig tegenover voelen. Als de Maan dan rond je eenendertigste weer terugkomt heb je wél het vermogen om op instinct te bespiegelen, en je ervaring als iemand die over hulpbronnen beschikt, welke dat ook zijn, door bespiegeling te verdiepen. De eb en vloed van je emotionele leven doet zich hier stellig voor als bevrediging of onvrede over je materiële omstandigheden. Je voelt je veilig of onveilig over je vermogen om zekerheid te bewerkstelligen, maar het is de tijd voor bespiegeling op je eigen overvloed en de overvloed van het leven zelf. Daardoor constelleren de gevoelens in deze tijd zich tot ervaringen die je gevoel op de aarde te leven verdiepen.

De secundaire Maan in het ***3e huis*** brengt je in contact met je mentale omgeving, en ja, met broers en zusters en buren en dergelijke op welke manier ook. Ervaringen met deze mensen ebben heen en vloeien terug tussen voeding en onvrede. Gesprekken die je geest niet voeden zijn echt onbevredigend. Emotioneel contact leg je met mensen die je geest voeden. Je hongert naar informatie, en het hangt van je radix-Mercurius af, en van het teken op het 3e huis, hoe je daar mee omgaat. Degenen die van nature aan informatie verslaafd zijn, hoed u! Hermes is zowel trickster als magiër. Maar als je daar acht op slaat en je ervaringen gedurende deze periode bespiegelt, zul je het type informatie ontdekken dat je voedt, en de wijze waarop je daar een natuurlijke toegang toe kunt krijgen.

Als de Maan het ***4e huis*** in gaat richt je je sterk naar binnen. Zelfs als dat in een vuur- of luchtteken plaatsvindt en je rusteloos rondrent is er iets in je dat een diep contact zoekt, niet alleen met je eigen emotionele leven, maar ook met je eigen wortels. Gevoelens gaan diep en de emotionele ervaringen van deze tijd spelen de akkoorden die je terugvoeren naar je familie, ja, maar ver daar voorbij. De beelden die uit deze tijd oprijzen brengen je wellicht meer dan welk ander huis ook het heden binnen, want als je er aandacht aan besteedt laten ze diep in jou iets bezinken dat te maken heeft met tijd en ruimte als je huis, en de eeuwigheid als je thuis. En de eb en vloed doet zich voor als tevredenheid of onvrede met de manier waarop de dingen zijn – je thuis, je land, je vader, jij zelf.

In het ***5e huis*** is het moeilijker om géén plezier te hebben dan om het wél te hebben.

> *— Maar wat als je daar Saturnus conjunct Neptunus hebt, vierkant Venus?*

Darby: O, nou ja – nee. Ik denk dat ik op mijn recht blijf staan om u mijn waarnemingen te geven, omdat ik degene ben die hier vandaag rechtop staat. Misschien is plezier niet iets dat iedereen op waarde schat, of misschien niet eens heeft. Maar als u er maar enigszins toe in staat bent, dan laat het zich hier zien. Laten we wat nauwkeuriger zijn – dit is het huis van de creativiteit in de vorm van kinderen, schilderijen, gedichten en liederen of liedjes. Wat voor u plezier is hoeft dat voor een ander niet te zijn. Het is een periode waarin je emotionele leven draait om de kinderen van je lichaam en je geest. Teken en planeten beschrijven en bundelen deze aangeboren behoefte om te scheppen. Ik wou maar zeggen dat het geweldig is als je plezier hebt, maar het ebgetijde ontneemt je het plezier van het jezelf tot uitdrukking brengen, en dan kun je je knap verloren voelen in de speelkamer.

— *Zou dat de geheime Leeuw zijn die naar buiten komt?*

Darby: Dit is per slot van rekening het natuurlijke huis van de Leeuw. Ik probeer zo objectief mogelijk te zijn. De verbeeldingskracht kan in dit huis een hoge vlucht nemen en ook hard vallen als de Maan er doorheen loopt. En als je voelt dat je jezélf tot uiting brengt geeft dat een goed gevoel, en als je dat niet doet dan niet.

— *Ik heb de Maan in Stier in het 2e huis, en toen ik zes was en mijn secundaire Maan het 5e huis in ging, deed mijn moeder me op een school die bekend stond om z'n creativiteit. Ik had er een hekel aan. Ik heb Saturnus in de Leeuw in vijf. Toen de secundaire Maan onlangs weer terugkwam in het 5e huis, ben ik met schilderen begonnen. Het gaat moeilijk, maar het voelt op de juiste manier, goed.*

Darby: Dat is interessant. Ik heb gemerkt dat de tweede rondgang in z'n geheel gemakkelijker is – maar misschien is dat omdat je dan rijper bent. Wie weet is de tweede of de derde rondgang minder plezierig voor mensen die het bespiegelingsproces dat de rijpheid met zich meebrengt niet leuk vinden omdat het een herbezinning vraagt op je eigen vaak verfoeilijke gedrag. Iedereen doet weer andere ervaringen op. Maar het is dat (be)spiegelen waar ik een lans voor breek – dat vertelt jouw verhaal aan de hand van de secundaire Maan, dat vertelt jouw levensverhaal aan de hand van de stadia en dat weerspiegelt jouw leven, zodat je je leven ten slotte ervaart op een wijze die je met alle leven verbindt.

Als je primair vanuit je lichaam en je gevoelens leeft sta je in diep contact met het leven. Als je vanuit je verbeelding en je geest leeft dan heb je de kracht van de waarneming, maar je kunt in gevoelsopzicht het contact ontberen met anderen of de Aarde. Als je het bespiegelende licht gebruikt dat je ter beschikking staat, dan worden die twee met elkaar verbonden, want je beweegt je door het leven heen voortdurend van vuur naar aarde naar lucht naar water. Je leeft ze alle vier uit. Het is dom om dat te missen. Verder met het 6e huis...

— *Weer aan het werk?*

Darby: Is dat een *déjà-vu* van de Maan? Als je Maan in het ***6e huis*** komt komen neurotische trekjes die tot je gewoonten behoorden wat sterker naar voren. Ik bedoel gewoonten die automatische reacties zijn, geen reacties op de huidige tijd. Je gevoel voor orde en regel stroomt heen en weer. Het teken en dus de huisheer zeggen hier ook het nodige over, en planeten in dat huis richten je aandacht steeds weer. Het 6e huis is het huis dat je zegt wat voor tuinman je bent. Het 2e huis vertelt wat er in je tuin groeit en het 10e hoe je het potentieel van je tuin mettertijd tot volle ontplooiing brengt, maar het 6e vertelt over jouzelf daar tussenin. En als de secundaire Maan dus dat huis in gaat maak je emotioneel contact met het schuurtjesdeel in jezelf en voel je de behoefte om dat op te ruimen en de het gereedschap beter op te bergen en te verzinnen wat mogelijk is.

— *En de gezondheidskant van dat huis?*

Darby: Ja, nu, jij bent in eerste instantie de tuinman van je eigen lichaam. En de secundaire Maan hier zal zich ook daar mee verbinden. Gezondheidskwesties die in deze periode opduiken als uiting van transits en andere progressies zijn nauwer verbonden met je gevoelsleven dan anders. Nee, dat is niet helemaal juist gezegd. Je emotionele behoeften uiten zich tijdens de Maan in zes misschien wat directer via je lichaam, en dat kan je in contact met werkwijzen brengen die de communicatie tussen je lichaam en je geest verbeteren. Als je in dat opzicht lekker gaat, dan word je van binnenuit wel genoopt om bevredigender rituelen in je werk te ontwikkelen. Je tevredenheid met de werkruimte en de middelen waarmee je moet werken golft heen en weer, maar zodanig dat je waarschijnlijk de dingen zo probeert aan te passen dat ze aan je huidige wensen voldoen. Je ziel ontleent haar voeding aan rituelen waardoor je in je leven beter functioneert. Snoeien en ordenen in je wereld, innerlijk en uiterlijk – beter zorgen voor jezelf als je ziek bent of in de put zit, hetzij door jezelf, hetzij door anderen – maken deel uit van deze doorgang, die je tot het besef brengt van waar je voortdurend oog voor moet hebben. Dit is de reparatieafdeling van je leven, en er wordt altijd wel iets binnengebracht – dat zal altijd zo blijven, zolang we leven. Tijdens deze maanprogressie bewoon je die ruimte.

En het ***7e huis*** is ook een van die keerpunten. Het is een tijd waarin je zogezegd je ziel wegschenkt. Of mensen zien dat je er een hebt en die een poosje meenemen.

— *Om een ziel te krijgen moet je die verliezen?*

Darby: Ik dacht inderdaad aan iets dergelijks. We weten uit de psychologie dat als we verliefd worden, we verliefd worden op onszelf in de ander – gedeeltelijk ten minste. Ik heb onlangs een oude film uit de dertiger jaren op tv gezien, en iemand zei zoiets als: „O, het oude liedje, ze ontmoeten elkaar en worden allebei meteen verliefd op zichzelf." Ik moest daar hard om lachen. Met de secundaire Maan door dit huis denk ik dat je ziel uitvliegt naar een ander, of naar anderen, en dat jij op een holletje op zoek gaat. Tuurlijk, het hangt van het teken af – waarschijnlijk harder in water of vuur. De eb en vloed van deze Maan heeft beslist te maken met gevoelens die in je relatieleven gevoed worden of smachten. Het maakt dat je oog krijgt voor anderen, op een manier waarop je dat voordien niet had. Maar je kunt ook schimmen najagen.

Wat in zeven begonnen is wordt in het ***8e huis*** altijd diep op de proef gesteld. Gekleed in een baljurk in zeven – naakt in acht. Tijd voor de trommelwas! Spoken uit het verleden duiken op, al je vroegere relaties beginnen weer op te spelen en de spoken worden bij dozijnen bezworen. Je vindt vervulling bij en wordt in de steek gelaten door anderen, hongerig naar en verzadigd door contact. Het teken aan de deur van dit huis is jouw manier om er binnen te komen, maar ben je eenmaal binnen dan is het proces niet anders – de trommelwasmachine, tot alle onzuiverheden naar de oppervlakte stijgen en weggespoeld worden, en dat gaat dieper dan alleen jouw persoonlijke verleden. Voorouders die in jou doorleven – het actiefst als je planeten in dat huis hebt – hebben jou of dóór jou iets te zeggen. En je lost dingen op die diep verscholen liggen in de gewoontepatronen in seksualiteit en het omgaan met geld in je familie. Het deel van jou dat tussen het tijdelijke en het eeuwige verwijlt wordt heen en weer geslingerd tussen die twee, en emotioneel verbind je je met leven en dood op een manier die je kijk meestal tamelijk radicaal verandert.

Daarna, in het ***9e huis***, kom je het moeras uit en ga je de bergen in, afhankelijk van jezelf en de betrokken tekens langzaam of gezwind. We hebben allemaal een bergtop in ons, en het teken op de cusp vertelt over de aard van jouw plek op de top. Hier worden de voor de hand liggende dingen geactiveerd, zoals reislust, omdat je emotionele behoeften en je behoefte om voorbij de bekende wereld te gaan samenkomen. Ik zou toch altijd een oogje houden op de methode om zin te ontdekken – gebruik makend van het teken op de cusp als toegang tot de dimensie in jezelf waar gebeurtenissen tot ervaringen worden en ervaringen gevormd worden tot patronen die betekenisvol aanvoelen; daaruit ontstaat een zin. Je Maan door het 9e huis verleent je het oog van de vreemdeling. De eb en vloed geven een gevoel van volheid of leegte daar omheen. Het is opwindend om vreemdeling te zijn, want je beziet alles met vreemde ogen, maar het is ook vermoeiend, want het gemis van een stam doet vreemde dingen met je verbeelding – mooie maar vreemde dingen. Ik denk dat je hier als ziel verleden en toekomst met elkaar verbindt. Je ziel brengt je in contact met een zin, een missie, een waarheid, in de een of andere vorm. Bespiegeling lijft dat in bij je manier van relateren.

En zodra de Maan het ***10e huis*** binnengaat wordt die zin, die missie, op de rotsen gegooid om te zien of die enig doel of bruikbare mogelijkheid in zich heeft. De secundaire Maan in tien verlegt je emoties naar jouw werk in de wereld. Elke natuurlijke behoefte om iets kenbaar te maken dat door jouw gemeenschap erkend zal worden als nuttig of waardevol, wordt hier door je ziel aangegrepen. De eb en vloed doen zich voelen in de aanvaarding of afwijzing van je behoefte aan respect en erkenning als iemand die gewaardeerd wordt. Je wordt aangetrokken door mensen van wie je voelt dat ze je verder kunnen helpen op de weg naar meesterschap op jouw gebied. Sommigen daarvan kunnen dat, anderen tonen je simpelweg je beperkingen. Dat is het lastige stuk. Voor degenen met een krachtige doelgerichtheid en discipline is dit een heel vruchtbare tijd.

Ik had onlangs een cliënte die de Maan in de Stier in acht heeft, wier secundaire Maan momenteel in de Kreeft in tien loopt. Ze kwam helemaal overstuur bij me omdat ze plotseling het gevoel had dat haar baan niet langer haar zelfgevoel weerspiegelde. Ze zei: „Het is dood in me." En hoewel dat al jaren af en toe bij haar was opgekomen, leek het nu de tijd om er iets aan te doen. Dus bogen we ons over haar transits om te zien wanneer zich nieuwe mogelijkheden zouden ontvouwen. Ze had haar baan altijd aangehouden vanwege de zekerheid, en nu voelt ze zich er niet langer zeker. Het is niet alleen de secundaire Maan die de behoefte om te veranderen aangeeft, maar gevoegd bij de andere dingen die er gebeuren geeft het zeker haar innerlijke behoefte aan om een nieuw thuis in de wereld te vinden.

Als de Maan in het ***11e huis*** komt word je naar het contact met je netwerken toegetrokken, naar verbondenheid met je werk voor zover dat de idealen van je gemeenschap tot uitdrukking brengt. Het teken bij de ingang van het huis vertelt iets over hoe je je netwerken opbouwt en in wisselwerking staat met de idealen van je gemeenschap, of van verscheidene gemeenschappen. Dit is de tijd waarin je je emotioneel verbindt met de mensheid als familie, en de contacten die je in deze periode legt en verdiept hebben voor jou een bijzonder tintje. De eb- en vloedstroom van gevoelens is het sterkst rond groepen waartoe je behoort. Aanvaarding en afwijzing door groepen wordt diep gevoeld. Door bespiegeling op het leven dat je als individu in een gemeenschap in deze tijd en ruimte leeft stel je je open voor bespiegeling op élk individu en op élk leven in alle gemeenschappen die er ooit zijn geweest sinds het begin van onze tijd en ruimte.

En dan neemt de secundaire Maan je mee het ***12e huis*** in, via het teken en de cusp, en dat geeft je informatie over de route door nergens en overal. Deze periode kan je naar ziekenhuizen en kloosters voeren als je het 12e huis létterlijk leeft. Maar het kan je je ook naar binnen doen richten, naar een plaats achter de coulissen van het bekende leven dat je naar buiten toe leeft. Evenals de twee andere waterhuizen is dit een huis van geheimen, maar dikwijls houden deze geheimen zich ook voor jou verborgen. Ik vroeg laatst een cliënt die een spiritueel heel actief leven leidt wat er allemaal gebeurd was. Zijn secundaire Maan stond al een jaar of zo in twaalf, en hij zei: „Het is gek, maar eigenlijk niets. Ik heb me altijd sterk beziggehouden met mijn zieleleven, en het afgelopen jaar heb ik gemerkt dat ik me er niet meer druk om kan maken. Ik heb het idee dat ik er een beetje in verdwaald ben geraakt, maar ik voel me er niet ongelukkig bij. Ik weet niet of dat wel goed is of niet.

Hij had zijn radix-Maan in zeven (vierkant Jupiter vierkant de Zon in negen), en hij had eindelijk de vrouw gevonden die zijn vrouw zou worden. Het was alsof de honger die hem altijd had gedreven nu een poosje gestild was. Maar tevens had zijn ziel richting gekregen. We meenden allebei dat dat goed was, en dat zijn ziel iets vond dat diep genoeg was om tot rust te komen. Hij zei dat hij zich leeg en vol tegelijk voelde.

Dit is een mysterieus huis. Ik veronderstel dat het je toetrekt naar iets dat minder persoonlijk en meer diffuus is – aan je persoonlijke behoeften wordt tegemoetgekomen door alles en door niets, door iets dat zich aan je bewuste greep onttrekt. Laat het maar zweven. Er wordt een bepaald stuk voltooid van je lange geschiedenis, en het is waarschijnlijk goed om je er teveel mee te bemoeien. Als je je in deze tijd veeleer ongelukkig voelt dan gelukkig, kan dat je er toe brengen het leven te bespiegelen als op het Tranendal, maar in feite is het 't Dal der Zielevorming. Er ligt hier een diep mysterie, gewijde kennis, maar geen kennis die het ego-zelf mag gebruiken.

En als de Maan het 12e huis achter zich laat voor het 1e huis, ontwaken je gevoelens weer, en daar ga je, een nieuwe ronde tegemoet.

## De Saturnus-cyclus en de Maan-cyclus

> *— Ik moet steeds maar aan Saturnus denken, en de manier waarop die in de zelfde tijd als de Maan rondgaat door de tekens en huizen. Ik weet dat u gezegd hebt dat u dat in de volgende werkgroep over de secundaire Maan wilt doen, maar dat kan nog maanden duren.*
> *— Of jaren.*

Darby: Klopt. Ja, de Saturnus-cyclus is heel nauw verbonden met de cyclus van de secundaire Maan. Laat ik daar nu dit over zeggen. Wen je eraan bij te houden waar je secundaire Maan staat – luister ernaar door er tijd aan te besteden. Gebruik, met andere woorden, je kennis over waar ze elk ogenblik is en schenk aandacht aan de beelden en ideeën die opkomen in ogenblikken van bespiegeling. Let op het type mensen dat in elk stadium in je leven komen, en let op bij wie daarvan je sterke emotionele reacties krijgt. Houd het oog gericht op je gevoelsleven, vanuit de positie van de secundaire Maan. Luister daarnaar; het komt tot leven en ontfermt zich over je. Na een tijdje hoef je je er niet meer op te concentreren – het gaat deel uitmaken van je verbeeldingswereld. Dat zal je terugvoeren naar het verleden en je via het verleden verbinden met het zich ontplooiende patroon van je gevoelsleven – niet alleen met je leven als mens op deze planeet in deze tijd en ruimte, maar ook met alle leven in alle tijden en ruimten op deze planeet.

Kijkend naar de transiterende Saturnus zie je waar in elke periode aan gewerkt moet worden. Het teken zegt iets over de tweeënhalfjarige periode die je met iedereen deelt. Het beschrijft de, laten we dat misbruikte woord eens gebruiken: energie – de energie waarmee het vormgeven van dingen gemoeid gaat. Het huis dat hij transiteert vertelt waar je aan moet werken om de dingen vorm te geven, het huis vertelt waar discipline en beheersing en werk de dingen in balans brengen en je de gelegenheid bieden om ze in een reëel daglicht te krijgen. Dit is het gebied waarop een koele, droge kijk bevorderlijk is voor je ontplooiing en waarop de dingen soms enige tijd opdrogen, zodat je kan werken aan een nieuw evenwicht.

Nu, waar Saturnus verdroogt maakt de Maan de dingen vochtig en brengt je tot een persoonlijke relatie met aangelegenheden van het betrokken teken en huis. Vaak doet dit je aangetrokken voelen tot mensen die licht kunnen werpen op je binding met de dingen die onder het betreffende huis vallen. We maken onze structuren bewoonbaar met gevoelens. Het leven verlangt dat we innerlijk en naar buiten toe werken met onze beperkingen en noodzakelijkheden. Maar het leven verdroogt en droogt op als we geen contact hebben met de gevoelens die ons met onze levensbron verbinden – met onze gevoelens die ons verbinden met anderen en met ons verleden en ons heden. Negeer Saturnus als je durft. Negeer de Maan als je durft. Ik bedoel de dingen die ze symboliseren – met de tijd verbonden noodzaak, vormgeving en vorm, beperkingen en lessen en karma; gevoelens, verbondenheid, het verleden, je lichaam, je relaties, je ziel, en het vermogen tot bespiegeling, dat gebeurtenissen omzet in ervaringen in zin. Deze twee zijn onlosmakelijk met elkaar verbonden.

— *Eigenlijk zouden uien zowel onder de Maan als onder Saturnus moeten vallen.*

Darby: Uien?

— *Die zijn saturnaal in de zin dat ze bitter zijn, maar ze bestaan uit allemaal rokken, lagen, en dat is de* Maan.

— *En ze maken je aan het huilen; dat kan de reactie van de* Maan *op* Saturnus *zijn.*

— *Uien zijn zoet.*

Darby: Sommigen vinden uien zoet, anderen bitter.

— *Zijn uien goed voor je?*

Darby: Weet ik niet. Maar ik weet wel dat de maanzinnigheid in de zaal toeslaat.

— *Spaanse uien hebben geen stengel.*

Darby: Wil iemand de deur openzetten? Of een raam? Of allebei? Heeft iemand nog iets te zeggen dat lichtelijk méér terzake is alvorens we terugkeren naar onze dagwereld?

— *Jazeker. Ik heb aantekeningen uit* Amerika, *waar* Stephen Forrest *een lezing heeft gegeven over de secundaire* Maan, *en hij heeft wat kleine anecdotes gegeven, kleine spreuken. Ik weet niet of iemand...*

Darby: Ja, laat er eens een paar horen.

— De *secundaire* Maan *in het* 2e *huis: hij zegt dat als ze het* 2e *huis in gaat, je je eerst een beetje 'n bedrieger voelt. Je voelt je alsof je in een vreemd land bent, zonder het vermogen om je uit te drukken. Je voelt een gebrek aan hulpmiddelen en vertrouwen, en ongerustheid en een gevoel van kwetsbaarheid over hoe je je geld moet beheren.* Na *een poosje ebt dat weer weg.*

Darby: Dat is grappig – de analogie van in een vreemd land zijn en je niet kunnen uitdrukken omdat je de hulpmiddelen niet hebt. Merkwaardig ook, want toen mijn secundaire Maan in twee stond heb ik een aantal maanden in Frankrijk gewoond. Dat is de sterkste herinnering uit die tweeënhalf jaar. Ik herinner me die tijd in de Weegschaal in twee altijd in termen van ervaringen die ánderen daar hebben, maar natuurlijk, er was sprake van een gevoel van ongerustheid over wat je in het geweer kon roepen op allerlei vlakken.

Dit is waarom ik enkel beknopte ideeën en beelden wilde geven, om u in contact te laten komen met uw eigen secundaire Maan. De ideeën die ik voor elke plaatsing heb geuit komt uit eigen ervaring – mijn leven, mijn cliënten en mijn vrienden. Onze horoscopen zijn allemaal verschillend en we hebben allemaal een andere manier om het verhaal te vertellen. Wat ik vandaag eigenlijk echt heb willen zeggen is: mis als astrologen de kans niet die de secundaire Maan u biedt om uw levenservaring te verdiepen door de vruchtbare Maan te benutten.

Als je secundaire Maan een huis in gaat gebeurt dat gewoon. Ze gaat binnen en het is nieuw, en eigenlijk weet je niet hoe je je moet gedragen met betrekking tot die voedingsbodem, maar naarmate ze dichter bij het midden van het huis komt – dat heb ik ook gemerkt – begin je er steeds beter in te worden. Je kunt al goed met die Maan en die bepaalde ervaringen overweg, en naarmate ze verder naar het einde van het huis loopt verlies je je er je interesse enigszins in, raakt een beetje verveeld en bent gereed om het op een of andere manier los te laten. Het is zoiets als hoofd, vast en beweeglijk en het is zo in elk teken. Als je in een nieuw teken komt voel je je echt schutterig in die kleuren. Ik zei dat ik mijn secundaire Maan in de Vissen heb. Ik ben niet echt een pastelkleurige persoonlijkheid. Maar met de secundaire Maan in de Vissen is dat toch wat je bent, en dat is heel comfortabel. En dan, als dat afloopt, ben je klaar voor een nieuwe garderobe, zogezegd. Dat is heerlijk. Nóg een van Stephen Forrest?

— *Ja, túúrlijk. Noem een getal.*

— *Het 1e huis.*

— *Het 1e huis is waar een nieuwe toon wordt aangeslagen. Het kan een nieuwe loopbaan zijn. Hier wordt ook de toon gezet voor het totaal van de volgende dertig jaar, en dat betekent opeens ontdekken wie je bent en daar op reageren. Wat hij er nog meer over zegt is: „Wees grillig." Hij zegt:*

*„Wees grillig als je* Maan *in het* 1e *huis staat, en dat zal lonen."*

Darby: O, dat vind ik een leuke.

— *Volg je grillen, en later zal het geld op de bank staan. „Wees waarachtig aan uzelve" zegt hij.*

Darby: Dat klinkt als Joseph Campbells „Volg de stem van je zaligheid",

— *Wat is dat?*

— *Hij zei dat als je dat volgt wat uit je hart komt, je uiteindelijk niet verkeerd terecht kunt komen.*

— *Maar het kan je wél tot armoede brengen.*

— O, *best wel, het kan je tot armoede en eenzaamheid brengen.* Maar *als je echt wat hij de stem van je zaligheid noemt hebt gevolgd, zul je gelukkiger zijn dan als je rijk bent en zekerheid hebt, maar je hele leven iets hebt gedaan waar je geen liefde voor had.*

Darby: Ja, hij zegt dat mensen die de moed of de vermetelheid hebben om de stem van hun zaligheid te volgen het leven op hun hand krijgen. En ik vindt dat prachtig past bij de secundaire Maan in het 1e huis. Je krijgt hier een klare weerspiegeling van wat je gevoelens werkelijk levend houdt.

— *Zei iemand dat hij het* 3e *huis wilde?* Secundaire Maan *in drie: hij zegt dat dat „Informatiehonger" is.* Het *hart is nieuwsgierig en rusteloos.* Het *verkent de omgeving en stoot per ongeluk op informatie.* Dat *is verwarring, maar er is ook een verzadiging en een versnelling van het levenstempo.*

— En *het* 8e *huis?*

— Het 8e *huis is ziekte, dood en seksualiteit.*

— O *nee, hè?*

*— Hij werd daar eigenlijk heel erg door gefascineerd. Hij zegt dat de persoonlijke dingen op een afstand worden gehouden, en persoonlijke dingen die op een afstand worden gehouden stromen terug wanneer de secundaire Maan in acht komt. Verloren liefdes uit het verleden – dat wordt allemaal weer herinnerd. Hij zegt dat als het slecht met een liefde gaat het net zo slecht gaat als we ons voelen.*

*— Mijn progessieve Maan staat in acht, van een radix-Maan in drie, en ik ben pas naar een soort schoolreünie geweest en trof daar een jongen met wie ik toen ik twaalf was verkering heb gehad, en we hebben alweer een keer of wat afgesproken. Dat is zo raar!*

Darby: Opmerkelijk. Ik geloof dat het ook loutert – dingen worden opgerakeld en weer gezuiverd door de intensiteit van het gevoel. Dat is het verhaal van de Schorpioen, maar in dit geval gebeurt het door een relatie met anderen. Die 'zwengelen het aan'.

*— Hij zegt dat het een leven is dat we vergeten zijn, maar dat dan opnieuw herinnerd wordt. En als de Maan dan naar negen gaat worden we schoongewassen, zoals in alle vuurtekens.*

Darby: En het 12e?

*— Hij vertelde enkel een anecdote over twee oude mensen in een ziekenhuis. Allebei liggen ze op sterven. 'A' heeft een kleurig leven geleid en heeft zoveel mogelijk zijn goddelijke plan gevolgd, terwijl 'B' de Amerikaanse droom heeft gevolgd. Hij had verstandige investeringen gedaan, tv gekeken en gewicht verloren.*

Darby: Het was een Amerikaans congres?

*— Dat is juist. 'A' had van het leven genoten en 'B' niet, en 'A' is klaar om te sterven en 'B' sterft in boosheid. Hij zei iets over de houding tegenover dood en beëindiging, en dingen los kunnen laten.*

Darby: En dat is voor mij een sein om de werkgroep te beëindigen. Ik hoop dat u er iets interessants aan hebt overgehouden om mee te werken en te spelen – iets waarmee u uw eigen onderzoek kunt beginnen. De volgende keer zullen we gaan kijken naar de Maan in verhouding tot de Zon – bij haar wassen en afnemen. Deze keer hebben we naar de eb en vloed ervan gekeken. Als alles in je leven in stromende beweging is, kun je de overvloed des levens voelen. Als je hoog en droog geïsoleerd zit van dat stromen is dat de tijd om te bespiegelen, om het stukje bespiegeling in je aan het werk te zetten. De gewoonte om dat altijd weer te gaan doen, steeds weer vanuit een nieuwe gezichtshoek, voert je langs natuurlijke weg naar een diepere, vollere betrokkenheid op het leven zelf – naar een verbondenheid met dit leven in de tijd en in de stof tegen de achtergrond van de oneindigheid, de eeuwigheid. Ik heb u slechts dingen in herinnering gebracht die u al wist. En we hebben die dingen die we al wisten in een astrologisch raam geplaatst.

Goed, laten we stoppen en naar buiten, de Zon in gaan.

## Bibliografie

— Hillman, James: „*The Dream and the Underworld.*" Harper & Row, New York, 1979.

— idem: „*Re-Visioning Psychology.*" Harper & Row, New York, 1975.

— Odent, Michael: „*Water and Sexuality.*" Arkana, Londen, 1990.

— Zohar, Danah: „*The Quantum Self.*" Bloomsbury, Londen, 1990. Nederlandse vertaling: „*Het quantum-zelf.*" Het Spectrum – Aula, Utrecht, 1990.

# Deel 2

## „De Maan en haar cycli

*Deze studiewerkgroep werd gegeven op 12 november 1994 in Regents College in Londen, als onderdeel van het studiewerkgroepprogramma voor het wintertrimester bij het Centrum voor Psychologische Astrologie.*

# Inleiding

Vandaag gaan we de astrologische Maan nader bekijken. Eerst zullen we de Maan in haar relatie tot de Zon verkennen. We zullen er naar kijken aan de hand van haar cyclus aan de hemel vanaf de conjunctie met de Zon, via het wassende vierkant, de oppositie, het afnemende vierkant en de drie dagen duisternis weer terug naar de conjunctie. Ik wil daarbij Dane Rudhyars boek „*The Lunation Cycle*" gebruiken als leidraad voor onze waarnemingen. Zo wil ik eer bewijzen aan zijn werk en het degenen onder u die het nog niet kennen onder de aandacht brengen. Ook zal ik putten uit zijn transpersoonlijke visie, omdat die aan de moderne astrologie een dimensie toevoegt die bijzonder verrijkend is. Die verbreedt de blik.

Dan gaan we naar de secundaire Maan kijken in relatie tot de radix-Maan; zoals die vanaf de geboorte naar het uitgaande vierkant beweegt rond het zevende levensjaar, en dan naar veertien, eenentwintig jaar, en vervolgens naar de Maan-terugkeer na zevenentwintig en een half jaar. En als je een eerbiedwaardige leeftijd zult bereiken, doorleef je de hele cyclus opnieuw. Nu valt deze cyclus zoals we weten behoorlijk samen met de cyclus van de transiterende Saturnus, die negenentwintig en een half jaar duurt. En dus zullen we ook stilstaan bij de wisselwerking tussen die twee in de geboortehoroscoop. We zullen de dag besluiten met het volgen van die twee cycli in de horoscoop van iemand die zo vriendelijk is geweest om de gebeurtenissen in haar leven even op een rijtje te zetten, en we maken gebruik van de schering en de inslag van deze twee levensthema's. De Maan en Saturnus vertegenwoordigen niet alleen de principes van tegendelen in het astrologische levensverhaal, maar ze zijn diep met elkaar verbonden door het feit dat hun cycli gelijk opgaan. Hoewel ze in elkaar grijpen zijn ze heel verschillend. We zullen vandaag proberen de draden uiteen te draaien, zodat we ze duidelijker kunnen zien.

# 7.
# Zon–Maan verbanden

Laten we eerst eens naar de Zon en de Maan aan de hemel kijken. Eén van de grote nadelen van het leven in een stad is dat je het contact verliest met de ongelofelijk mooie dans van deze twee lichten. Degenen onder u die hun hele leven op het land hebben gewoond kunnen zich geen nacht voorstellen zonder de immer-wassende en weer afnemende Maan. De meeste mensen die in de stad wonen kunnen er niets aan doen dat ze zich er minder bewust van zijn – behalve degenen van ons die astroloog zijn... En als we langer dan een maand buiten doorbrengen is het een van de opvallendste dingen aan het leven daar. De Maan komt dan zo tot leven.

Van dag tot dag en week tot week en maand tot maand draait de Zon aan de hemel rond door onze dierenriem, tegen de achtergrond van de sterrenbeelden. We zien hem de hele tijd in beweging, vooral bij zonsondergang en zonsopkomst. Hij komt op en gaat weer onder, elke dag een stukje verder oostelijk of westelijk, al naar gelang van het jaargetijde. Hij is altijd in beweging. Iedere nacht verandert de Maan – je ziet dat van nacht tot nacht gebeuren en je voelt het in de Natuur om je heen en in je eigen natuur. In die paar dagen vóór Volle Maan, als de Zon nader en nader komt vóel je de spanning en de opwinding van de opbouw! En de laatste nachten, als ze smaller en smaller wordt en dan verdwijnt – voel je dan niet dat vleugje bedroefdheid die daarmee gepaard gaat? Dan is er de stilte van het duister van de Maan. Té stil misschien, tenzij je daar op hebt gewacht omdat je iets bepaalds moet doen dan alleen in de diepste duisternis kan geschieden! Maar dat is een ander verhaal.

En dan de langzame terugkeer – reepje voor reepje als ze weer begint te groeien. Altijd de zelfde cyclus – volledig vertrouwd, en toch altijd weer anders, elke maand anders omdat de Zon van teken naar teken gaat, en dus zijn elke Nieuwe Maan, elke Volle Maan en alles daar tussenin ook anders – ze zién er ook anders uit. En uiteraard is de natuur de hele tijd anders, want het is eerst koud en dan wordt het warm en heet, en daarna koel en weer koud. En hoewel de schijngestalten op eendere manier veranderen is elke weer anders omdat ze zich herhalen tegen de eeuwig-veranderende configuraties van de planeten waar ze tussendoor bewegen in hun statige dans aan de hemel.

Is het niet merkwaardig dat hoewel het om een dans gaat tussen de twee lichten aan onze hemel, we ze bijna nooit samen zien? We zien de Zon overdag en de Maan in haar schijngestalten 's nachts. We zien het wisselen van schijngestalte waarin naarmate de maand voortschrijdt meer of minder licht van de Zon wordt weerspiegeld. De weerspiegeling van het licht is altijd de Maan. En de weerspiegeling van het licht is een constant veranderende spiegel. De enige keer dat je hen samen kunt zien is als ze precies tegenover elkaar staan en je horizon wijd genoeg is om de Zon te zien opkomen en de Maan gelijktijdig onder te zien gaan. Op dat moment plachten we als we in de bush in Afrika zaten elke keer weer te wachten, bij Volle Maan. En dan het betoverende van de dagen waarop de Maan hoog aan de blauwe hemel zichtbaar is? Herinnert u zich nog dat u het als kind zag en zich afvroeg hoe dat nu kon? De koningin van de nacht, bleek en krachteloos aan de hemel op klaarlichte dag!

Voor ons westerlingen is de gevestigde wijsheid van de dingen die door de Maan worden vertegenwoordigd zwaar gekleurd door het diepe wantrouwen van onze cultuur jegens alles wat natuurlijk is, zich herhaalt, cyclisch is, instinctief, donker – wat we nu onbewust noemen; het gebied dat het vrouwelijke toebehoort. De dingen die worden vertegenwoordigd door de Zon zijn gekleurd door ons idealiseren van klaarheid, doel, rechtlijnige ontwikkeling, licht, spirituele ontplooiing, en dat wat we bewustzijn noemen – het gebied dat het mannelijke toebehoort.

Hebt u bepaalde woorden, beelden, die meteen bij u opkomen als u in astrologische zin aan de Zon en de Maan denkt?

> — *De Zon is bestemming. Zoals u zei, bewustzijn. Het Zelf, in de zin die Jung er aan gaf.*

— *Het mannelijk beginsel. Het archetype van de vader.* Autoriteit.

— *Het creatieve zelf. Het deel van je dat straalt. De geest.*

Darby: En de Maan?

— *Het vrouwelijk beginsel.* Moeder. *Ritmen van het dagelijks leven.*

— *Anima, voor mannen. Zieleleven, of dat wat zieleprocessen zoals waar u het in uw vorige werkgroep over de* Maan *over had weerspiegelt. Gevoelsleven, ritmen van de gevoelens tussen jou en anderen.*

Darby: Eigenlijk is die associatie van de Zon met bewustzijn en van de Maan met het onbewuste een beetje vreemd. Soms is iemands Zon onbewust, niet? Hij weet dan niet echt waar hij heen gaat. Hij heeft geen gevoel van lotsbestemming, richting, doel. Maar hij weet wat hij van dag tot dag doet, en hij weet waar hij zich lekker en niet lekker bij voelt. Dus je moet duidelijk begrijpen wat mensen bedoelen met die woorden, bewust en onbewust, in verband met de Zon en de Maan.

Eind zestiger jaren werd ons ontluikende astrologen in Amerika geleerd dat je Zon dat was waar je geacht werd naar te streven. Je was hier, op Aarde, om bewustzijn te verwerven, en dat werd vertegenwoordigd door de Zon. De Maan vertegenwoordigde dat waar je geacht werd je van te verwijderen; ze vertegenwoordigde het onbewuste, en de opdracht was van onbewustheid tot bewustzijn te komen. De Zon was het symbool van je geest en je toekomst en de Maan was het symbool voor je verleden, je emotionele gehechtheid aan het verleden. En er werd voetstoots aangenomen dat je je van het verleden af en naar je toekomst toe moest bewegen.

Tuurlijk, de Maan vertegenwoordigde ook de gewoonten in je alledaagse huiselijk leven. De Zon was ook je vader, en de Maan was je moeder, maar ik herinner me niet dat wat die verbanden voor gevolg hadden ooit ter discussie is gesteld. Mijn geheugen kan hier tekortschieten. Ik heb niet veel aantekeningen meer uit die tijd. Ik studeerde astrologie in New Engeland, en elders kan het best anders zijn onderwezen, of herinner ik het me verkeerd. Maar ik weet wél dat we geacht werden op de Zon af te stevenen.

Natuurlijk was dat allemaal deel van de erfenis die ons ten minste tweeduizend jaar terugvoert, en waarschijnlijk nog een paar duizend jaar verder terug. We weten dat er in de Steentijd een lange reeks botsingen is geweest tussen culturen die zich meer op de Maan en de natuur oriënteerden en cyclisch dachten – vrouwelijk, zou je mogen zeggen – en culturen die meer zongericht, agressiever, lijnrechter, monotheïstisch waren – mannelijk, zou je kunnen zeggen. Dat botsen vindt tegenwoordig nog steeds plaats, is dat niet zo? Op allerlei manieren.

Het erfgoed dat we ontvangen door onze joods-christelijke cultuur is behoorlijk eenzijdig, althans in leringen en geschriften – de zonneprincipes, eenheid, integratie, het onafgebroken streven naar een ideaal van goedheid, het onvoorwaardelijk volgen van gezag buiten ons en het afwijzen van onbestendigheid, instinct, gevoel.

De Zon is het symbool dat de lotsbestemming in de horoscoop aangeeft — de geest die je bezielt om je licht te laten schijnen. Het teken waarin hij staat en het huis geven aan waar je naar de sterren reikt. De Zon is onze heel eigen ster – een middelbare, middelgrote ster, maar helemaal van onszelf. En dus vertegenwoordigt hij datgene waarnaar we omhoogreiken.

En hoe kun je daar anders naar reiken dan door het leven van dag tot dag? De gewoonten en de ritmen van je dagelijks leven zoals de Maan die uitdrukt zijn het voertuig waarmee je je ster, de Zon kunt bereiken. Je kunt je weg naar het doel van je geest zoals de Zon dat uitdrukt enkel vinden door de constante onbestendigheid van het dagelijks leven. Als de Zon je persoonlijke verbondenheid met de omvattender Geest van het universum vertegenwoordigt, dan vertegenwoordigt de Maan je emotionele verbondenheid met het leven dat je van dag tot dag leeft in het licht van de Zon – in het licht van de Geest van het universum. De Maan weerkaatst de Zon op haar Maan-manier; je dagelijkse bezigheden weerspiegelen je spirituele doelen, je spirituele aspiraties, je spirituele contact met het leven. De manier waarop je je leven leeft, de manier waarop je ervaringen bespiegelt en er zin in ontdekt, weerspiegelt op zijn beurt jouw relatie tot het leven zelf. Dat is één manier om te zeggen hoe ze astrologisch verband met elkaar houden.

Als astrologen, die naar de horoscoop kijken om psychologisch begrip te krijgen van zichzelf en anderen, nemen we nota van de Zon en zijn aspecten en van de Maan en haar aspecten als iets dat ons wat vertelt over wat we overnemen van onze vaders en onze moeders. Daarvoor kijken we ook naar andere dingen – het 4e huis, het 10e huis, en de gesteldheid daarvan. Als er aspecten zijn tussen de Zon en de Maan denken we aan de relatie van onze ouders en hoe ons dat beïnvloedt in onze relatie met anderen en met het leven.

We kijken naar de archetypische vader en moeder in de Zon en de Maan, en bekijken hoe ze zich tot elkaar verhouden. De Zon kan worden gezien als de ideale vader die jij zoekt in je eigen menselijke vader. Hij mag daar in jouw ogen al dan niet aan voldoen, maar het kleurt wel je hele interactie met hem. De Zon kan ook gezien worden als het ideaal dat je zoekt in mannen wie je gezag schenkt. De Zon is ook je eigen autoriteitspunt, dat wat je er toe roept het te volgen omdat het de enige manier is om 's levens schat te vinden – vervulling, de ogenblikken waarop je vervuld bent van vitaliteit en van kracht en van licht.

En de Maan is de moeder die je ziel zoekt en vaak ook via je moeder voelt. De Maan is dat wat je zoekt en vaak vindt in vrouwen waar je gevoelsbanden mee hebt, de eb en de vloed van emotioneel contact die je aan je seksuele partner ontlokt. De Maan is je persoonlijke bron, je poel, je vijver, je meer, waar je je voeding aan ontleent voor je leven van dag tot dag. De Maan weerspiegelt – weerkaatst het licht van de Zon in de veranderende constantheid van de wateren der aarde. De Maan spiegelt het licht van de Zon op haar wassende en afnemende wijze in de wateren van ons lichaam – Zon in water van de Aarde, geest in *anima mundi*. Onze Zon is onze geest gespiegeld in de wateren van onze eigen ziel – onze spirituele doelsrichting gespiegeld in de ritmen van ons dagelijkse contact met onszelf en met anderen.

Maar hoe zien we dit in onze horoscoop? Mijn eerste opwelling is met de Zon in Ram te beginnen, maar...

— *We beginnen altijd al met* Ram. *Kunt u niet ergens anders beginnen?*

— *Je begint toch vanzelfsprekend met* Ram!

— *Dat klinkt alsof een* Ram *het zegt*!

— *Maar het is toch ook wáár.*

Darby: Okee, laten we met Vissen beginnen. Dus je neemt Zon in Vissen en bedenkt hoe die de vader beschrijft. Als je Zon in de Vissen staat is de doelsrichting van je geest het uitdrukken van de kenmerken van Vissen. Je vader is degene die dat archetypisch mannelijke van nature in zich draagt, en jij neemt dat op een vissige manier in je op. Je pakt van hem alles wat je kunt op dat zelfopofferend, subtiel, afwezig, zielrijk, verloren, verward, zich oplossend, gedesillusioneerd, vissig, medelijdend is – elke combinatie van die dingen, afhankelijk van de aspecten op de Zon.

Ben je een jongen dan zul je deze kenmerken in je opnemen. Ben je een meisje, dan zul je die kenmerken weg willen geven. Ik bedoel dat je geneigd bent ze als buiten jezelf te zien, vooral de negatieve. Je zult ze sterker zien in de mannen om je heen – en ze daar ook zoeken. Ik heb de indruk dat vrouwen in onze cultuur geneigd zijn die projecties later in hun leven terug te nemen – ergens als ze midden of achter in de veertig zijn beginnen ze zichzelf te zien met betrekking tot hun eigen zonneteken en aspecten. Of misschien moet ik zeggen dat ze meer in overeenstemming met hun Zon beginnen te leven.

Laten we eens stellen dat je een Vissen-man bent. Vanaf het prille begin heb je de Vissen-kenmerken van je vader in je opgezogen en alles in je opgenomen wat in de vorm binnen in je past. Maar je hebt dat via je moeder gedaan, aangezien het haar lichaam is dat jou bevat en in leven houdt. In de heel prille dagen van je leven wordt je vader door je opgenomen via je relatie met je moeder. Zij geeft de ritmen aan – of eigenlijk worden ze door jullie beiden aangegeven, en beschreven door de Maan en haar plaatsing en aspectering. De Zon schijnt buiten wel, maar hij is te fel voor je kinderogen. Je wordt teruggehouden in het licht van de Maan dat diep in je innerlijk schijnt. Alleen als je sterk genoeg bent om het daglicht aan te kunnen wordt je daar aan blootgesteld. Wist u dat in vele stamculturen een kind pas na drie maanden voor het eerst naar buiten wordt genomen?

Nu dan, die Vissen-Zon moet op de een of andere manier op deze

Aarde worden uitgeleefd, en de manier waarop hij wordt uitgeleefd is door je Maan. Dus als Vissen zul je iemand zijn die oplost of doet ontbinden. Oplossen en ontbinden zijn van die woorden die beschrijven wat je vanuit de diepte van je hart doet. Je lost op doordat je voortdurend dronken bent, of je lost op doordat je een soort spiritueel éénzijn met het leven zoekt, of je lost mensen op doordat je tegenover hen elke keer zó verward bent, dat ze allemaal in de war raken. Dus je rol is op de een of andere manier het losmaken of losser maken van knopen – hetzij door in te grijpen en de draden door elkaar te halen, zoals een kat doet met een kluwen garen, of doordat je ingrijpt om strijd te doen oplossen, of als genezer van pijn te verlossen. Maar hoe je dat van dag tot dag doet, van ritme tot ritme in relatie met andere mensen en met de Aarde, hangt van je Maan af.

Ben je een Vissen met de Maan in de Maagd, dan doe je het door dingen te klaren en mensen vlot te trekken. Je bent al maar bezig dingen in orde te brengen. Als je een Vis bent met de Maan in vuur doe je dat met een zekere onstuimigheid en inspiratie – heel onstabiel doorgaans, maar heel opwindend als het gáát. Maar ongeacht wat je bent, als je een Vissen bent streef je naar het oplossen, het afbreken van dingen. Als zich maar ergens knopen of stremmingen voordoen ben jij daar te vinden. Als ergens sprake is van vastlopen of verstarren, dan ben jij daar te vinden. En al oplossend probeer je jezelf op te lossen, je ik-identiteit op te lossen, want hoe verder die oplost, des te meer dien je het doel waarmee je geboren bent.

> *— Je kunt het doel van je Zon niet dienen als je dingen destructief oplost door voortdurend dronken te zijn, of chaotisch.*

Darby: Dat zeggen wij gewone lieden! Ik weet het niet. Ik ben er niet zeker van of ik wel genoeg van het mysterie van het universum begrijp om te vertellen wie Gode welgevallig werk doet en wie niet. Is er iemand die dat kan? Wat ik weet is dat de Zon en de Maan nooit gescheiden kunnen worden. De Maan weerkaatst het licht van de Zon naar ons op Aarde. Je gevoelsleven weerspiegelt het licht van je hoogste aspiraties in je leven van dag tot dag. Je dagelijkse gewoonten weerspiegelen het licht van je spirituele vuur in je zieleleven.

Als je je doel wilt bereiken, je zon doen schijnen, je lot tot vervulling te brengen, moet je dat doen door je Maan. De Maan beschrijft je interactie met het leven van dag tot dag. Het is die activiteit van dag tot dag en het dagelijkse ritme van je leven in je gevoel en in de stof die je de grond verschaffen waarover je je lotsbestemming kunt bereiken. De Zon beschrijft de beelden in het binnenste van ons hart, en als zonnebloemen draaien we ons daar naar toe. Maar het zijn de innerlijke ritmen van ons lichaam en onze psyche waarop we naar onze Zon rijden. Door naar de Zon te kijken, naar zijn plaatsing en aspecten, krijgen we beelden van het doel van onze levenskracht en van de krachten en factoren die 'de roede en de stok achter de deur' die ons daarheen drijven. Maar we moeten naar de Maan kijken om te zien hoe die lotsbestemming in de wateren van iemands aard wordt gevoeld – met wat voor relatie tot het leven het bereiken van dit lot gepaard zal gaan.

> — *Ik heb de Zon in tien in de Steenbok, maar ik heb mijn Maan conjunct Neptunus in zeven, en het laat me niet los dat die Maan–Neptunus me verhindert mijn Zon in tien te bereiken.*

Darby: Het is het idéé dat die dat verhindert wat het verhindert. Dromen of ronddolen of tijd verbeuzelen is minstens al één helft van de vergelijking bij het bereiken van je lotsbestemming. Om op je bestemming aan te komen moet je via je Maan gaan. Pythagoras en zijn school deden een hoop aan ritueel. Een hoop ritueel had te maken met dood en sterven en de wijze van sterven, teruggaan naar de sterren. Om terug naar de sterren te kunnen moest je via de Maan. De Zon is simpelweg onze naaste ster, onze eigenste ster. Onze Zon uitdrukken kunnen we enkel door de Maan.

## De maanomloopcyclus

Laten we nu eens naar het verband tussen de Maan en de Zon gaan kijken met behulp van Dane Rudhyars boek „*The Lunation Cycle*". Dat is een boek dat velen van u gelezen hebben, anderen weten er van, en misschien hebben enkelen van u er zelf helemaal nooit van gehoord. Wie van u kent het werk van Rudhyar niet? Ik zie dat er een paar zijn die het niet kennen.
„*The Lunation Cycle*" verscheen in 1971. Het was een paar jaar eerder onder een andere titel uitgebracht en was oorspronkelijk in de vroe-

ge jaren '40 geschreven, maar pas in het begin van de jaren '70 werd het in brede kring bekend. Ik zat toen in Afrika en heb het ergens in 1972 of 1973 gelezen. Astrologieboeken bereikten Zuid-Afrika in die dagen nog niet zo makkelijk als nu, en ook leefde de astrologie daar niet zo. Ik herinner me nog dat ik het las en dat het me heel erg inspireerde maar ook frustreerde, omdat er niemand was om er over te praten. Het is een prachtige begripsvoorstelling en het bezielde mijn denken, zoals vele van zijn gedachten, en niet alleen het mijne, maar dat van de astrologen van mijn generatie. Ik denk dat hij nog steeds de moeite waard is om gelezen te worden. Hij leest niet altijd makkelijk, maar hij inspireert je tot nadenken en tot zelf experimenteren, en dat is waarschijnlijk het beste dat een schrijver kan doen.

Dus laten we ditmaal met de Ram beginnen. Ergens in maart of april staan de Zon en de Maan conjunct in de Ram. De Maan verwijdert zich elke dag een stuk van die positie aan de hemel, tot ze zeven dagen later in de Kreeft staat, vierkant de Zon in Ram. Ze neemt toe in licht tot ze veertien dagen later in de Weegschaal staat, oppositie de Zon in Ram. Dan begint het licht af te nemen, totdat ze eenentwintig dagen later in de Steenbok een vierkant met de Zon in Ram maakt. Het licht blijft afnemen, tot de Maan, vanaf de Aarde gezien, van de hemel lijkt te verdwijnen en de nacht donker wordt. Natuurlijk staat de Maan nog wel aan de hemel, maar voor ons is ze weg. En dan bereikt ze de positie van de Zon weer, maar nu in een nieuw teken: de Stier.

Je kunt dat proces aan de hemel gadeslaan als je het geluk hebt dat er genoeg hemel te zien is, of je kunt het gadeslaan aan je innerlijke hemel aan de hand van de efemeride. Het is een doorlopend proces dat nooit ophoudt, zich eeuwig herhaalt, eeuwig wisselt, altijd eender. Op een zeker punt in deze cyclus, op een zeker punt in het jaar, ben jij geboren. En je geboorte zal samenvallen met de Zon en de Maan in een zekere verhouding tot elkaar.

Rudhyar zegt dat als de Zon en de Maan in conjunctie samenkomen, er een 'kiemidee' tot aanschijn komt. Dat kiemidee moet opgevat worden als een een beeld of concept dat iets van het teken waarin de conjunctie plaatsvindt tot uitdrukking brengt. Vermoedelijk zal het kiemidee van elk teken nog worden gewijzigd en nader bepaald onder invloed van niet alleen wáár de heerser van dat teken staat, maar ook van diens aspectering en positie. De Zon doorloopt elk teken elk jaar, maar elk jaar is een andere tijd, en andere tijden vragen om andere versies van de twaalf basisarchetypen die jaar na jaar op juist deze planeet worden losgelaten.

Welnu, hij zegt dat die kiem, net als elke andere, in zich het archetype meedraagt van het volledig tot wasdom gekomen organisme, en ook de kracht om dat te worden; als het eenmaal geactiveerd is, zegt hij, door zonnewarmte en vocht. En hij vervolgt met te zeggen dat het de Maan is in haar opeenvolgende fasen in relatie tot de Zon, dat het de Maan is die de kiem ter aarde brengt, om het zo te zeggen. Je zou kunnen zeggen dat de Maan het kiemidee laat incarneren. Hij spreekt over de eerste helft van de cyclus als het groeien van het idee in de aarde totdat het tot volheid komt – in de Volle Maan – waar het volledig werkelijkheid kan worden. In de eerste helft van de cyclus worden er structuren opgebouwd die het 'idee' zullen opnemen. Als de Maan gaat afnemen zal dat wat bij Volle Maan vol beschenen was langzaam worden verstrooid, en komt de creatieve betekenis van de oorspronkelijke kiem vrij – zowel persoonlijk als transpersoonlijk.

De Maan is dienares van zowel de Zon als de Aarde. Ze is de bemiddelaarster tussen geest en stof. Ze weerspiegelt geest in materie – ze brengt geest in de stof. Ze verlicht de stof, zodat die ontvankelijk wordt voor geest. Ze is de *anima mundi*, de Wereldziel. En in jouw horoscoop weerspiegelt ze jouw *anima mundi* – de ziel in jouw wereld. En die ziel weerspiegelt zich in je relatieleven.

En zo gaat de hemelse dans voort en voort, en op bepaalde ogenblikken in die cyclus zijn wij achtereenvolgens geboren. Elk van ons draagt het stempel van dat ogenblik met zich mee, vanaf onze eerste ademtocht. Rudhyar was er erg kien op na te gaan wanneer de Nieuwe Maan vóór je geboorte had plaatsgevonden. Je kunt dan in elk geval een beeld of een begrip krijgen – dat klinkt als de golf–deeltjes dualiteit, niet? – of een sleutel aangaande het 'kiemidee' door naar de horoscoop van de conjunctie te kijken. Dat is belangrijk als je wilt begrijpen wat hij illustreert. Voor velen van ons zal het teken waarin die conjunctie, de Nieuwe Maan valt een ander zijn dan ons zonneteken. En degenen van ons bij wie dat het geval is moeten teruggaan naar dat eerdere teken om zich voor te stellen wat daar is ontkiemd, vóór onze geboorte.

En dat herinnert me aan iets anders: voor ik verderga moet ik u vertellen dat ik zijn werk heb opgenomen in dat van mezelf, en daarom is veel van wat ik vandaag zal zeggen van mij en niet van hem. Ik zal proberen er steeds bij te vertellen wanneer ik hem rechtstreeks aanhaal, maar veel van wat ik zeg staat niet in zijn boeken. Zijn ideeën hebben de mijne doen ontkiemen. Hij zette me daarover aan het denken. Ik hoop u ook aan het denken te zetten, zodat u een manier kunt vinden om het in úw astrologie te integreren. En dat betekent uiteraard dat u het óók zult veranderen.

> *— Wat u zojuist zei over de Nieuwe Maan, dat die in een ander teken staat dan de Zon, dat geldt ook voor mij. Ik heb Maan in Steenbok oppositie Zon in Kreeft. Net voorbij de oppositie. Maar de Zon stond bij de Nieuwe Maan voor mijn geboorte in Tweelingen. Betekent dat dat ik voor het 'kiemidee' dat tot uitdrukking wordt gebracht door mijn Volle geboorte-Maan naar die conjunctie in de Tweelingen moet kijken?*

Darby: Ja, dat is wat ik heb gedaan omdat dat het meest logisch lijkt. U bent een Kreeft, en dus heeft de spirituele doelsrichting van uw leven te maken met het ontwikkelen van koestering en zorg. En dat doet u op steenbokse wijze.

> *— Ja, door mijn bedrijf, waarmee ik de zorg heb voor mijn gezin en de gezinnen van mijn werknemers.*

Darby: Juist. Maar de relaties die u aangaat, waarin de impuls van de Zon zich verraadt, komen van die Nieuwe Maan in Tweelingen. Wat er onthuld wordt in de wisselwerking met het leven is het kiemidee van het communiceren van ideeën. Daardoor wordt u een zorger.

> *— Mijn bedrijf heeft met communicatie te maken, en dat wijt ik aan mijn Mercurius in de Tweelingen.*

Darby: En dat is nóg een dimensie ervan. In die dimensie benut u het kiemidee van de Tweelingen door een Kreeft te zijn. Rudhyar zegt niet veel over die kant, maar ik heb door de jaren heen heel wat tijd besteed aan het begrijpen en aanpassen van zijn visie aan mijn eigen ervaring. Om zin te vinden in de Zon–Maan cyclus moet je teruggaan naar de conjunctie voorafgaand aan je geboorte. Alles goed en wel als die in het zelfde teken plaatsvond. Makkelijk te begrijpen. Vond die in het voorgaande teken plaats, dan moet je er wat meer denkwerk voor verrichten om het te begrijpen.

Nu, je bent op 'n moment in die cyclus geboren, en dus ben jij het wezen dat het kiemidee van de Zon in zijn teken tot uitdrukking wil brengen, en dat druk je uit via de Maan. De hoekafstand tussen de Zon en de Maan vertelt wat voor rol je speelt in het tot uitdrukking brengen van het kiemidee.

Als astrologen merken we hun verband doorgaans alleen op als ze bepaalde hoeken maken – de samenstand, het vierkant (we maken zelden onderscheid tussen uitgaande en ingaande vierkanten), de oppositie. Sommigen van ons voelen sterk voor de quincunx (het inconjunct). Ik heb een vriendin met een anderhalfvierkant tussen haar Zon en Maan, en ze is zich daar erg van bewust. Wat Rudhyar heeft gedaan is ons er opmerkzaam op maken dat ze altijd in een bepaalde relatie tot elkaar staan, en hij heeft ons zijn beelden en ideeën over verscheidene punten in die relatiecyclus gegeven.

Gedurende mijn eerste jaren als astrologe in Zuid-Afrika, voordat ik een heleboel mensen leerde kennen en het erg druk kreeg, heb ik de Maan en de Zon een aantal jaren lang maand in, maand uit gevolgd in hun jaarlijkse dans; ik sloeg ze gade aan de hemel en in de efemeride. Dat is goed om te doen als je astroloog wilt worden. Je krijgt oog voor de wisselingen die ze voor ons op Aarde weerspiegelen. Je ziet ze door de tekens en de huizen in je horoscoop heen bewegen en in het voorbijgaan allerlei aspecten in- en uitschakelen. Iedere Nieuwe Maan wordt iets waarbij je betrokken bent. Je bent deel van de cyclus, maar je wordt er ook een getuige van.

Rudhyar zegt dat het kiemidee bij iedere Nieuwe Maan ingeplant wordt. Denk eraan, hij is een dichter en een ziener, en hij beschrijft wat hij op die manier intuïtief waarneemt. Hij zegt dat 'iets' ontkiemt wanneer de Maan met de Zon in elk nieuw teken conjugeert. De Maan pakt het kiemidee op, snapt de boodschap ervan – in zijn wijze van spreken –, wordt de ontvangster ervan, en terwijl ze elk teken doorloopt beroert ze daarmee iedereen in z'n persoonlijke planeetconfiguraties. De Maan verspreidt het bericht van het kiemidee terwijl ze haar cyclus doorloopt.

Je kunt het kiemidee beter aanvoelen als je ziet waar de heerser van de Zon in het ene jaar staat in vergelijk tot het andere. Op 3 november [1994] stond de Maan rond één uur 's middags in London conjunct de Zon in Schorpioen. Dus het kiemidee moet iets te maken hebben met elimineren van iets dat uitgediend is. Dat is simpel Schorpioen. Dat zuiveren van dat wat niet langer vitaal is en dat als het niet geëlimineerd zou worden het volgende ontplooiingsstadium – Boogschutter – zou besmetten, kan verder worden gelijkgesteld met Pluto in de Schorpioen en met Mars, die nu in Leeuw staat. Zolang Pluto in de Schorpioen staat zitten we in een collectieve loutering, en waar die betrekking heeft op jou wordt bepaald door het huis waarin hij staat. Mars in Leeuw als persoonlijk heerser van Schorpioen vertelt waar qua huis druk op je wordt uitgeoefend om je ego te zuiveren van ongerechtigheden.

Nu werden de kiemen van dit idee van eliminatie en loutering gezaaid bij Nieuwe Maan, en de volgende achtentwintig dagen verwijdert de Maan zich van de Zon in Schorpioen, om in licht toe te nemen tot ze op de 18e van deze maand vol wordt. We hebben vandaag de 12e, en de Maan staat in een toenemende driehoek naar de Zon. Als je kijkt waar de Nieuwe Maan heeft plaatsgevonden, in welk huis dat was, dan zie je de plek waar dat kiemidee van loutering en transformatie voor jou is begonnen.

Als je de Maan gedurende haar toenemen door de huizen in je horoscoop volgt, en ziet waar ze nu staat, halverwege de Vissen, dan kun je zien hoe dat idee door je dagelijks leven is voortgeschreden. Iedereen die vandaag geboren wordt, wordt geboren na de crisis van de fase van het Eerste Kwartier, maar is nog een eindweegs verwijderd van de Volle Maan. Zij zullen op de een of andere wijze de kenmerken van deze fase tot uitdrukking brengen in hun relatie tot het leven. Terwijl ze nu naar de Volle Maan toeloopt, waarbij ze zich in al haar glorie tot uitdrukking zal brengen, worden er structuren opgebouwd die het kiemidee dat bij de eerdere Zon–Maan conjunctie in Schorpioen werd geboren vorm zullen geven. Als je je eenmaal hebt afgestemd op die cyclus, dan begin je ook oor te krijgen voor haar eigen symfonie.

Denk eraan, hij drukt iets uit dat hij intuïtief oppakt – hij weet dat deze cyclus betekenis heeft, en hij gebruikt de oude symboliek om hem te vertalen in begrippen die voor hem betekenis hebben. Staar je niet blind op de vraag of zijn vertaling 'juist' of 'onjuist' is. Luister naar wat hij hoort, en kijk of je óók iets kunt horen. Zoek daarna je eigen manier om het uit te drukken. Leer aandacht te hebben voor de zich eindeloos herhalende, steeds weer nieuwe dans die aan de gang is. De Zon, Maan en planeten zijn er om je voorstellingsvermogen te bevrijden, niet om tot slaaf te maken van wat er daarna zal gebeuren, en wat dáárna en daarna. Door naar hen te luisteren stem je je af op het grote in het klein – de zich eeuwig herhalende, altijd eendere, altijd andere cycli van het leven.

Iedere maand, het gehele jaar door, komen Zon en Maan samen in een teken en huis en doorlopen de hele cyclus van zich ontvouwen, in het licht komen, verspreiding en terugkeer, en dan verder naar het volgende teken en huis. Als je geboren bent met Zon en Maan conjunct, dan ben je geboren op dat moment van ontkiemen. Als je geboren bent met de Maan in een toenemend vierkant, dan ben je geboren op het moment van crisis en ommekeer. Als je bent geboren met Volle Maan, dan ben je geboren op het moment van het grootste licht. Als je bent geboren tijdens het afnemende vierkant, dan ben je geboren op het moment van verspreiding. Als je bent geboren bij Donkere Maan, dan ben je geboren op het kiemmoment. En als je bent geboren tijdens de conjunctie, ben je geboren op het moment waarop de kiem vrijkomt.

Laat ik het volgende op het bord zetten, zodat u dat over kunt nemen:

| | |
|---|---|
| De Nieuwe Maan | van 0° tot 45° verwijderd van de Zon. |
| De Groeiende Maan | van 45° tot 90°. |
| Het Eerste Kwartier | van 90° tot 135°. |
| De Bolle Maan | van 135° tot 180°. |
| De Volle Maan | van 180° tot 225°. |

| | |
|---|---|
| De Verbreidende Maan | van 225° tot 270°. |
| Het Laatste Kwartier | van 270° tot 315°. |
| De Zaaiende Maan | van 315° tot 360°.*) |

Elk duurt dus anderhalf teken – ongeveer drieënhalve dag voor elke fase.

*) Van de namen die Darby voor deze maanfasen gebruikt zijn er een aantal althans in het Engels algemeen bekend (*crescent Moon* – niet hetzelfde als *waxing Moon* –, *gibbous Moon* en *balsamic Moon*), die in het Nederlands ontbreken, maar ook in andere Maan-vertalingen afgevlakt zijn tot 'wassend' of 'afnemend'. *Vert.*

## Nieuwe Maan: het nieuwemaanstype

De Nieuwe Maan beslaat anderhalf teken vanaf de conjunctie van Zon en Maan. Dus als je Zon op 0° Kreeft staat en je Maan tot en met 14° Leeuw, dan word je geacht een Nieuwe-Maanstype te zijn. De Maan kan tot 45° graden uitgelopen zijn op de Zon. Dat is tot ongeveer drieënhalve dag na de splinternieuwe Maan. Welnu, hij zegt dat nieuwemaansmensen impulsief, subjectief en emotioneel zijn in hun reacties op het leven en op mensen, op relaties en sociale processen. De beelden die hij gebruikt brengen het idee over dat deze mensen zich in het leven storten en minder geïnteresseerd zijn in mensen om wat ze zijn, alswel om waar ze voor stáán, wat ze symboliseren. Hij schildert hen af als jeugdig in hun de energie die ze uitdrukken in hun visie op anderen en op de wereld.

Mijn ervaring met nieuwemaanstypen is dat ze in hun kindertijd vaak tenger of broos zijn, maar naarmate ze opgroeien aan kracht winnen. Ze hebben een hoop energie, of geen enkele. Ze begrijpen niet zo goed dat andere mensen niet het zelfde geloven als zij, de dingen niet zien zoals zij. De dingen spreken voor hen vanzelf, of helemaal niét. Met de Zon en Maan zo dicht bij elkander is het alsof ze geen andere plek hebben om heen te gaan dan die waar ze staan – vooral wanneer ze in het zelfde teken staan. Dus ze worden óf gevoed door de richting waarin ze gaan, óf er is voor hen, als die richting duister is, geen andere plek in hun leven waar ze voor rust en herstel heen kunnen.

Alles of niets. Ze moeten bewust leren rust te nemen, voedsel – het is niet natuurlijk. Geest en ziel worden in beslag genomen door ongeacht wat zich vóór hen bevindt... of helemaal niét! Als je ongelukkig bent ben je door en door ongelukkig. Als je gelukkig bent ben je volkómen gelukkig, omdat je gegrepen wordt door dat kiemende, en of dat nu terecht is of ten onrechte, je gelóóft in wat je aan het doen bent. Dat is het enige dat je mogelijkerwijs ook kunt doen. Dus als je in de war bent en je verloren voelt, ben je volledig in de war en verloren. Zon-conjunct-Maan mensen zijn alleen wat ze in *die* periode zijn, en er is dan ook niets ánders, zodat ze als erg dogmatisch over kunnen komen – hoewel ze, als je ze morgen tegenkomt, in een heel andere toestand kunnen zijn, vooral als ze beweeglijk zijn.

Als de Maan zo dicht bij de Zon staat kan ze de Zon niet weerspiegelen, omdat ze te nabij is. Hoe verder ze van de Zon weg komt te staan, des te groter haar kracht om te weerspiegelen. Voor dit type is het volgen van de secundaire Maan bij uitstek behulpzaam, want terwijl ze rondgaat krijg je de kans om die andere plek te vinden van waaruit je je eigen leven kunt bespiegelen, je doel, je richting, je spirituele band met het leven.

Met betrekking tot ouderbeelden wordt gezegd dat ze gezien worden alsof ze de zelfde waarden hebben, als de Zon en de Maan conjunct staan. Je pakt van hen allebei de zelfde waarden op, en waarschijnlijk klopt dat als ze zo dicht bij elkaar staan dat ze het zelfde huis en de zelfde aspecten delen. Je zult van allebei de zelfde boodschap krijgen van wat belangrijk is in het leven. In het relatieleven hebben deze mensen iets over zich van „Neem mij (en m'n boodschappen) zoals ik ben, of blijf bij me weg!" En ook het „Waarom zie je de dingen niet zoals ik?" soort onschuld.

Wanneer het maanlicht nog zo jong is, enkel een smalle sikkel aan de hemel, heeft het licht ervan nog een zekere verwachting. We beginnen het licht te zien groeien en we reageren, gevoelsmatig, met groeiende verwachting. Alles ligt nog in de toekomst – het volle licht ligt nog in het verschiet, maar onvermijdelijk. Mensen die gedurende deze drie dagen worden geboren staan zo dicht bij het licht, dat ze de dingen niet altijd in een ander licht kunnen zien dan hun eigen. Daarom worden ze subjectief genoemd. Ze gaan vol hoop op reis, en voeren hun kostbaar kiemidee met zich mee naar een verre bestemming, nog niet bezwaard door de ervaringen van een lange reis – nog in het licht van de oorspronkelijke beelden van de reis. Ze zijn nauwelijks te onderscheiden van hun eigen spirituele taak. Ze móeten die zijn, met heel hun hart en ziel.

Ze ervaren hun ouders als spiritueel één. Hun ouders zijn versmolten – of hooguit op fluisterafstand – in de plaatsen diep in hun innerlijk, waar door tussenkomst van de ziel de geest kan indalen in materie en tijd. Hoe verder de Maan zich nu van de Zon verwijdert, des te groter de waarschijnlijkheid dat beide lichten verschillende aspecten gaan maken. Dat kan wat we van het nieuwemaanstype zien, vertroebelen. En uiteraard wordt dat verder versluierd als de Maan in het teken na het zonneteken staat.

*– Wat gebeurt er dan?*

Darby: Het enthousiasme, het gevoel van nieuwigheid en pionierschap, is er nog wel, evenals het gebrek aan bespiegelingskracht, de subjectiviteit, maar het gevoel dat de béide ouders een duidelijke boodschap uitzenden raakt verward. Je relatie met elk van hen is psychologisch anders, en dat kan de intensiteit verbloemen van de identificatie van hen allebei met het kiemidee. Als je de ene ouder met het ene identificeert en de andere met iets anders, verlies je soms de klaarheid uit het oog. Maar die klaarheid komt terug zodra je contact maakt met de bron van je enthousiasme als het buiten de stroom van de dagelijkse dingen wordt gebracht. Je nieuwemaansheid blijft gedurende je hele leven je thuisbasis voor de wisselwerking van geest en ziel.

*— Mijn broer is een* Vis *met de* Maan *in* Ram. *Dat is zo'n verwarrende combinatie. Hij is zo egoïstisch in z'n onzelfzuchtigheid. Hij is zo meevoelend, maar zo boos daarover. Er moet altijd iets verwarrends in schuilen als die twee zo dichtbij staan maar in verschillende tekens.*

*— Mijn man heeft Zon in Schorpioen en Maan in Boogschutter in het 8e huis. Hij is sloper. Niets windt hem méér op dan het tegen de vlakte halen van een oud gebouw om plaats te maken voor iets nieuws. Hij heeft een goed gevoel voor schoonheid, dus als hij een mooi gebouw moet slopen*

*voor zoiets als een parkeerplaats, dan zit hij daar vreselijk over in, maar hij kan het niet helpen dat hij te gelijker tijd opgewonden raakt.* Hij *zegt dat hij het verleden op moet ruimen om ruim baan te maken voor de toekomst.*

Darby: 'n Geluk dat jullie Amerikanen zijn. Hier zou hij het goed te kwaad krijgen. Maar laten we verdergaan.

## Groeiende Maan: het groeimaanstype

Dit is de naam voor degenen die zijn geboren met de Wassende Maan tussen de 45° en 90° van de Zon. Het Engelse woord *crescent* (Moon) komt van het Latijnse woord voor groeien (crescere). Dit gradengebied begint bij het toenemende halfvierkant, en omvat ook het sextiel en het vierkant.

— *Maar wat als je* Maan *op precies* 45° *van de Zon staat, of precies op* 90°? *Hoe weet je welk type je bent*?

Darby: Ik vermoed dat we het in kleine stukjes kunnen ophakken en zeggen dat het tot en met 44°59' nieuw is, en daarna groeiend. Ik moet zeggen dat ik niet weet wat ik er mee aanmoet. Net als met de meeste cusp-kwesties blijft het aanmodderen. Voel het zelf maar aan – laat ze geleidelijk in elkaar overlopen. Het is lastig als je harde grenzen nodig hebt om je veilig te voelen, of als je in astrologie naar de letter gelooft. Cuspen en verwarrende huizensystemen zijn er om ons te behoeden voor een wereld die er de indruk wekt dat je alles met het verstand kunt benaderen.

— *Misschien zou ik die grensgevallen eens kunnen gaan onderzoeken en een heel nieuw systeem opstellen voor mensen op de grens.*

Darby: O ja, u zou onderzoek kunnen gaan doen naar fractalen op cuspen – op zoek naar patronen almaar dieper en dieper tegen de rand die de cuspen vormen.

Rudhyar zegt over het groeiende type dat de impuls tot actie het oude op de proef stelt – uitdaagt. Hij zegt dat het dit doet „in een min of meer intense strijd". Dat moet afhangen van de afstand tot het halfvierkant of het vierkant. Vermoedelijk geeft het sextiel een minder intense worsteling. Hij spreekt over zelfbevestiging en geloof in jezelf. Er is sprake van het gevoel dat er een bevel moet worden opgevolgd, en je doet dat met gretigheid. Hij zegt dat je overstelpt kan worden door de stuwkracht van het verleden, en er bestaat de behoefte om 'je vermogen tot persoonlijk of sociale relaties een nieuwe richting te geven'. Anders trekt het gewicht van 'karma' je weer achteruit. Hij heeft het ook over de schok der ontdekking van de objectieve wereld.

Het is dus alsof je naar voren door moet stoten, en dat ook gretig doet, maar met het krachtige gevoel dat het verleden niet ver achter je ligt. Het lijkt alsof iets mensen in deze fase er toe noopt zich bewuster te worden van relaties dan behagelijk voor hen is. Alsof ze er van uitgaan dat ze moeten kunnen relateren zonder daarbij stil te hoeven staan, en dat alles dan terechtkomt. Maar hun leven verlangt dat ze méér aandacht schenken, nieuwe relatiemanieren cultiveren, zich meer bewust zijn dan prettig is. Ze brengen een spirituele impuls, bepaald door de Zon, tot aanschijn, en aangezien dat grotendeels gebeurt door te relateren, moeten ze heel goed letten op de wijze van relateren, zodat de boodschap doorgegeven kan worden.

*— Ik ben een late Tweelingen met de Maan achterin de Leeuw. Ik geloof dat ik begrijpt waar u het over heeft. Ik heb instinctief de neiging mensen de hele tijd te vertellen wat ze moeten doen – ik verlies zo gauw mijn geduld met ze. Ik lijk die neiging altijd te matigen – en er zijn ook elders in mijn horoscoop aanwijzingen voor – maar vanuit dít gezichtspunt zou het zijn omdat ik in wezen een contactzoekster ben, en dring ik niet tot mensen door als ik te bazig overkom. Is dat het ongeveer?*

Darby: Ja, ik geloof dat u het precies begrepen hebt.

*— Ook van mijn ouders uit gezien. Mijn moeder was zonder meer de dominante kracht bij ons thuis – onze vader bleef op de achtergrond. Wat ik me nú afvraag is of zijn waarden via haar uitgebazuind werden, misschien zonder dat ze het allebei wisten. Hij leek altijd achter haar te staan. Ik dacht dat het zwakheid was – de wens om niet betrokken te raken bij strubbelingen – maar misschien was het omdat zij de wet stelde in overeenstemming met zijn ideeën.*

Darby: U zegt „bij ons thuis". Heeft u broers en zusters?

*– Ja, van allebei één. En geen van tweeën heeft de* Maan *in* Leeuw *of de* Zon *in* Tweelingen. *Ze vinden ook dat mijn moeder domineerde, maar het raakte hen niet op de manier waarop het mij raakte. Ik moet ze eens vragen hoe zij tegen de relatie met hun ouders aankeken.*

Darby: Ja, want zij zullen andere spirituele ideeën hebben – andere Zonnen – en een andere rol spelen in het overbrengen van die ideeën, afhankelijk waar de Maan in de cyclus staat.

— U *gebruikt het woord 'idee' – is dat omdat u een* Tweelingen *bent*?

Darby: Ik gebruik het woord 'idee' in platonische zin, nou, misschien in christelijk neo-platonische zin: het Idee in de geest van God. Ik zou het woord archetype kunnen gebruiken. Misschien ben ik wel op het woord 'idee' gesteld omdat ik een Tweelingen ben! O, en daar moet ik opeens aan denken, Marsilio Ficino, de 15e eeuwse christelijk neo-platonische astroloog had de Zon rond 4° Schorpioen en de Maan op 12° Steenbok, in een sextiel. Hij is stellig een sprekend voorbeeld van dit type Zon–Maan verband. Hij daagde de Kerk uit en zijn tijd, niet alleen door astrologie en katholicisme met elkaar te vermengen – hij was een ongehuwd katholiek priester zowel als astroloog – maar hij is ook verantwoordelijk voor het verzinnen van de uitdrukking 'platonische liefde'.

Hij was een gepassioneerd man die hartstochtelijke relaties met mannen had. Maar hij was ook celibatair. Hij schreef aan een vriend van hem dat hun verhouding platonische liefde kon worden genoemd, omdat de liefde tussen hen voortsproot uit hun wederzijdse liefde voor Plato, en die hield geen vleselijke omgang in. Hij heeft zijn vermogen om persoonlijke en sociale relaties aan te gaan zéker een nieuwe richting gegeven. En hij gaf ons een nieuwe term voor een bepaald soort liefde, een liefde die voortkomt uit onze wederzijdse liefde voor iets anders, en soms voor iémand anders. De term 'platonische' is in onze ontkerstende tijden ontwijd, en betekent meestal gewoon 'hier geen seks'. De Nieuwe Maan waar Ficino vandaan kwam stond in Weegschaal. Het kiemidee kwam uit Libra – wat in ieder geval alles te maken heeft met het brengen van bevalligheid in relaties.

## Eerste Kwartier: het eerstekwartierstype

Dat is van 90° tot 135° voorbij de Zon – het toenemende vierkant, de toenemende driehoek en het toenemende anderhalfvierkant. Rudhyar zegt dat een fase van crisis in actie vertegenwoordigt.

De Zon–Maan fasen hebben alle met relaties te maken. De Maan heeft natuurlijk altijd met relatie te maken, met jezelf, met anderen en het leven. We mogen zeggen dat de Zon je leven vertegenwoordigt – levenskracht, levensrichting, macht. Als de Maan van de Zon wegloopt blijft ze naar buiten reiken om gevoelscontact te houden met het leven, opdat ze haar leven van dag tot dag kan leven in antwoord op de roep van de Zon, haar geest. Tegen de tijd dat ze tegen het vierkant aanloopt, is er crisis.

Rudhyar zegt dat de crisis zich uitdrukt in actie, omdat je een raamwerk zoekt te bouwen dat kan dienen „voor de toekomstige objectivering van een nieuw maatschappelijk ideaal en van het gevoel voor interpersoonlijk relateren". Hij zegt dat het wijst op een sterke wil en opgewondenheid, of zoals hij het stelt: „ ... zelfvervoering bij de confrontatie met het verbrokkelen van oude structuur". Hij spreekt van nietsontziendheid bij het bestendigen van nieuwe idealen.

En toch zitten deze mensen dikwijls gevangen tussen verleden en toekomst. Hoe dan ook, Rudhyar zegt dat ze opgewondenheid vertonen als ze in contact komen met het oude, dat wat verbrokkelt, ineenstort, degenereert – of het nu kunstvormen of instellingen of je huwelijk zijn. Wat het ook is, het galvaniseert je, bezielt je op een bepaalde manier tot actie, omdat het je ertoe roept iets nieuws vorm te geven. En toch kunnen de Zon en de Maan in dit vierkant op elkaar soms een verwarring scheppen ten aanzien van waarden die het moeilijk maakt te handelen.

> *— Gisteren liet iemand me de horoscoop van Timothy Leary zien. Hij heeft de Zon achterin Weegschaal en de Maan achterin Waterman conjunct* Uranus in Vissen. Ik zou zeggen dat hij dat verband tussen Zon en Maan behoorlijk uitleeft.*
>
> [** Dit is een aspect buiten teken. vert.*]

Darby: Élk moment van zijn leven lijkt het, en koste wat het kost. Hij was een krachtige spreekbuis voor mensen in de zestiger jaren – hij predikte letterlijk een nieuwe manier om met elkaar en met onze maatschappij om te gaan, en het was hem duidelijk aan te zien dat hij zich vrolijk maakte als, zoals hij het zag, gevestigde instituten en sociale waarden afbrokkelden. Sinds die tijd is hij doorgaans door de media geweerd, en heeft hij in bijna ieder land waar hij doorreisde de gevangenis van binnen gezien. Maar het heeft hem voor zover ik weet geen minuut kunnen tegenhouden.

Of zijn invloed destructief of constructief is hangt af van je standpunt – waarschijnlijk beide, zoals bij alle mensen met visie. Hij is een krachtig voorbeeld van een Zon–Maan verband van dit type. En hij heeft er een hoge prijs voor betaald, in zijn relatieleven en in zijn natuurlijke menselijke behoefte aan gewoon geborgenheid. En toch, omdat ze in een driehoek staan, weegt het voor hem allemaal minder zwaar dan van buitenaf lijkt.

Laten we eens naar een horoscoop kijken van iemand die in emotioneel zowel als in materieel opzicht denk ik wél behoorlijk zwaar weegt. We zullen daar wat tijd aan besteden.

– Is *dat de koningin*?

Darby: Ja, koningin Elizabeth. De koninklijke familie vormt een gemakkelijke prooi voor ons, nietwaar? Want alles wat ze doen krijgt tegenwoordig zóveel publiciteit. Ik heb er naar gekeken en dacht: „Nou, ze moet nu heel wat opwinding voelen!" Ze wordt zonder meer geconfronteerd met een afbrokkelend instituut. Is het niet mooi dat ze het zo naar haar zin heeft omdat alles om haar heen afbrokkelt? Maar alle gekheid op een stokje, ik kan me niet voorstellen dat ze daar echt van geniet. Kijk waar haar Maan staat in relatie tot haar Zon: die staat in het 7e huis van het huwelijk. Ze heeft daar de Maan, en Neptunus staat er vierkant Saturnus en oppositie Mars. U kent toch allemaal haar horoscoop?

Ze is een Stier met Venus in Vissen in het 2e huis, wat het idee van haar Zon nog verder benadrukt. Goed, het 'kiemidee' dat opkwam bij de Nieuwe Maan vóór haar geboorte kwam op in de Ram, en dat is

**Koningin Elizabeth II**

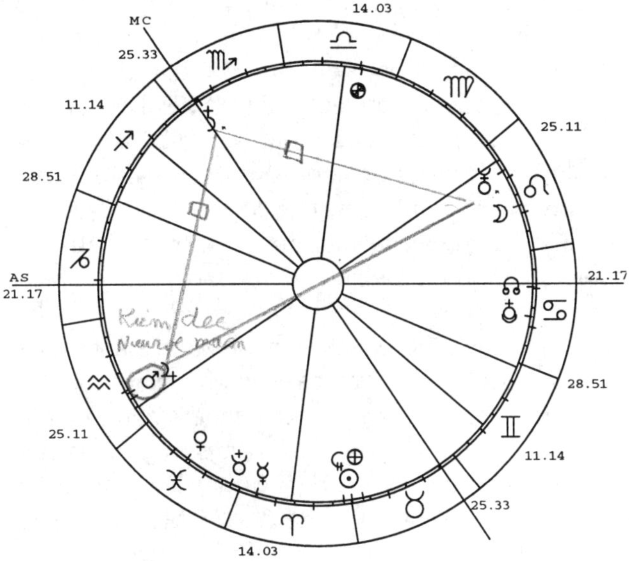


| | | | |
|---|---|---|---|
| Asc | 21°17 | ♑ | |
| II | 25°33 | ♒ | |
| III | 21°17 | ♈ | |
| MC | 25°33 | ♏ | |
| XI | 11°14 | ♐ | |
| XII | 28°51 | ♐ | |
| ☉ | 00°12 | ♉ | |
| ☽ | 12°07 | ♌ | |
| ☿ | 04°40 | ♈ | |
| ♀ | 13°57 | ♓ | |
| ♂ | 20°52 | ♒ | |
| ♃ | 22°31 | ♒ | |
| ♄ | 24°27 | ♏ | ℞ |
| ♅ | 27°21 | ♓ | |
| ♆ | 22°02 | ♌ | ℞ |
| ♇ | 12°42 | ♋ | |
| ☊ | 20°28 | ♋ | |
| ⚷ | 28°01 | ♈ | |

21 april 1926, 01.40 GMT, Londen 51°34 N 00°10 W
*Koch huizen*

het oorspronkelijke kiemidee voor ieder jaar. Dus de eerste impuls voor dat jaar, die het leven in springt en zich door het jaar heen ontvouwt via alle Nieuwe Manen, is datgene waar ze een omhulling voor opbouwt. Mars, de heerser van Ram, stond in Waterman conjunct Jupiter en maakt deel uit van haar Mars–Saturnus–Neptunus T-vierkant. Dus het zou een zware rit worden waarmee het kiemidee tijd en materie binnen kwam rijden. Zij is een zeer publiek werktuig van die zware rit.

Ze werd een moderne wereld in geworpen, vermoedelijk tegen haar stierige aard in, die zich natuurlijk meer op haar gemak had gevoeld met het aan de gang houden van de gevestigde orde, jaar na jaar, steeds ongeveer het zelfde. Ze werd gedwongen deel te hebben aan het moderne desintegratie- en nivelleringsproces dat Waterman is. Het moet haar wat sentimenteel gestemd hebben dat ze haar eigen bezit, een deel daarvan althans, voor het publiek heeft open moeten stellen. Maar dingen loslaten hoort nu eenmaal bij de Vissen. En zo brengt het haar verder in haar spirituele ontplooiing, ook al doet het pijn. Ze heeft het de laatste jaren in dat opzicht moeilijk gehad, niet? Hoe onderhoud je en houd je vast (Stier), en geef je te gelijker tijd weg (Vissen)? Als je Venus in Vissen hebt moet je dat wat je liefhebt weggeven om de liefde te krijgen die je nodig hebt. Dus de impuls die ontstoken wordt bij Nieuwe Maan komt ter wereld in conflict – publiek, privé, haar eigen huwelijk, haar huwelijk met het volk, en de publieke rampen van haar kinderen in hún huwelijk.

Ze is kort na het eerste vierkant geboren, maar haar Maan staat in het 7e huis. Ik weet niet wat er gebeurd is toen ze jong was, maar toen ze trouwde werd ze geconfronteerd met het feit dat ze iets zou moeten opbouwen op iets dat aan het afbrokkelen was – misschien was het het huwelijk zélf. Van de eerste dagen van haar huwelijk af aan moet dat verraderlijk zijn geweest, en ze handhaafde zich en bleef overeind met de waardigheid een Maan in Leeuw eigen, of met starheid, voor degenen onder u die haar oprechtheid negatief beoordelen.

Het interessante zit 'm in het stuk, waar het vierkant aan bod komt, en Rudhyar zegt: „Geconfronteerd met afbrokkelende structuren zoekt zo iemand iets nieuws te smeden." Probeert ze een nieuwe relatie met haar volk te smeden? Met haar gemaal? Ze zou het doen op een koninginnelijke leeuwemanier. Misschien heeft ze onder ogen moeten zien dat haar huwelijk afbrokkelde – of haar trots – en heeft ze keer op keer moeten trachten een nieuwe relatie te smeden. Ze probeert nog steeds nieuwe relaties te smeden met haar publiek, hoewel ze er nog behoorlijk hard aan werkt de status quo te handhaven. Nu wordt ze geconfronteerd met alle afbrokkelende huwelijken van haar kinderen. Zal ze daar nieuwe relaties met haar kinderen uit smeden? Ze heeft ook Neptunus in het 7e huis, vierkant Saturnus, oppositie Mars en Jupiter, dus ze...

— *Haar vader stierf kort nadat ze in het huwelijk was getreden.*

Darby: Wanneer is hij gestorven?

— 1952.

— *Ze trouwde in 1947, en de koning, haar vader, stierf in '52. Wat gebeurde er in '53?*

— *De kroning.*

Darby: Dat is het. Het voornaamste aan dat eerste vierkant is dat het crisis is. Nu weten we dat Zon vierkant Maan een 'moeilijk' aspect is en dat het daarom bewuste aandacht vergt. We weten ook dat het op een conflictsrelatie met de ouders wijst – of laten we zeggen: de ouderlijke relatie wordt het sterkst gevoeld in de vervelende momenten ervan. Spanning tussen de ouders valt meer op dan gemak in hun omgang. Haar moeder is de koningin-moeder – een leeuwedame als geen ander. Onze koningin heeft de Maan in Leeuw in zeven, vierkant Zon in Stier in vier. Bekend is dat ze haar vader adoreerde, en misschien viel de grotere persoonlijkheid van haar moeder haar op, haar gemakkelijker omgang met mensen en haar genieten van de publieke rol, en de spanning die dat tussen haar ouders teweegbracht. Ze was afgestemd op de solide, betrouwbare, standvastige, rustige kwaliteiten van haar vader, en op de koninklijke, op het volk gerichte, uitgaande neigingen van haar moeder. Ze heeft vermoedelijk meer weg van haar vader.

Als het vierkant tussen de Zon en de Maan een toenemend vierkant is, dan is de spanning die wordt gevoeld die van de moeder die zich verwijdert van de vader. De koningin-moeder heeft misschien het zelfde oogmerk gehad als haar gemaal – een gevoel van vrede en stabiliteit brengen onder een volk in beroering – maar ze deed dat op een Leeuw–7e huis manier. De koningin heeft die spanning gevoeld en moet nu een gevoel van vrede en stabiliteit brengen in crisis na crisis, vermoedelijk in haar eigen huwelijk, in haar huwelijk met haar publiek, en in de huwelijken van haar kinderen – de bestendiging van nieuwe ideeën ondanks verbrokkelende structuren, afbrokkelende stabiliteit. Het kiemidee is er een van stabiliteit in een crisis, en zij is een werktuig van de crisis en van de strijd om nieuwe maatschappelijke relaties op te bouwen.

Dus er is crisis, en zij is een Stier met Venus in de Vissen, en daarom toegewijd aan de droom of de illusie van stabiliteit. In die zin is ze een dienares van de liefde. Maar ze is ook een dienares van de Nieuwe Maan van voor haar geboorte. Ze is geroepen om te zorgen en stabiel te zijn voor dat wat ze dient, en ook om nieuwe wegen te zoeken naar een nieuwe relatie met het volk – Mars in Waterman in de horoscoop van die Nieuwe Maan in Ram – met een hoop persoonlijke benauwdheid en frustratie: het T-vierkant. Ook als ze niet de koningin was geweest zou ze moeten volhouden en alles loslaten wat van haar is – alle hulpbronnen die uit haar wezen stammen – en deel worden van een nieuw verrijzende orde, haars ondanks.

*— Hoe zit dat bij een toenemende driehoek tussen de Zon en de Maan? Als de strijd niet zo groot is, althans – voor zover wij dat denken?*

Darby: Nelson Mandela bij voorbeeld: Zon in Kreeft driehoek Maan in Schorpioen. Hij zou een goed voorbeeld kunnen zijn van iemand die werkt „voor de objectivering met het oog op de toekomst van een nieuw maatschappelijk ideaal en van het gevoel voor interpersoonlijk relateren". Hij is een man met een sterke wil en een gespannen verwachting of „zelfvervoering bij de confrontatie met het afbrokkelen van oude structuren" – een rustige man, maar een die zijn toewijding aan de bestendiging van nieuwe idealen wel heeft laten zien. Je kunt redelijkerwijs stellen dat zijn leven in het teken heeft gestaan van emotioneel contact met oude, afbrokkelende, ineenstortende, gedegenereerde structuren! Omdat het een toenemende driehoek tussen de twee lichten is stellen we ons voor dat hij in alle crises geen gevoel van persoonlijke crisis heeft. Hij oogt zeker niet zo gespannen als de koningin. Hij maakt ook een gratieuzer indruk. Waarschijnlijk heeft hij die spanning van meet af aan niet meegekregen via de relatie tussen zijn ouders. Daar kan die driehoek op wijzen.

## Bolle Maan: het bollemaanstype

Dit type is geboren met de Maan tussen 135° en 180° – vanaf het toenemende anderhalfvierkant via het inconjunct (de quincunx) tot aan de oppositie. Ik had gedacht nog even bij de koninklijke familie te blijven. De zoon van de koningin, prins Charles, volgt keurig de Bolle Maan. Dane Rudhyar zegt dat je als je in de richting van de Volle Maan gaat naar verlichting toewerkt. Prins Charles is twee dagen voor Volle

## Prins Charles

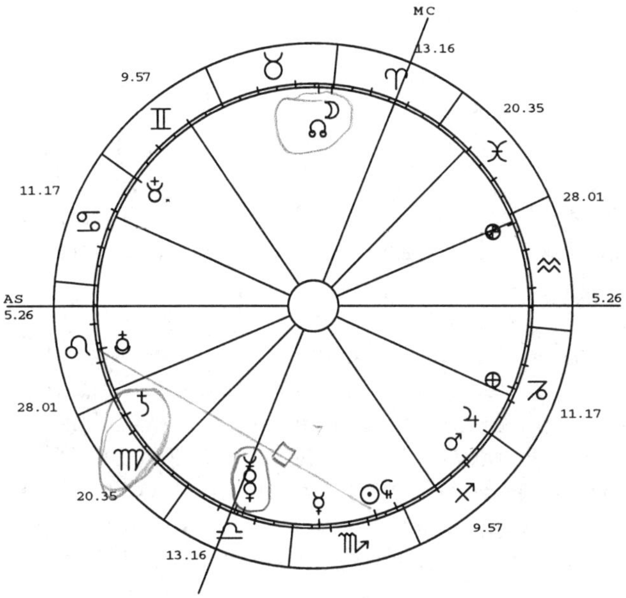


| | | |
|---|---|---|
| Asc | 05°26 | ♌ |
| II | 28°01 | ♌ |
| III | 20°35 | ♍ |
| MC | 13°16 | ♈ |
| XI | 09°57 | ♊ |
| XII | 11°17 | ♋ |
| ☉ | 22°25 | ♏ |
| ☽ | 00°26 | ♉ |
| ☿ | 06°57 | ♏ |
| ♀ | 16°23 | ♎ |
| ♂ | 20°57 | ♐ |
| ♃ | 29°53 | ♐ |
| ♄ | 05°16 | ♍ |
| ♅ | 29°56 | ♊ ℞ |
| ♆ | 14°08 | ♎ |
| ♇ | 16°34 | ♌ |
| ☊ | 03°56 | ♉ |
| ⚷ | 28°13 | ♏ |

14 november 1948, 21.14 GMT, Londen 51°34 N 00°10 W
*Koch huizen*

Maan geboren. Hij is Schorpioen met de Maan in de Stier, op weg naar Volle Maan.

Rudhyar zegt dat dit type Maan een boel aandacht besteedt aan haar capaciteit inzake persoonlijke ontplooiing en persoonlijke groei. Hij beschrijft hen als mensen die in waarde en zin willen bijdragen aan het leven, aan hun wereld. Hij zegt dat zij er aan werken een soort openbaring of verlichting mogelijk te maken. Ze hebben de neiging zich aan grote persoonlijkheden of grote zaken te wijden. Wat we persoonlijk ook van prins Charles denken, hij komt onverslappelijk over in zijn werk voor een gekozen zaak, en hij worstelt publiekelijk met zijn zoeken naar verlichting.

— *Onverslappelijk? Bedoelt u niet...*

Darby: Nee, ik bedoel dat hij niet verslapt in zijn pogen.

— *Dat geloof ik niet.*

Darby: Wat, het woord? Of het feit dat hij nooit verslapt? Hij is een Schorpioen, en laat genoeg in de Schorpioen geboren om ook de voorafgaande Nieuwe Maan nog in de Schorpioen te hebben. In Schorpioen zien we de dood van alles wat uitgediend is – dood en verval en loutering, zodat wat er over is kale beenderen zijn, de essentie van wat ééns tot leven kwam. Het kiemidee in Schorpioen heeft te maken met de vernietiging van het oude en met de loutering die de weg vrijmaakt voor nieuw leven. In Schorpioen breken we open en breken we af, zodat er in de Boogschutter een visie te voorschijn kan komen. Dat is deel van de natuurlijke levenscyclus – de manier waarop de natuur ruimte maakt voor het nieuwe. In Schorpioen moet er iets uiteenvallen. Een zaadje moet uiteenvallen, wil er iets nieuws geboren worden. Dus ergens heeft hij iets te maken met ineenstorting, maar hoe doet hij dat? Wel, hij lijkt dat publiekelijk te doen. Hij heeft een verantwoordelijke positie (Maan in tien) en we kijken allemaal toe als hij zijn schorpioenslot volvoert. Hij doet het door een verantwoordelijke positie te bekleden. Dat algemene geloof onder astrologen dat hij geen koning zal worden wil er bij mij nooit helemaal in.

— *Dat komt omdat u het niet wilt geloven.*

Darby: Ik heb het akelige gevoel dat u gelijk heeft. Geen objectiviteit hier. Trouwens, ik heb ervoor gekozen mijn oordeel daarover op te schorten en zie wel wat er gebeurt.

Hij heeft de Maan in tien en Leeuw op de Ascendant. Hij heeft Pluto op de Ascendant vierkant Zon. Hij drukt zijn persona met gratie uit, maar hij brengt ook een gevoel van gevaar tot uitdrukking in de zin dat hij zijn duisternis laat zien, zijn aanleg voor neerslachtigheid en zijn aantrekkingskracht voor gevaar. En in zijn formele wereld lijkt dat zelfdestructief. Maar hij móet het uiten. Zoals al diegenen met Pluto in de Leeuw heeft hij de evolutionaire drang in zich om zichzelf te vernietigen en te herscheppen. De tweeslachtigheid van de macht – de behoefte aan macht en de behoefte om macht aan te tasten – voert in hem een strijd, en we zien die strijd, de behoefte om iets af te breken. Kijk waar zijn Pluto staat, precies op de Ascendant in Leeuw. Er moet *iéts* worden vernietigd zodat het kan worden getransformeerd tot iets dat beter past in de tijd waarin hij leeft. Hij werkt naar een verlichting toe die niet alleen hém zal openbaren wat er vernietigd moet worden, maar ook het publiek. En hij doet dat door zijn verantwoordelijke positie, Maan in het 10e huis in Stier.

Hij drukt zijn boodschap van vernietiging en transformatie uit via zijn roeping, als Prins van het Rijk. Zijn Maan staat in de Stier. De heerser van Stier is Venus, die in de Weegschaal in het 4e huis staat, conjunct Neptunus. Dat zegt ons dat hij geboren is in een gezin waarin idealisering van en desillusie over liefde en partnerschap een rol speelden in zijn vroege leven – misschien in het verborgene, maar hij moet de fluisteringen hebben gevoeld. Het zegt ons ook dat zijn spirituele verlangens niet gestild kunnen worden door de familie, de stam, waarin hij werd geboren – hij is spiritueel een vreemde voor zijn clan. En hij is op zoek naar iets dat hij misschien op hoge leeftijd kan vinden.

Natuurlijk zegt het ook nog veel meer dan dat, en dat zal altijd een aspect van het mysterie zijn, niet alleen voor anderen, maar voor hemzelf. Misschien is dat een deel van zijn charisma, die diepe, spirituele droefheid – dat verlangen. Luister eens naar wat Dane Rudhyar zegt: „Ze vragen herhaaldelijk 'waarom?'; ze werken aan verheldering van persoonlijke of maatschappelijk-culturele kwesties met een bepaald soort voor hen belangrijk doel op het oog." Ze hebben een doel op het oog, en ze bereiken dat persoonlijk misschien niet, aangezien ze deel zijn van een omvattender beeld, slechts één moment in de voortgaande ontwikkeling van het verhaal. Hun doel is verlichting, het volle licht dat het hart van de oorspronkelijke kiem openbaart. En met de heerser van zijn Maan aldus geconfigureerd is dat waarschijnlijk ook in reactie op een persoonlijke, al vroeg ervaren gevoel van verwarring en verlies, ervaren door de heimelijke desillusie van zijn moeder over het ongrijpbare romantische gedrag van zijn vader. Ziet u waarom ik dit zeg?

— *Die Venus–Neptunus in Weegschaal in het 4e huis.*

Darby: Ja. Ik ken verscheidene mensen met die Bolle Maan. Totdat ik onlangs het werk van Rudhyar weer doornam was ik in de gewoonte vervallen ze eenvoudigweg als vollemaansmensen te zien. Maar nu is me het verschil tussen net vóór en net ná een Volle Maan beginnen op te vallen. In beide gevallen lijkt de boodschap die kinderen van de ouders ontvangen tegengesteld. Deze mensen lijken objectiever tegenover het leven te staan dan eerder in de cyclus geborenen. Er kan hun iets overkomen, en ze kunnen dat te gelijker tijd zien als 'interessant'. Maar bij de naar vol toenemende Maan worden ze naar het licht toe gedreven – naar luister, het bereiken van verlichting, openbaring. Ze worden er toe gedreven dit persoonlijk te bereiken omdat het belangrijk lijkt in het leven. In hun jeugd hebben ze moeten toezien hoe hun moeders begrip zochten, in ogenschijnlijke tegenstelling tot hun vaders.

— *Wat is het verschil met de afnemende oppositie?*

Darby: Daar wil ik het nu over hebben, maar laat ik eerst wat over de Volle Maan in het algemeen zeggen.

## Volle Maan: het vollemaanstype

De Volle Maan is het punt van verlichting. Rudhyar beschouwt de Nieuwe Maan en de Volle Maan als de betekenisvolste momenten in de cyclus. Deze fase loopt van 180° tot 225° vanaf Nieuwe Maan. Beide zijn aanvangen, maar in tegenovergestelde betekenissen. De Nieuwe Maan laat het zaadje vallen en de Volle Maan openbaart wat er uit het zaadje moest komen – het zaadje van de bloem. Rudhyar is heel poëtisch over de Volle Maan. Ik gebruik hierbij de horoscoop van een land, eentje die misschien niet langer van belang is. Dit is het Zuid-Afrika dat ik ken en de horoscoop die we daarginds gebruikten en die we hebben zien werken. Via deze horoscoop hebben transits en progressies gesproken. Dit is het Zuid-Afrika dat ik kende, en de reden waarom ik meen dat deze geschikt is, is vanwege wat er met Zuid-Afrika is gebeurd. Dit is een vollemaanshoroscoop.

De Zon staat in Tweelingen met de Volle Maan in Boogschutter, maar de kiemlegging, de Nieuwe Maan vóór deze Volle Maan, vond plaats in de Stier. Venus, heerseres van de Stier, stond in de Ram. Haar enige

## *Zuid-Afrika*

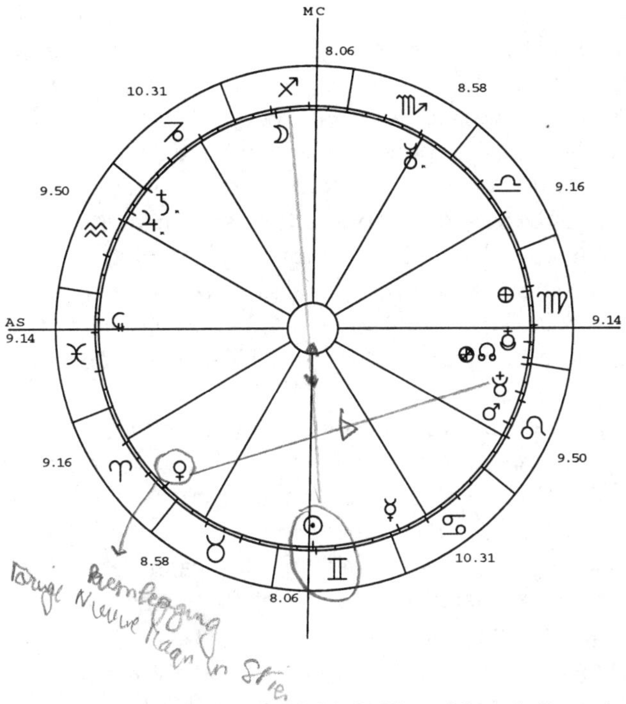


| | | | |
|---|---|---|---|
| Asc | 09°14 | ♓ | |
| II | 09°16 | ♈ | |
| III | 08°58 | ♉ | |
| MC | 08°06 | ♐ | |
| XI | 10°31 | ♑ | |
| XII | 09°50 | ♒ | |
| ☉ | 09°13 | ♊ | |
| ☽ | 18°55 | ♐ | |
| ☿ | 02°26 | ♋ | |
| ♀ | 25°20 | ♈ | |
| ♂ | 13°21 | ♌ | |
| ♃ | 07°07 | ♒ | ℞ |
| ♄ | 29°30 | ♑ | ℞ |
| ♅ | 22°06 | ♌ | |
| ♆ | 09°10 | ♏ | ℞ |
| ♇ | 05°35 | ♍ | |
| ☊ | 01°24 | ♍ | |
| ⚷ | 06°39 | ♓ | |

31 mei 1961, 00.00 uur (22.00 GMT op 30 mei), Pretoria 28°45 Z 28°10 O
*Koch huizen*

aspect van betekenis was een driehoek met Uranus in de Leeuw. Dus het kiemidee oefent een zekere drang uit om de geest zich te laten verdiepen en aarden in de materie. Wanneer de Volle Maan twee weken later verschijnt is de Zon de Tweelingen in gegaan, en Zuid-Afrika is net na de Volle Maan geboren. Rudhyar zegt dat de oppositie het toppunt van de cyclus is. De oorspronkelijke impuls is nu duidelijk te zien – het is een helder beeld. Laat ik hem nu een stukje citeren: „Dit kan een openbaring of verlichtheid betekenen, en normaal een soort vervulling; maar het kan negatief gezien ook afzondering of scheiding betekenen – wellicht ook een scheiding van de werkelijkheid, of een innerlijke verdeeldheid…" Hij gaat verder met te zeggen dat relatie het allerbelangrijkste is voor dit type, of anders wijst het alle relaties af behalve die van „een ideaal of 'absoluut' karakter".

Objectiviteit van zuiver bewustzijn vormt de grondslag voor karakter – openbaring, verlichtheid en vervulling. „Het negatieve is afzondering of scheiding van de werkelijkheid." Dat is een heel radicale positie. We hebben allemaal wel openbaringen, maar je zet niet altijd stappen, verandert niet altijd je leven vanwege een openbaring. De blanken in Zuid-Afrika, aangeduid door hun leiders, deelden over het algemeen de overtuiging dat zij heer en meester waren en het recht hadden gediend te worden door de zwarte bevolking van Zuid-Afrika. Enkelingen hebben dat misschien anders gevoeld, maar het land bracht dit collectieve geloof tot uitdrukking en is lange tijd in staat gebleven dit te geloven. En toen, kort geleden zoals we hebben gezien, bleek die openbaring uit de tijd te zijn, behóórlijk uit de tijd. Het kwam tot een diepe scheiding met de werkelijkheid van deze tijd.

De spanning bouwde zich op, tot een nieuwe openbaring het overnam, in de gedaanten van twee hoofdaanstichters: F.W. de Klerk en Nelson Mandela. De Klerk heeft de Zon achterin de Vissen en de Maan achterin de Steenbok, dus hij hoort thuis in het Laatste Kwartier van de Maan-cyclus, waar we het nog over gaan hebben. Hij woonde hier eind mei een diner bij met Margaret Thatcher, John Major en verscheidene zakenmensen. Een vriendin van mij was daar ook, en toen ze daar wegging kwam ze naar een diner waar ik ook was. Ze vertelde ons dat De Klerk gevraagd was: „Waarom heeft u dat gedaan? Waarom heeft u dat eigenlijk gedaan? Door wat voor politiek werd u gedreven?" En hij zei: „God zei het me. Ik kreeg een openbaring. Ik kreeg een droom." Mijn vriendin barstte in tranen uit, tot haar eigen verlegenheid. Maar pijnlijker was het, zei ze, dat er een stemming in de zaal hing van: „O, ja, interessant. Neem ons niet kwalijk dat we het gevraagd hebben." Hij is een Vissen met Neptunus op de Ascendant, als de horoscoop die we hebben juist is. En in dit geval sprak hij, functioneerde hij, als de stem van die Zuidafrikaanse horoscoop – van dát Zuid-Afrika.

*— En van het nieuwe Zuid-Afrika. Volgens* Nick Campion, *die de horoscoop heeft opgesteld voor toen de nieuwe grondwet van kracht werd, heeft het Zon in Stier oppositie de Volle Maan in Schorpioen! Volgens die nieuwe manier van kijken is er dus een nieuwe openbaring aan de hand waarvan het land zal voortgaan.*

Darby: Ja, precies. En die nieuwe horoscoop is eveneens een voorbeeld van een Nieuwe Maan waarvan de kiem gelegd is in het voorgaande teken, want de Zon staat op zo'n 5° of 6° Stier en de Maan op 20° Scorpio. Dus de Nieuwe Maan in de Ram gaf de oorspronkelijke impuls – niet zomaar de oorspronkelijke impuls, maar *dé* oorspronkelijke impuls van dat zodiakale jaar.

„Relatie betekent alles voor Zon-oppositie-Maan mensen, of de afwijzing van relatie." Ten tijde van die horoscoop bestond er een duidelijke relatie tussen blank en zwart. Die bleek uit de toon van de tijd te vallen. De relatie is afgebrokkeld, en nu is er zich een nieuwe relatie aan het ontwikkelen. Op het moment is het chaotisch, maar het is een nieuwe relatie, gebaseerd op een nieuwe openbaring. En nu hebben we een nieuwe horoscoop. „Relatie betekent alles, of afwijzing van relaties, behalve die van een ideaal en absoluut karakter." Met andere woorden, onder de oppositie heb je het idee dat er een waarheid is, en je volgt die waarheid totdat je een openbaring krijgt dat er op een ander punt in je leven, misschien, een andere waarheid is, en dan volg je dié waarheid. Met iemand die die waarheid niet met jou volgt kun je geen nauwe relatie hebben, want je wordt verbrand door de steeds weer opvlammende lichtervaringen in je leven, en je beweegt je voor ze uit, je beweegt je van ze af.

Individuen met deze Volle Maan-oppositie onthullen in hun leven de impuls van de kiem die bij Nieuwe Maan is gelegd. Ze voelen de aandrang om het kiemidee in de kern van hun wezen uit te drukken in de bezigheden van hun dagelijks leven. Hun zieleleven is verbonden met de openbaring van dit kiemidee. Zij doen dit met de kronkels van hun persoonlijkheid en karakter zoals hun horoscoop als geheel ze toont. Soms is de wijze waarop ze die onthulling tot uitdrukking brengen erg destructief en soms heel creatief. Er wordt gezegd dat de Boeddha is geboren met de Zon in Stier en de Maan, vol, in Schorpioen.

— *En hij is gestorven met de Zon in Schorpioen en de Volle Maan in Stier.*

Darby: Ja, is dat niet interessant? Je zou aannemen dat dat betekent dat zijn werk, het openbaren van het kiemidee van de Stier, toen was voltooid.

Kent iemand van u het werk van Thomas Merton? Hij had een Volle Maan in de Leeuw, oppositie zijn Zon in de Waterman. De Nieuwe Maan werd 'gezaaid' in de Steenbok. Hij was monnik in een beschouwelijke orde. Aan het eind van zijn leven stond hij in de gehele religieuze wereld bekend als een man die de vernieuwing van het contemplatieve leven, en het gebed, in de moderne wereld zeer toegewijd was. Hij stond open voor de inzichten van niet-religieuze denkers zoals Heidegger en Albert Camus, evenals voor de beschouwingen van Zen-Boeddhisme, Hindoeïsme en Moslim Soefisme.

Je mag rustig zeggen dat hij openstond voor een ieder die in de eeuwigheid had gekeken, of ze God daar gevonden hadden of niet. Zijn leven en zijn dagelijks werk weerspiegelden de discipline en de strengheid van het kloosterleven. De kiem die hij uitdraagt is van de Steenbok. Maar hij was een Waterman en hij bracht voor de taak die hij op zich had genomen om een zeer oude traditie te moderniseren zoveel soorten denken tezamen als mogelijkerwijs kon. Hij stierf in 1968 op drieënvijftigjarige leeftijd. Ik wil nog eens een werkgroep houden over een onderwerp waarbij ik u zijn horoscoop kan laten zien, in het licht van het werk dat hij heeft verzet om het moderne hart te wekken tot het buitengewone licht in het centrum van het bestaan.

— *Mijn man heeft Zon in Tweelingen en de Volle Maan in Boogschutter. Hij is betrokken bij het proces om satelliet-TV in dit land te brengen. Hij gelooft daar heilig in. In feite heb ik hem nog nooit iets zien doen waar hij niet heilig in geloofde. Ik noem hem meneer Missie. De enige tijd waarin ik hem terneergeslagen heb gezien – en dat heeft niet lang geduurd – was toen hij een poosje heeft moeten werken voor iets waar hij niet in geloofde. Hij werd er helemaal ziek van. Maar toen ging hij er weg, en hij zei dat hij die fout nooit meer zou maken. Hij heeft Venus in de Kreeft en ze boden hem genoeg geld om het huis van zijn dromen te kunnen kopen, maar uiteindelijk zei hij dat het dat niet waard was en hij schee er mee uit vóór hij het huis had. Ik had het daar heel erg te kwaad mee, maar later realiseerde ik me dat zijn leven en zijn levenslust eigenlijk belangrijker voor me waren dan een droomhuis.*

Darby: Was het voor u óók een droom?

— *Dat heb ik een poosje gedacht. Het is als het ware collectief, niet? En ik heb* Venus *in de* Steenbok *driehoek* Neptunus *in de* Maagd. *Ik moet zeggen dat ik niet altijd achter zijn dromen stond. Sommige leken me wat ver gezocht. Ik heb een boel aarde in mijn horoscoop. Maar ik heb er van geleerd.*

— *Hoe zit het met de ouderrelatie bij de* Zon–Maan *oppositie?*

Darby: De ouders lijken bij zowel de wassende als de afnemende Volle Maan in tegenovergestelde richtingen te trekken. Loyaliteit jegens de één kan het gevoel geven van gebrek daaraan jegens de ander. Er is een afkeer van het compromis, en toch is er de noodzaak om compromissen te leren sluiten. Die kenmerken zijn aan beide kanten van de oppositie onmiskenbaar. Maar ik heb gemerkt dat er een verschil tussen beide is, en u moet het zelf ook bestuderen, want ieder van ons draagt het zijne bij aan de bestaande kennis. Wat ik heb gemerkt is dat bij de toenemende oppositie de oppositie van de moeder lijkt voort te komen uit haar streven naar haar eigen spirituele openbaring. Ze voelt buiten zich iets dat haar bij haar man wegtrekt, althans ten tijde van de geboorte van dat kind. Ze haakt naar iets dat betekenis heeft. Maar dat heeft ze nog niet binnen bereik. Als ze het bereikt dan is dat enige tijd later. Het kind groeit op met een gevoel van verwachting, dat deel wordt van zijn relatieleven, zijn zieleleven. Bij de afnemende oppositie weet ze al dat haar waarden andere zijn dan die van haar man. Ze leeft eenvoudigweg met die wetenschap, en zal daar in de loop van haar leven al dan niet iets mee doen. Dat wat van belang is weet ze al. Wat er rest is daar al dan niet iets mee te doen.

## Verbreidende Maan: het verbreidmaanstype

Dit is de naam die Rudhyar geeft aan mensen die geboren zijn met de Maan tussen de 135° en 90° vóór de volgende Nieuwe Maan. Daarin vallen het afnemende anderhalfvierkant, het inconjunct (quincunx) en het afnemende vierkant. Nu zijn we echt op de thuisreis, als thuis het einde van de cyclus is in afwachting van de volgende Nieuwe Maan, het kiemen van het volgende idee in de natuurlijke jaarlijkse volgorde. Dit type is het verbreidmaanstype. Het laat de Volle Maan achter zich en stevent af op het vierkant.

Hier ben ik weer terug bij de koninklijke familie. Dit is inderdaad de

**Prinses Diana**

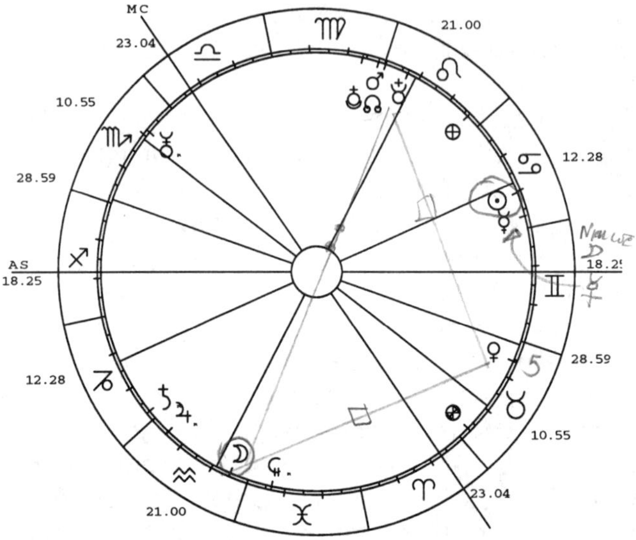


| | | | |
|---|---|---|---|
| Asc | 18°25 | ♐ | |
| II | 12°28 | ♑ | |
| III | 21°00 | ♒ | |
| MC | 23°04 | ♎ | |
| XI | 10°55 | ♏ | |
| XII | 28°59 | ♏ | |
| ☉ | 09°40 | ♋ | |
| ☽ | 25°02 | ♒ | |
| ☿ | 03°12 | ♋ | ℞ |
| ♀ | 24°24 | ♉ | |
| ♂ | 01°39 | ♍ | |
| ♃ | 05°06 | ♒ | ℞ |
| ♄ | 27°49 | ♑ | ℞ |
| ♅ | 23°20 | ♌ | |
| ♆ | 08°38 | ♏ | ℞ |
| ♇ | 06°03 | ♍ | |
| ☊ | 29°43 | ♌ | |
| ⚷ | 06°28 | ♓ | ℞ |

1 juli 1961, 19.45 BST (18.45 GMT), Sandringham 52°50 N 000°31 E
*Koch huizen*

horoscoop van prinses Diana. Zij valt in deze categorie. Ze heeft Zon in Kreeft in het 7e huis, en de Maan in Waterman in het 3e huis, en dat is oppositie Uranus en vierkant Venus in de Stier in vijf. De kiemimpuls is uitgegaan van de Nieuwe Maan in Tweelingen, twee weken eerder. Mercurius staat in de Kreeft, dus we kunnen ons voorstellen dat de communicatieve Tweelingen-kiem een kreefterige ondertoon heeft. Zij is zo sterk kreefts, dat alles wat ze doet die boodschap overbrengt. Dat heeft te maken met het overbrengen van haar aanleg om te voeden en te koesteren, maar ze drukt die boodschap uit via de Maan in Waterman, die oppositie Uranus en vierkant Venus staat. De drang om haar kreeft-zijn – een voedster zijn – tot uitdrukking te brengen is heel sterk. Maar ze moet dat doen op een door haar T-vierkant gekleurde manier. Ze moet het doen in haar eigen lastige aan-uit ritme. Ze moet reageren op manieren die andere mensen onvoorspelbaar en grillig vinden. Goede raad kan ze maar mondjesmaat aan, en ze kan die alleen maar opvolgen als die haar bereikt terwijl ze in de juiste positie is. Maar meestal moet ze juist het tegenovergestelde doen. Heeft u ooit wel eens geprobeerd een Maan oppositie Uranus van advies te dienen?

> — *Ja, mijn zoon. En pas toen hij zeventien was begon ik te begrijpen dat wat hij nodig had een goed beredeneerd argument was voor het tegenóvergestelde van wat volgens mij het beste voor 'm was. Dat leek hem de vrijheid te geven om toch datgene op te volgen wat in feite toch het beste voor hem was, naar zijn inzichten althans. Ik heb astrologie moeten leren om daar achter te komen.*

Darby: Terug naar prinses Diana. Ze is niet in staat te horen wat er gezegd wordt, te vóelen wat er gezegd wordt, tenzij het volledig ontdaan is van belang – losgemaakt van zelfbelang. Ik vraag me af hoe vaak ze met haar persoonlijkheid en in haar positie mensen tegenkomt die zich volledig kunnen losmaken van subjectieve interesse? Die oude kreefterige boodschap, dat archetype van de moeder–voedster, ze kan het enkel doen op de modernste en daardoor dikwijls hoogst fragmentarische manier. En haar gevoel van binnen moet zijn dat ze nooit het type voeding en koestering kan krijgen die ze van anderen nodig heeft, met die Maan vierkant Venus.

Nu, Rudhyar zegt van het verbreidtype: Deze mensen demonstreren wat ze hebben geleerd. Het zijn de verbreiders van ideeën. Het zijn degenen die ideeën populariseren. Het zijn kruisvaarders. Hij zegt, en ik citeer hier: „ ... het negatieve type kan zich gemakkelijk verliezen in een Zaak en fanatisme ontwikkelen of zich mee laten slepen door massa-emoties." Ik heb gekeken naar ieder in die groep die ik kende en heb gekeken hoe zulke kruisvaarders te werk gaan. De openbaring is geschied en dan is er werk aan de winkel. Dat is natuurlijk makkelijker met een driehoek, minder tegenstand, maar niettemin ligt er werk. Het verbreidmaanstype is misschien niet zo duidelijk over wat de openbaring was, maar het stort zich in het gevoel dat de boodschap verspreid moet worden. Er is ook hier een spanning, vooral bij het vierkant, omdat het oorspronkelijke kiemidee al zo ver terug ligt en je weer op weg bent naar de Zon, die een nieuw idee gestalte zal geven.

*— Mijn vrouw is een Vis met de Maan in Schorpioen. Ze is een verbreidster, maar zó natuurlijk, dat ze niet aan een kruisvaarster doet denken. Maar als ik het op die manier bekijk zie ik dat ze het wel ís. Ze heeft haar Zon in het 11e huis en haar Maan in het 7e, en ze werkt op het gebied van de bevordering van het communiceren binnen organisaties. Ze heeft veel succes met het doorbreken van blokkades in de communicatie bij bedrijven die haar inhuren. Ze zegt dat het haar werk is om barrières te af te breken tussen mensen die in groepen werken. Ze is heel gespitst en laat zich niet gemakkelijk meeslepen door groepsemoties omdat ze erg is gericht op het ontdekken van de blokkade en het toepassen van ideeën die ze verzamelt – ze leest ook alles op haar gebied – en hun weerstand wil omsmeden tot samenwerking als team.*

Darby: Dat klinkt alsof ze een goed voorbeeld is van dit stuk van de cyclus.

*— Dat is ze, maar als ze niet wil dat iemand door háár dekking komt is ze daar angstwekkend goed in!*

*— Dat is Maan in Schorpioen! Mijn man heeft die ook, in zeven. Niet dóór te komen!*

*— Wist u dat Michael Jackson een Volle Maan in de Vissen heeft?*

Darby: Nee – dat is interessant. Gek, met de Zon in Maagd als 'kiem-idee'.

*— Ah, maar hij heeft de Zon op 5° Maagd, en de Nieuwe Maan moet dus in de Leeuw zijn geweest. En zijn Zon staat conjunct Pluto, en zijn Maan vierkant Saturnus.*

Darby: Jammer dat we nu geen tijd hebben om naar die horoscoop te kijken. Maar het is goed te rijmen dat de oorspronkelijke impuls uit de Leeuw is voortgekomen en niet uit de Maagd. En toch is hij een echte Maagd, van de groep die Pluto in Maagd heeft. We zien daar dus aan dat het kiemidee waarmee je relateert soms verschilt van je spirituele archetype, je Zon. Ik vraag me af of zulke spiritualiteit verwarrend is.

Maar laten we verdergaan. Resumerend: het punt van grootste helderheid ligt achter je. Nu sta je op het punt de zaden die daaruit voort zijn gekomen te verspreiden. Vollemaanmensen leven de openbaring uit, maar mensen die in dit deel van de cyclus zijn geboren moeten in beweging komen om het in de massa van de mensheid ingang te doen vinden. Het is hún taak om het integratieproces van dat wat geopenbaard is op gang te brengen via hun eigen relatie met anderen, met het leven. Daarom kunnen ze kruisvaarders lijken. Ze kunnen zich voelen alsof ze in een wedloop met de tijd zitten, nu de Maan haar laatste vierkant op weg terug naar een samenstand met de Zon vindt.

Wist u dat Albert Einstein in dit deel van de cyclus is geboren? Hij had de Zon in de Vissen en de Maan in Boogschutter, en hij is de ingaande kant van dit afnemende vierkant. Zijn Nieuwe Maan was in de Vissen, want zijn Zon staat op 23° Vissen. Denk eens niet alleen aan zijn werk, dat ons idee over de stoffelijke werkelijkheid in een nieuw kader plaatste op een manier die we nog niet eens ten volle kunnen begrijpen, maar ook aan de kruistocht die daar uit voortkwam. Hij is zijn hele volwassen leven in de weer geweest om het gebruik te voorkomen van bommen die zijn geesteskind waren – zijn geesteskind in de zin dat ze vervaardigd werden naar informatie die hij de wetenschap verschafte over de bouw van het atoom. En merkwaardig genoeg, hoewel hij stellig toch één van de meest verheven breinen van onze tijd is geweest, is hij bij iedereen in de westerse wereld bekend – niet alleen zijn gezicht, maar ook wat hij heeft gedaan, al begrijpen de meesten van ons niet echt wát.

Ziet u het onderliggende patroon waar Rudhyar op reageert? U vindt misschien andere manieren om waar te nemen wat hij openlegt als u het begint te onderzoeken. Wat mij intrigeert is hoe hij een visie op de jaarlijkse dans van Zon en Maan weet toe te spitsen op het bijzondere. Ieder van ons is op een bepaald punt in de cyclus geboren. Dus ieder van ons zal van nature de rol vervullen die we in die cyclus moeten spelen. Of we het slecht doen of goed, gewillig of niet, bewust of niet, hangt van andere dingen af. Maar we maken deel uit van een natuurlijke cyclus, en aangezien de Wereldziel het rijk van de Geest weerspiegelt in al diens onbegrensde maar toch omsloten dimensies, zijn wij daar deel van. Onze Manen zijn bemiddelaars tussen het eeuwige en het tijdelijke, tussen geest en materie, tussen verbeelding en verwerkelijking. En zij zijn dat in overeenstemming met de weg van de natuur, zoals uitgedrukt door de hemelse dans van onze Maan en onze Zon.

## Laatste Kwartier: het laatstekwartierstype

Zodra je bij het Laatste Kwartier komt, het vierkant, beland je op een ander crisispunt in de cyclus. Het Laatste Kwartier is van het vierkant, 90°, tot het halfvierkant op 45°. Ook het afnemend sextiel valt er in. Hier vind je mensen als Margareth Thatcher, Bill Clinton en Carl Jung. In het Laatste Kwartier, zegt Rudhyar, is het de tijd waarin ideologische overtuigingen vorm moeten krijgen in definitieve denkrichtingen of in concrete instituties. Mensen die tijdens deze fase zijn geboren drukken bepaalde kwesties met kracht door, zowel in persoonlijke als in maatschappelijke relaties. Wat hun ontbreekt is flexibiliteit. Ze zien zichzelf als baanbrekers die pas later erkend worden.

Hij zegt dat hervormers tot deze groep behoren. Hij zegt dat ze zijn ingesteld op een toekomst die ze alleen intuïtief voor zich zien. Ik vond dat een bijzonder interessante waarneming en vond het een goede beschrijving van alle mensen uit dit deel van de cyclus die ik me kon bedenken. Jung heeft aan het eind van zijn leven zijn leedwezen en teleurstelling uitgesproken dat zijn werk niet breder verbreid was. Hij had het gevoel dat hij zich zijn hele leven aan werk gewijd had dat niet breed genoeg gewaardeerd was. Hij heeft inderdaad een leven geleid gewijd aan het gestalte geven aan een ideologische overtuiging in een definieve denkrichting en in een concrete ingesteldheid van de maatschappij. Die instelling blijft in onze Uranus–Neptunus in de Steenbok tijd maar afkalven en zich vernieuwen.

> *— Op Margareth Thatcher past dit beeld zonder meer. Maar ik ken Clinton niet goed genoeg.*

Darby: Niemand van ons, omdat hij nu nog te jong is. Dit type mensen gééft zich voor iets dat pas volledig beseft wordt als ze het veld allang hebben geruimd. Rudhyar zegt dat deze mensen in het algemeen over humor en ironie beschikken die ze in dienst van hun Zaak stellen – of ze kunnen helemaal geen kritiek velen. Misschien is dat wel allebei te gelijk het geval. 'Zowel–als' is naar mijn mening doorgaans beter van toepassing dan 'óf–óf' als je het over mensen hebt.

Toen ik merkte dat ik me van nature aangetrokken voel tot mensen die met humor en ironie tegen hun eigen Zaak kunnen aankijken, ontdekte ik dat ik een boel vrienden heb die in deze fase zijn geboren. Wat ik aan deze mensen merk is dat ze steeds opnieuw worstelen met hun gevoel iets *absoluut* te willen weten, en het te moeten loslaten willen ze het verwerkelijkt zien. Ze weten iets en willen dat vasthouden, maar als ze het vasthouden kunnen ze niet leven op een manier waarop ze het gestalte kunnen geven. Dat is een heet hangijzer voor het ingaande vierkant. Dus het uitgaande vierkant worstelt echt om iets op te bouwen, een nieuwe structuur waarin het licht van de komende Volle Maan kan worden gevangen, zou je kunnen zeggen, en het ingaande vierkant worstelt echt om zijn gevoel van bezetenheid over de openbaring los te laten. Zaden kunnen slechts in het donker ontkiemen.

> — *Dat heb ík, en ik worstel, worstel, worstel, maar op een gegeven moment geef ik het op en zeg: „Oké, ik geeft het op. Ik kan het niet." Heb ik het eenmaal opgegeven dan lijkt het een eigen leven te gaan leiden. Dat gebeurde me onlangs weer. Ik heb de Zon in Maagd in negen, vierkant de Maan in Tweelingen in zeven. Ik heb verschrikkelijke problemen gehad met degeen die me geld had geleend voor mijn zaak – hij had een soort stille partner moeten zijn, maar stil was hij allesbehalve. Begin dit jaar besloot ik de zaak op te geven – gewoon de brui er aan te geven – te verkopen en hem zijn geld terug te geven. Het was even hard tegen hard, en er werd een beslissing genomen. En toen werd hij verliefd en verhuisde naar Denemarken, en ik kreeg kort na elkaar twee grote opdrachten, en toen was ik er. Na twee jaar pogen lijken we eindelijk vaste grond onder de voeten te hebben.*

Darby: Dat is een heel praktische uiting van deze fase. Bedankt, Virgo! Spreekt het ook nog op andere manieren?

> — *Weet ik niet. Ja, tóch. Iedere vriendin die ik ooit heb gehad moest me behandelen volgens m'n heersende opvatting ten aanzien van relaties. Ik ben nu getrouwd, en mijn vrouw draagt het gewicht van mijn idealen over relaties. Zij is nuchterder dan ik. Ik wed dat ik in de problemen kom als ik het ideaal tot werkelijkheid probeer te maken, maar ik móet wel. En vervolgens moet ik het weer opgeven. Ik voel de kracht ervan. Ik weet dat ik gelijk heb, maar ik weet dat ik dat gelijk moet prijsgeven.*

Darby: En de moeilijkheid zal zijn dat je het niet kunt opgeven totdat je het echt opgeeft. Met het duister van de Maan in het verschiet moet je vechten, misschien vanuit een onbewust weten, om in het licht van je eigen visie te blijven.

— *Ja – ik heb geprobeerd filosofisch te worden voordat ik het voel, maar dat werkt niet.*

Darby: Jacob en de engel.

— *Hoe?*

Darby: Ik moest denken aan iets dat een van de sangoma's eens zei – de stamgenezers, de heksendokters waarmee ik in Afrika heb gewerkt. Ze vertelde me over de roep van de geest en hoe volkomen je daaraan moet toegeven of je sterft. Maar u moet dat ook uit alle macht bevechten. Toegeven vóórdat je echt verslagen bent maakt je zwak – of betekent voor de Geesten dat je zwak bent. Helemaal niet toegeven doodt je. Vechten tot het bittere eind en dan loslaten brengt je naar het punt van transformatie – de zegening. Jacob vocht de hele nacht met een demon, en in de ochtend zag hij dat het een engel was die nu weg wilde. En hij zei tegen die engel: „Ik laat je pas gaan als je me hebt gezegend." En eenmaal gezegend kon hij zijn ladder naar de hemel beklimmen.

## Zaaiende Maan: het zaaimaanstype

Mensen geboren met een afnemende Maan op minder dan 45° van de Zon vallen in deze groep. Ze worden geboren vanaf drieënhalve dag voor de conjunctie van Zon en Maan. Rudhyar is over deze fase weer heel poëtisch. Hij zegt dat mensen geboren in deze fase profetisch zijn. Ze voelen zich het eindproduct van een verleden, en toch staan zij met hun gezicht naar de toekomst gewend. Ze hebben een gevoel voor lotsbestemming. Hij zegt dat het leven voor hun gevoel een heiligdom of een 'veld' is waar iets gedaan moet worden of gedaan wordt. Dikwijls zijn ze bereid om daarvoor opgeofferd te worden, waarbij hun eigen leven minder belangrijk is dan dat wat via hen gedaan kan worden – het verleden verdervoeren naar de toekomst, naar de nieuwe kiemtijd.

Dit is de periode waarin de hele cyclus zich in de kiem terugtrekt. Het is het zaad voor het volgende deel van de cyclus – het idee van de volgende conjunctie wordt geboren in de duisternis hiervan. Relaties lijken „het einde van een proces en het middel om een transcendent doel te bereiken" te zijn. Ik denk dat Karl Marx hier een goed voorbeeld van is. En in poëtischer opzicht Bob Dylan, met zijn Zaaiende Maan in de Stier vlak achter zijn Zon in de Tweelingen. Ik blijk op het moment een boel mensen te kennen die in deze fase zijn geboren. Die zeggen vast niet allemaal dat ze bereidwillige relikwieën zijn! Maar elk van hen heeft een sterk gevoel voor het verleden zoals het doorsmeult tot het opgaat in de vlammen van de toekomst. Als de Maan weer conjunct komt zal dat in een nieuw teken zijn. Er komt een nieuwe impuls en een nieuwe kiem, dus gloort er een nieuwe verwachting in hen. Maar ze zijn geboren in het allerlaatste stuk van de cyclus, en daarom is er ook dat type vissenachtige vermoeidheid dat gepaard gaat met het verlangen om weer in te keren.

— *Een symbolisch 12e huis – je zou door de hele cyclus kunnen gaan met een boek over de symbolische huisposities die het lijkt te vertegenwoordigen.*

Darby: Precies.

— *Prins Charles staat symbool voor het 6e huis als het ware. Hij is kritisch en onderscheidend. En dat wordt ondersteund door zijn Saturnus in de Maagd.*

Darby: Ja. Het is overtuigender als het ene aspect van de horoscoop een ander ondersteunt, nietwaar? Maar om terug te keren naar onze Zaaiende Maan: hier worden de laatste impulsen, geactiveerd bij de voorgaande Nieuwe Maan, voortgedragen. Degenen die in deze periode van de cyclus worden geboren voelen het gewicht van de hele geschiedenis waar de cyclus van verhaalt. Ze voelen het gewicht van het verleden, maar ook de drang om hun last over te dragen – is dat misschien een te zwaar woord? – om die over te dragen, om het nieuwe koninkrijk te bevruchten. Deze mensen voelen vaak iets onpersoonlijks in zich. Er worden relaties gekozen die de voltooiing van een emotioneel proces bevorderen dat dikwijls generaties ver terugreikt, maar die ook de mogelijkheid van een levend spiritueel doel weerspiegelen. Er zit enige drang achter, en relaties zijn gebaseerd op het gevoel dat er iets belangrijks moet worden bereikt, koste wat dat hun persoonlijk kost. Dat kan als een grote last voelen.

Ik heb een heel goeie vriend met een dergelijke Maan, en hij heeft het heel vaak over het gevoel dat het verleden, de geschiedenis, zwaar op hem rust. Hij is telg uit een geslacht met een lange lijn van mensen in openbare dienst, op voorname posities, en hij voelt de zwaarte van de familiegeschiedenis van publieke dienstbaarheid. Hij heeft de familietraditie niet gevolgd, en toch is hij er absoluut zeker van dat hij een taak heeft en dat die taak te maken heeft met iets uit het verleden dat moet worden opgelost om de toekomst te bevrijden. Hij leeft dit op allerlei manieren uit in zijn dagelijks leven. Het is vaak erg mistig, versluierd, verward, maar het idee 'dat er iets moet worden overgegeven' is inderdaad erg sterk. Hij heeft Mercurius conjunct Neptunus in het 9e huis, driehoek Uranus conjunct Mars in het 5e huis, dus je kunt zien hoe de ene dimensie van de horoscoop de andere ondersteunt.

En dat herinnert me er aan dat ik u op iets moet wijzen: we kijken hier naar verschillende dimensies. De Zon–Maan cyclus brengt één dimensie tot uitdrukking, de geboortehoroscoop een andere, de secundaire horoscoop weer een andere, evenals de midpunten. Er zijn zo vele manieren waarop we betekenisvolle patronen kunnen ontdekken. Sommigen van u zullen ontdekken dat ze tot de ene dimensie makkelijker toegang hebben dan tot de andere. Of dat ze van de ene naar de andere kunnen en de weerspiegeling van de ene in de andere kunnen zien. Het is heel belangrijk om er achter te komen wat bij ú werkt, en daar trouw aan te blijven. De meesten van ons moeten verschillende systemen en methoden uitproberen; we moeten zoveel manieren onderzoeken als we kunnen. Maar uiteindelijk merk je dat bepaalde dingen je meer aanspreken dan andere.

Om met deze cyclus vertrouwd te raken is het waarschijnlijk een goed idee om hem een jaar of wat te volgen. Je kunt bij elke Nieuwe Maan beginnen, maar het loont de moeite om vooral aandacht te besteden aan de Nieuwe Maan in de Ram, die ieder jaar het begin van de cyclus inluidt. Denk aan de positie en de omstandigheden van de heerser van de Zon bij elke Nieuwe Maan. En kijk dan gewoon wat er gebeurt.

Zeven dagen later gaat de Maan vierkant de Zon, en veertien dagen later oppositie de Zon, en weer zeven dagen later opnieuw vierkant de Zon, en daarna komt ze terug bij de Zon, maar dan in de Stier, want daar staat de Zon dan. Dan herhaalt de Zon–Maan dans zich in de Tweelingen, vervolgens in de Kreeft, en zo het hele jaar door. Door het nauwkeurig gade te slaan, met je lichaam, je geest, je gevoelens en je fantasie wordt het deel van je waarneming. Je begint te zien dat het verband tussen je Zon en Maan slechts een moment is in die cyclus. Je bent deel van iets veel groters. In dat grotere spel heb je een rol die je speelt. Je bent één van de dansers, maar de dans was al lang aan de gang toen jij de dansvloer betrad en zal ook voortgaan lang nadat jij hem hebt verlaten. Je hebt deel aan een gewijde dans van Zon, Maan en Aarde.

Deze cyclus gadeslaan is één van de manieren om een betere verhouding tot het leven op te bouwen waarin je niet voortdurend wordt ingehaald door wat je op dit moment krijgt ten opzichte van wat je had gewild. Leren luisteren naar de cyclus is een manier om oog te krijgen voor de ontplooiing van het leven zelf op deze planeet. Vanzelfsprekend vindt die ontplooiing ook voortdurend via jou plaats. Je kunt dat volgen door je horoscoop heen. Iedere Nieuwe Maan vindt plaats in het volgende huis van je horoscoop, en zo kun je de cyclus ook door je leven heen aan het werk zien. Soms valt de Nieuwe Maan op een planeet van jou, en je kunt je de ontkieming voorstellen die jouw leven beroert. Je begint te zien hoe het kiemidee met zijn boodschap zich in de tijd ontvouwt. En het te voelen in de wateren, aan de aarde, in de lucht en in het vuur van jezelf. Volg die cyclus een tijdje en voel de ritmen tussen de twee lichten tot deze dimensie van de hemel deel wordt van je innerlijke kennis van de schoonheid die onze kunst bezit.

Volg die cyclus een tijdje en voel de ritmen tussen de twee lichten. De Maan, die het licht van de Zon op haar karakteristieke wijze naar de Aarde weerkaatst, vertelt het verhaal van de individuele ziel die zich door haar bezigheden van dag tot dag beweegt. We maken allemaal onze dagelijkse ronde door onze bezigheden, maar ieder van ons heeft een beeld dat licht brengt in zijn hart, ongeacht hoe ver wij dat beeld bij tijden bijster zijn. Ieder van ons speelt een rol in de tijd. Die rol in de tijd weerspiegelt het licht van dat wat voor óns eeuwig is.

# 8.
# De secundaire Maan met de geboorte-Maan

We gaan nu kijken naar de secundaire Maan-cyclus – de Maan die in progressie wegloopt van haar radixplaats, rondgaat door de horoscoop en aspecten maakt met de geboorte-Maan, totdat ze rond ons achtentwintigste jaar terugkeert op haar eigen plaats. Op haar weg door de horoscoop zal ze elke planeet in de horoscoop beroeren. Ze doorloopt elk huis. En als ze is teruggekeerd op haar eigen plaats begint ze opnieuw aan een ronde. En als je sterk en fortuinlijk genoeg bent om een hoge leeftijd te bereiken, zal ze die cyclus nog eens overdoen. De meesten van ons zullen dus twee cycli en een deel van de derde in hun leven meemaken, en sommigen drie en wellicht een stuk van de vierde cyclus van de secundaire Maan.

Laten we beginnen ons geheugen even op te frissen. De geboorte-Maan beschrijft de poort van het leven in de stof waardoor we binnen moeten komen in het leven op deze planeet. Tot dusver heeft niemand een andere manier ontdekt om op deze uiterst kleurige kleine planeet te komen die cirkelt om zijn eigen middelgrote ster. Om hier een poosje door te brengen moet je, voor zover we weten, binnenkomen via een vrouwenlichaam. En dat vrouwenlichaam bevat sporen van iedere gebeurtenis die heeft plaatsgevonden sinds het allereerste begin van wat het ook is dat toen begon. Op een ander vlak heeft het de sporen in zich van ieder gevoel dat ooit gevoeld is sinds het begin. Alles uit het verleden bevindt zich in dat lichaam – waaronder dat wat stamt uit de voorouderlijke lijn van de vrouw die jou heeft gebaard, en dat wat voortkwam uit het zaad van de man die haar heeft bevrucht en die je natuurlijke vader is. Maar boven dat alles uit heeft je moeder sporen in zich van alles, teruggaand tot de geboorte van het universum.

Het verleden zoals jouw moeder dat in zich heeft opgenomen zal worden gekanaliseerd door de uitdrukkingswijze van het astrologische teken dat de Maan doorliep toen jij geboren werd. Het teken beschrijft welk van de twaalf grote archetypen al die ervaringen zal uitdrukken en afbakenen. Je emotionele aard, opgebouwd op de emotionele geschiedenis van je voorouderschap, zal versterkt worden door de relatie die zich ontwikkelt met je moeder zodra je geboren bent. Voor astrologen wordt die verder bepaald door de plaatsing en de aspecten van je Maan. Alles uit de diepte van het verleden dat je Maan in zich heeft zal pas door je lijfelijke moeder worden geactiveerd. Zij zal de aardse bron zijn waaruit je voortkomt en zij zal het scherm zijn waar je je gevoelens op projecteert totdat je onafhankelijk genoeg van haar wordt om ze op iemand anders te projecteren! Dat proces van gevoelens op anderen projecteren en ze daarin weerspiegeld te zien, vervormd of anderszins, is een van de poorten waardoor we onze weg kunnen vinden naar waarachtig relateren aan onszelf, anderen en het leven – ofschoon het lange tijd een hal met spiegels kan lijken.

De Maan beschrijft onze instinctieve reacties die door lange levens heen ontwikkeld zijn en zich opgezameld hebben in onze voorouders. We nemen ze op uit de bodem waaruit we groeien – onze moeders, onze bron. Hebben we haar lichaam eenmaal verlaten dan worden ze naar buiten gebracht, geactiveerd door de omstandigheden van onze jeugd. Weerspiegeld door de Maan worden die dingen versterkt door onze omgeving; voor de meesten van ons staat onze natuurlijke moeder in het middelpunt van die omgeving. Voor sommigen is dat echter niet zo. Op astrologisch niveau draait de Maan aan de hemel, en daardoor aan onze innerlijke hemel, voortdurend rond en brengt de plaatsing van de Maan en de aspectering voortdurend naar de oppervlakte. Iedere dag worden de plaatsing en de aspecten van de Maan bekrachtigd door innerlijke en uiterlijke omstandigheden. We raken steeds dieper in het leven. En de astrologische dimensie weerspiegelt de fysieke. De fysieke dimensie weerspiegelt de astrologische.

Dus aan de ene kant groeien onze geschiedenis en de omstandigheden rond het prille gevoed en gekoesterd worden in het leven uit tot gewoontepatronen die ons ons hele leven door terugwerpen op onze bron, en daardoor op onze reacties als kind. Maar aan de andere kant bewegen wij ons van onze geboorte af aan weg van die bron. Dát deel van het verhaal vertelt de secundaire Maan. In dat symbolische vlak verwijdert de secundaire Maan zich maand na maand, graad voor graad, van haar geboorteplaats. Het leven, zoals dat tot uitdrukking komt door de cyclus van de secundaire Maan, voert je van de bron af en naar andere bronnen des levens toe.

Elk volgend teken en huis dat ze binnengaat symboliseert nieuwe ervaringen en nieuwe mensen. Iedere nieuwe ervaring haalt ons instinctieve reactiepatroon naar boven, maar iedere ervaring biedt ook nieuw leven. Dus er is sprake van een zekere paradox. De manier waarop je relateert is 'geconditioneerd en onvrij' – afhankelijk van invloeden die deel uitmaken van je onbewuste leven. En toch is jouw wijze van relateren de enige weg om je werkelijke relatie met het leven te vinden. Aan de ene kant wordt je bronervaring voortdurend bekrachtigd, maar te gelijker tijd verwijder je je van die bron, op weg naar een bestaan dat andere mensen omsluit.

— *En met andere mensen bestaat er altijd de mogelijkheid van liefde...*

— *Of tenminste een zekere relatie.*

Darby: En die ervaringen zijn archetypisch en universeel, en aldus verbind je je met je algemeen menselijkheid, hetgeen je doet inkeren tot een diepere bron die deels in het tijdelijke en deels in het eeuwige ligt.

Terwijl de gebeurtenissen zich in ons leven ontvouwen worden we voortgestuwd. Maar dat voorwaarts is geen rechte lijn – het is een draaiende lijn, misschien een spiraal. Het is een voorwaarts dat ons altijd terugbrengt bij het verleden terwijl het ons naar de toekomst voert. Als je wilt kan het je meenemen dieper dat verleden in, tot voorbij je prille conditionering, naar 'n bron dieper dan het geheugen.

De bekende gevoelens die op ieder keerpunt, bij iedere crisis in je opkomen zijn gevoelens die je tot voorbij je eigen ervaring kunnen brengen. Die gevoelens, die psychisch verbonden zijn met je moeder, vormen de toegang tot de diepe wateren die je terugvoeren naar de diepste bron van je leven. Die gevoelens die voortkomen uit het verleden van je voorouders zijn de rivier waarover je naar hun bron kan reizen. Die bron is zowel tijdelijk als eeuwig. Door het ontwikkelen van de gewoonte om te bespiegelen op het tijdelijke en het eeuwige bereiken we, en worden we gevoed door, de wateren van het leven dat onder ons eigen leven door en door ons eigen leven stromen. Dat is de ware voeding van onze ziel. Het is het hart van alles wat we zoeken als we naar liefde reiken, en het ligt verscholen in iedere ontmoeting, onverschillig hoe vervormd die tot uitdrukking komt. De secundaire Maan vertelt het verhaal van onze emotionele reis door het leven en toont ons ook de toegangen tot de ondergrondse en de onderwatergrotten die in verbinding staan met de universele grond, de universele wateren. Dat zijn momenten waarop de deuren tot deze diepten zich als van nature openen.

We zullen de secundaire Maan nu gaan volgen en zoeken naar zulke momenten: als het heden het verleden en de toekomst samentrekt, als het heden het verleden op zodanige wijze constelleert dat je je toekomst bevrijdt. Kunt u me tot zover volgen?

— *Voor altijd bevrijdt?*

Darby: Nee, dat niet. Niet noodzakelijk. Het type bevrijding waar ik het over heb moet keer op keer opnieuw bevochten worden. Hoe vaak raken we niet in een emotionele toestand die volledig vertrouwd is, in omstandigheden die nieuw zijn? Omdat we ons daar psychisch wel van bewust zijn zien we in zulke omstandigheden een spoor van het verleden dat dat emotionele patroon activeert, maar we zijn nog steeds verstrikt in het patroon zelf en kunnen nog geen verband leggen met de aspecten die er nieuw aan zijn– we blijven nog hangen in het aspect dat de emotie activeerde. Ik sla de secundaire Maan al sinds 1969 gade en ik heb gemerkt dat bij elke hoek – vierkant, oppositie, opnieuw vierkant en teruggekeerd op haar eigen plaats – de periode waarin die hoek wordt gemaakt samenvalt met relatie-ervaringen waarbij je een hoek om gaat en in een nieuw stadium van innerlijke ontplooiing komt. Het is subtieler dan een hoek om gaan – we kunnen hier enkel over cirkels praten! Door op zulke momenten te letten kun je voortgaan op weg naar het onbekende, waar het oneindig mogelijke ligt; je hoeft dan niet domweg het onbewuste achterna te leven en steeds weer in het zelfde patroon te vervallen.

Natuurlijk zul je best wel weer in dat patroon vervallen – het is niet m'n bedoeling u te misleiden. De Maan betékent herhaling en voortdurende terugkeer. Maar wanneer deze hoeken voorkomen – tussen de secundaire en de radix-Maan – dan vormen de omstandigheden en de mensen een poort. Bij deze poort is er sprake van een terugval op het verleden door herhaling van het emotionele patroon diep in je, en te gelijker tijd is er iets onbekends dat aan je trekt: het nieuwe element in de situatie dat spreekt van het oneindig mogelijke. Als je daar zorgvuldig naar luistert kun je het je veroorloven om een nieuw stukje terrein van je natuurlijke relatiepatroon te ontginnen, maar je kunt het ook tot een gewoonte maken om zulke aanslagen op je gemoed tijdig op te merken. Je Maan en haar plaatsing en aspectering weerspiegelen altijd je conditionering door je verleden. Iedere ervaring die enige emotionele inhoud heeft constelleert dienovereenkomstige problemen. En toch beroert iedere emotionele ervaring de snaar die je terugvoert naar je bron, vanwaar je rechtstreeks bij de bron van je zijn kunt komen. Op die manier kruisen het tijdelijke en het eeuwige elkaar. Wij kijken hoe de Maan naar ons kijkt.

Op het verleden letten door je eigen gedragspatronen te herkennen, terwijl je de nieuwe vorm opmerkt die zich aandient via de huidige omstandigheden en mensen, voert je binnen in het onbekende, waar nieuwe vormen van vrijheid en verantwoordelijkheid liggen.

Soms wíllen we onbekende toekomst niet binnen. Vrijdag had ik een cliënt. Die komt ieder jaar bij me voor een blik op de volgende twaalf maanden. In de loop van ons gesprek zei hij: „Binnenkort weer een jaarvergadering – die zijn zó saai, altijd precies het zelfde." Omdat ik al met deze studiewerkgroep in mijn hoofd zat zei ik: „Maar dat is helemaal niet zo. De planeten staan altijd in andere verhoudingen tot elkaar en je staat altijd weer in een andere verhouding tot jezelf en andere mensen. Niets is ooit het zelfde." Hij toonde niet al te veel belangstelling om op die lijn door te gaan, dus liet ik het er maar bij. Hij is een man die voor zichzelf beslist heeft wat hij van het leven wil, en in die rol volhardt hij. En de gedachte dat het oneindig mogelijke, het onverwachte en het mysterieuze zich dikwijls langs de randen van het voorspelbare en het bekende ophouden, kan hem in geen enkel opzicht boeien.

Later tijdens een diner met vrienden roerde ik het weer aan. We bespraken hoe makkelijk het is om als we ouder worden de eenderheid van dingen en mensen op te merken, in plaats van de verschillen, de nieuwheid – en hoe in feite de meeste nieuwe dingen met grotere argwaan worden begroet naarmate we ouder worden. We lieten onze gedachten gaan over de planeten, die altijd in beweging zijn in altijd wisselende relaties tot elkaar, en hoe hun constante, veranderende, zich altijd herhalende cycli het zelfde verhaal in de natuur weerspiegelen, en hoe wij daarin deel zijn van de natuur. Er is sprake van een eindeloos terugkerende eenderheid binnen een zich eindeloos ontvouwende nooiteerderheid.

In de tweede en derde cyclus van de secundaire Maan krijgen we de kans om het gebied van ons eigen emotionele leven en ons zieleleven te leren sturen. Na de Maan-terugkeer, vlak voor ons achtentwintigste, begint de secundaire Maan opnieuw aan haar reis. Maar ook de andere planeten zijn voortgeschreden en de transiterende en secundaire planeten maken steeds nieuwe aspecten. Tijdens de eerste achtentwintig jaar valt elke beweging van de secundaire Maan samen met het openleggen van nieuw terrein voor jou. Als ze de tweede keer rondgaat raakt ze elk punt opnieuw, en daardoor word je teruggebracht naar het verleden door ervaringen in het heden. Maar je wordt naar het verleden teruggebracht door optredende emotionele situaties, en als je daar aandacht aan besteedt kun je het heden tot diep in zijn wortels beleven in plaats van het zelfde emotionele patroon keer op keer te herhalen.

— *Bedoelt u dat er steeds de zelfde dingen gebeuren?*

Darby: In zekere zin bedoel ik dat. Laat ik mezelf even nemen om uit te leggen wat ik bedoel. Mijn secundaire Maan staat in de Ram…

— *Aha! Dáárom wilt u uzelf zo graag als voorbeeld nemen.*

Darby: Ja, ik heb even geaarzeld, maar ik kan er geen weerstand aan bieden. Toen mijn Maan de Ram binnenkwam, aan het begin van dit jaar, dook ik in mijn efemeride om te zien wanneer ze daar eerder had gestaan. Ik wist natuurlijk dat het iets minder dan achtentwintig jaar geleden moest zijn geweest, maar ik wilde de precieze periode. Een paar maanden ben ik bezig geweest om me die tijd weer voor de geest te halen, wat voor problemen ik me in die jaren op de hals haalde! En ik herinnerde me ook weer waar ik allemaal naar op zoek was, en de opwinding en de nieuwigheid van de dingen. Ik keek naar de transits die ik gedurende die tweeënhalf jaar over me heen heb gehad en bespiegelde het type gebeurtenissen dat daarmee samenviel. Ik stuit voortdurend op emotionele dingen die herinneringen aan die eerdere Maan in Ram activeren. Mijn emotionele reacties zijn nog vrij eender, maar deze keer heb ik zeer zeker meer keus in mijn reacties op die gevoelens van binnen.

Ik heb ook gekeken naar de vorige hoek tussen de secundaire Maan en de geboorte-Maan, die ongeveer twee jaar geleden werd gevormd. Ik zat met een ingaand vierkant, en ik ben nu onderweg naar de Maan-terugkeer over een aantal jaren. Ik herinner me dat ik in de maand van dat vierkant nog dacht dat er niets van belang scheen te gebeuren. Maar het maanrijk ligt zo dikwijls verborgen, en ik wist dat er iets voor de dag zou komen dat me een verhaal zou vertellen. Nu ik na twee jaar omkijk zie ik één ontmoeting tijdens één avond die maand waarbij het heden me met een ruk het verleden in slingerde. Ik herinner me nu nog hoe dat aankwam, maar toendertijd had ik het te druk met het ervaren ervan. Het verleden stond op door het heden. Ik zat daar in verwondering, maar had toen nog geen manier om het te uiten.

Die ervaring voelde universeel aan, en toch was de situatie heel eigen. Ik heb tegen iemand gezegd: „Ik heb het gevoel alsof ik buiten de tijd ben gezet." Maar ik moest er afstand van nemen om te zien in hoeverre het deel van een meeromvattend verhaal was. Het was een verhaal dat begon bij mijn Maan-terugkeer en bij het eerste vierkant een dramatische hoek om sloeg. Bij de oppositie ben ik de draad kwijt, maar ik was toen in psychotherapie, en dus moet het zich in die diepe leegte hebben uitgedrukt. Dat incident bracht me terug bij het verhaal van mijn Maan-terugkeer. Maar het is niet af. Ik blijf me afvragen wat er bij mijn tweede Maan-terugkeer gebeurt. Wordt het dan afgemaakt?

Nu ik op een derde van het teken en op een derde van de zevenjaarscyclus op weg naar mijn tweede Maan-terugkeer ben blijf ik hier en daar eens even stilstaan en merk deze of gene reactie op situaties op, en ga dan terug naar vroeger tijd om het me weer te herinneren.

Dat is wat ik bedoel met jezelf met je verleden in het heden brengen. Iedere emotionele relatie brengt je terug naar vroeger tijd, en geeft je de kans om weer bij jezelf te komen. Die bespiegeling heeft ergens het vermogen om je de vrijheid te geven om net dat stukje méér beschikbaar te zijn voor het heden, en daardoor voor de eeuwige dimensie die aan alle ervaring in het tijdelijke ten grondslag ligt.

Als we die bespiegelende kracht van onze zielen gebruiken om te letten op het onveranderlijke in het constant veranderende, en op het veranderlijke in het zich eindeloos herhalende, dan ontwikkelen we de capaciteit om voeding te ontlenen aan het leven, en het terug te geven, waar we ons ook bevinden.

— *Dat vergt nogal wat.*

Darby: We hebben misschien minder uiterlijke vrijheid dan we denken, en ook minder innerlijke vrijheid dan we denken. Maar als we daar al iets van hebben dan zetelt die in onze harten, en als ons hart dergelijke keuzen niet maakt, waarin ligt dan de mogelijkheid van welke echte vrijheid dan ook?

> — *Maar de meeste mensen, mezelf incluis, vinden het onveranderlijke in hun onvermogen om zichzelf of andere mensen te veranderen. Ik zie bij voorbeeld mijn dochter, die steeds maar weer het zelfde patroon blijft herhalen. Ze wordt verliefd op mannen die allemaal anders lijken te zijn, maar haar uiteindelijk toch steeds op de zelfde manier pijn doen. Ik zie wel in dat ze dat negatieve patroon van mij heeft geleerd. Ik heb het niet kunnen veranderen en nu herhaalt zij het. Dat is onveranderlijk – hoe kan zij, of ik, daar voeding aan ontlenen?*

Darby: Ik weet niet hoe ik zo'n vraag binnen de ruimte en tijd van deze studiewerkgroep kan beantwoorden. Ik kan zeker niet veel zeggen over uw dochter, die vermoedelijk jong is en haar eigen aard door relaties begint te leren kennen. Voor u ligt het anders, omdat u aan de tweede ronde van de secundaire Maan bezig bent. Tijd en ervaring hebben u de ruimte gegeven voor bespiegeling op een dieper niveau.

Ik weet dat degenen die hun innerlijk en uiterlijk leven met zorg en respect in de gaten houden en hun verlangens stúren in plaats van er door gedreven te worden gaandeweg steeds directer aan het leven leren relateren. En weet zeker dat zij dat doen door hun diepe vertrouwdheid met hun geboortepatroon, niet door te proberen er aan te ontsnappen. Het patroon dat er voor zorgt dat je steeds in de zelfde fouten vervalt is het zelfde patroon dat jouw poort naar het onveranderlijke vormt waaruit alle verandering voortkomt. Door zorg en aandacht wordt onze waarneming verfijnd. Door beschouwing brengen onze bespiegelingen ons steeds dieper in de aard van ons leven, dat het leven is.

Ik moet nu iets vertellen over de Saturnus-cyclus. Omdat de transits van Saturnus ruwweg de zelfde periodiciteit hebben als de secundaire Maan zijn ze onontkoombaar met elkaar verbonden. In de eerste achtentwintig jaar zijn ze heel nauw verbonden – het eerste vierkant van de secundaire Maan met haar eigen plaats kan samenvallen met het eerste vierkant van Saturnus met zichzelf. De eerste Maan-oppositie en die van Saturnus zullen niet lang na elkaar plaatsvinden, en dat geldt ook voor het laatste vierkant van beide. Variatie in de tijd tussen beide heeft vooral te maken met hoe snel de Maan bepaalde stukken van de cyclus doorloopt.

De Maan-terugkeer en de Saturnus-terugkeer vinden binnen twee jaar na elkaar plaats. Maar hoe ouder je wordt des te verder beide cycli op elkaar uitlopen, omdat de Maan-cyclus zevenentwintig en een half jaar en de Saturnus-cyclus negenentwintig en een half jaar duren. Rond de tijd van je tweede Maan-terugkeer liggen ze ongeveer vijf jaar uit elkaar. De Maan-terugkeer vindt het eerst plaats, en vier tot vijf jaar later de tweede Saturnus-terugkeer. En de derde terugkeren liggen tot en met zeven jaar uiteen.

Dat zegt ons dat onze emotionele ontwikkeling (Maan) en onze karakterontwikkeling (Saturnus) in onze jonge jaren nauw met elkaar verbonden zijn. De ontwikkeling van onze ziel (Maan) en de ontwikkeling van een gevoel van verantwoording aan onszelf en aan andere leden van onze gemeenschap (Saturnus) lopen in onze jeugd en vroege volwassenheid gelijk op. Maar hoe ouder we worden, hoe meer die twee gescheiden worden. De ontwikkeling van onze relatie met het leven, aan de natuur en aan andere mensen, maakt zich langzaam los van onze innerlijke wetgever (Saturnus).

De regels en verantwoordelijkheden waar we tijdens de eerste helft van ons leven voor worden gesteld en mee uit de voeten moeten leren kunnen zijn nauw verbonden met onze innerlijke ontplooiing, maar op rijpere en hoge leeftijd blijkt dat anders te zijn. We hebben natuurlijk nog steeds te maken met regels en wetten en beperkingen en grenzen. Veel uit Saturnus' rijk is dan al uitgedrukt in de vorm van krakende botten en minder lichaamsenergie. Maar die beperkingen plus de (h)erkenning van nieuwe stadia in die beperkingen, die nieuwe rituelen en vormen van discipline vereisen, lijken niet meer op de zelfde manier verbonden te zijn met de dimensie die door de secundaire Maan wordt vertegenwoordigd.

— *Wil dat zeggen dat de ziel langzaam vrij wordt van de tijd naarmate we ouder worden?*

Darby: Dat weet ik niet, op dit punt in mijn leven. Maar het is een hoogst interessante opmerking bij het universum, die het verdient dat we daar op letten naarmate we ouder en ouder worden. Degenen van ons die zichzelf en anderen blijven bekijken in het licht van de Maan–Saturnus polariteit zullen daar over pakweg dertig jaar een leuke boom over op kunnen zetten.

Bij de cyclus van Saturnus hebben we te maken met de wereld van de vorm. Bij de secundaire Maan hebben we te maken met de wereld van de inhoud. Ieder stadium in de Saturnus-cyclus heeft iets te vertellen over de structuur van een leven en de verantwoordelijkheid die we ons op de hals halen door de aard en de omvang van een structuur. Saturnus vertelt ons waar het werk ligt en welk type werk mogelijk tot meesterschap kan leiden. De Maan vertelt ons wie degene is die dat werk doet. Zij verschaft ons aanwijzingen over de emotionele aard van degene die dat bepaalde leven bewoont. Zij verschaft ons aanwijzingen over het zieleleven van die bewoner. En de secundaire Maan vertelt ons waaraan in het leven de ziel haar voeding ontleent. Saturnus geeft de vorm van het leven op elk punt aan en de secundaire Maan geeft aan wie die vorm bewoont. Ik zal me meer bij de Maan-cyclus houden, maar de lijnen van de Saturnus-cyclus zullen onvermijdelijk duidelijker worden naarmate we verder komen.

## Het eerste vierkant: een nestje bouwen

Het eerste vierkant van de secundaire Maan met je geboorte-Maan krijg je als je zo'n zes of zeven jaar oud bent. Je bent opgegroeid van zuigeling tot baby tot kind. Het valt samen met een fase waarin je emotionele en sociale ontwikkeling een nieuwe wending neemt. Je bent niet langer een baby of een peuter. Je bent nog niet volwassen, maar je voelt de drang naar onafhankelijkheid al sterk, terwijl je je thuis nog nodig hebt.

— *En dat valt rond de zelfde tijd als het eerste* Saturnus-*vierkant.*

— *En het halfsextiel van* Uranus.

Darby: Ja, en dat geeft ons dat vleugje vrijheid dat je rond die leeftijd begint te voelen, mits daar geen andere dingen tussenkomen. Weet u nog dat ik zei dat deze hoeken de mogelijkheid openen van nieuwe vrijheid en verantwoordelijkheid? We weten al dat de Saturnus-cyclus de secundaire Maan-cyclus op de voet volgt. Maar heeft u er ook bij stilgestaan dat de Uranus-cyclus er veelal ook mee verweven is, zij het met weer andere hoeken? We zullen daar op blijven letten.

Op deze leeftijd begint de maatschappij er van uit te gaan dat we een beetje meer vrijheid aankunnen. We worden niet langer als ukkies gezien. We worden geacht een gevoel te hebben wie we zijn in relatie tot andere kinderen. We zijn ons dikwijls gewaar wie onze ouders zijn in relatie tot andere ouders. We beginnen een bewust idee te krijgen wie tot onze stam behoort en wie niet. We weten bij wie we horen, en we beginnen iets te beseffen over sociale hiërarchieën. De grenzen van onze wereld zoals we die van onze ouders hebben geërfd beginnen duidelijk te worden. Zulke dingen behoren tot het terrein van Saturnus. Ze kunnen worden beschreven door de transit van Saturnus. Maar er gebeurt nog iets anders dat beter te begrijpen valt in het licht van de Maan.

De ontwikkeling, weerspiegeld door de secundaire Maan, heeft te maken met iets innerlijks en vaak heel subtiels. Het gaat om een verschuiving in het innerlijk leven en die heeft te maken met de bewustwording van jezelf als een deel van anderen, en toch alleen. In de baarmoeder en in de eerste maanden van het leven zijn we nog niet echt gescheiden van de eeuwigheid. We zijn nog natuur en reageren vanuit onze natuurlijke behoeften. Dag voor dag en maand voor maand en jaar voor jaar komen we verder in tijd en ruimte – we worden ons bewust van onze afgescheidenheid, van onze uniekheid. Innerlijk en uiterlijk afgescheiden. Als zuigeling zijn we één met de Wereldziel. We zijn dier, bloem, vis – ritmisch reagerend op innerlijke drijfveren. Rond ons zevende hebben we een stadium bereikt waarin we niet langer 'onbewust' zijn. We zijn groot genoeg om het onderscheid tussen onszelf en anderen te beseffen. We zijn afgesneden.

— *Dat klinkt als Saturnus.*

Darby: Ja, dat wordt weerspiegeld in het Saturnus-vierkant, maar het Maan-vierkant spreekt van de behoefte om weer samen te smelten met de natuur. We vinden een geheim stukje in onszelf, ons geheime nestje, en we voeden onszelf daar. We waren versmolten met onze behoeften, met onze moeder of het gezin die ons voedden, althans genoeg om in leven te blijven. Nu beginnen we zo over ons leven na te denken dat we op de behoefte stuiten om een plaats te bouwen waar eeuwigheid kan zetelen. Rond deze leeftijd zijn we het leven, voornamelijk óns leven, beginnen te bespiegelen, en we smeden daardoor een relatie met het leven. In plaats van alleen maar te leven begint het vermogen tot bespiegeling in ons op te bouwen. En die bespiegeling leidt tot het nemen van verantwoording, Saturnus, maar ook tot de ontwikkeling van onze ziel.

Alles bouwt zich op in de richting van onafhankelijkheid, maar we behoeven nog steeds ouderlijke zorg. Rond deze leeftijd is er sprake van een crisis, terug naar het verleden, voorwaarts naar de toekomst. Dat wordt weerspiegeld door ons innerlijk en uiterlijk leven. En omdat we ons verwijderen van onze besloten wereld wordt 'behoren tot' in deze periode heel belangrijk. We worden ons bewust van de stam. Omstreeks deze leeftijd beginnen we elkaar in Amerika „wat ben jij?" te vragen, en het antwoord is: „Ik ben Frans of Iers, Duits of Zweeds" of „Ik ben Iers katholiek" of „Ik ben geboren Amerikaan". En dan: „En wat ben *jij*?" We zijn nieuwsgierig naar elkaars wortels.

Rond het zevende jaar beginnen we te beseffen dat mensen ergens toe behoren, niet alleen tot een familie, maar ook tot een stam. In zekere zin identificeer je je dáármee, maar je verlangt er óók naar tot een stam van leeftijdgenootjes te horen. Je hoort ergens bij, bij een familie of een groep, of een persoon, maar je innerlijk zelf zoekt een nieuwe plaats om bij te horen. Sommigen van ons vinden dat niet bij andere kinderen, en dat geeft een gevoel van diepe eenzaamheid. Er mist iets.

— *Ik was in die tijd ziek en heb maanden van school thuis moeten blijven. Ik ontdekte boeken, en de mensen in mijn boeken werden mijn tweede familie.*

— *Die kwestie van wortels waar u het net over had – Amerika is een kreefteland. Dáárom weten we allemaal waar we vandaan komen.*

— *Dat is zo. Als ik het me wél herinner van die leeftijd in een steenbokland was het: „Stemmen je ouders Arbeiderspartij of Conservatief?", hetgeen betekende: „Uit welke klasse kom je?" Dat zei je wat.*

Darby: Zo jong?

— *Ja.*

— *„Wat doet je vader?"*

Darby: Ja, ik geloof dat Amerikaanse kinderen dat ook vragen. En dat dient allemaal om achter je stam te komen – om te ontdekken waar je bij hoort en waar anderen bij horen. Als je sterk uranisch bent zul je je natuurlijk gelukkiger voelen bij mensen van andere stammen. Als je neptunisch bent zul je mensen zoeken die jouw wijsje zingen, onverschillig hun maatschappelijke stam. En als Pluto zich krachtig roert tussen je persoonlijke planeten zul je je waarschijnlijk in iedere stam eenzaam voelen en trachten je ziel diep buiten de bekende bewoonde plaatsen te laten wortelen.

— *Ik ging pas naar school toen ik negen was. We moesten veel te vaak verhuizen. Wat ik me herinner is dat ik toen ik ongeveer zeven of acht was naar mijn moeder keek en ineens dacht: „Jij kunt mijn moeder niet zijn. Ik moet geadopteerd zijn." Maar ik was nog bang om me tegen haar te verzetten.*

Darby: O ja? Dat is interessant. Dat heb ik eerder van mensen gehoord als ze over die tijd praatten. Dat doet me er aan denken dat vierkanten van planeten-in-transit met hun eigen plaats altijd dat aantrekken–afstoten tussen verleden en toekomst kennen – de angst om het verleden, het bekende, ongeacht hoe onplezierig, los te laten tegenover de natuurlijke drang om naar de toekomst, het onbekende toe te groeien.
Dit is een tijd waarin zich een omhulling vormt, binnen je eigen psyche. Een deel van je, dat te voorschijn is gekomen uit het eeuwige Nu, vormt die omhulling om het deel van je te bewaren dat er naar verlangt terug te keren naar zijn eeuwige thuis, en toch meer en meer gelokt wordt door de dingen in de tijd en de ruimte. Die omhulling zowel als het omhulde worden gevormd gedurende de periode tussen het Maan-vierkant en het Saturn-vierkant. Afgesneden van de Wereldziel zoek je een thuis voor het stukje daarvan dat je eigen ziel is.

*— Dat samenvalt met de Eerste Communie in de katholieke kerk.*

*— Wat is Eerste Communie?*

Darby: Dat is wanneer de katholieke kerk het kind voor het eerst inwijdt in de kerk. Er is een periode van voorbereiding op de Eerste Communie – ik geloof een jaar toen ik klein was – en dan neem je deel aan een ritueel waar je de Communie ontvangt in de vorm van brood en wijn. Vanaf dat ogenblik maak je deel uit van de kerk en word je in staat geacht morele beslissingen te nemen. Vóór het eigenlijke ritueel doe je je eerste biecht – want je hebt nagedacht over je leven tot dusverre en je hebt alle zonden overdacht die je hebt begaan – zoals jokken tegen je ouders of onderwijzers, je onaardig gedragen, en zo. Dat brengt je het idee bij van goed en kwaad en geeft je de verantwoordelijkheid om morele keuzen te maken. Vóór dit ritueel word je geacht zulke keuzen nog niet te kunnen maken, en dus ben je nog niet tot zonde in staat. Daarna word je verantwoordelijk geacht, moreel verantwoordelijk.

*— Zo vroeg al? Dat is wel wat jong, niet?*

*— Ik denk niet dat van een kind verwacht kan worden dat het het zelfde*

*niveau van morele complexiteit kan bereiken als van een volwassene.* Dit *is pas het begin van je morele leven.*

— *Er is ook die uitspraak van de Jezuïeten: „Geef me een kind tot de leeftijd van zeven jaar, en het is mijn voor het leven."*

— *Wat eng. Zeggen ze dat echt?*

Darby: Het is één van die dingen die de ronde doen over de rooms-katholieke kerk. Maar het punt is dat die inwijding plaatsvindt rond het zevende levensjaar. Andere culturen hebben andere rituelen op die leeftijd, andere meerderjarigwordingsrituelen. Ik heb nog nooit gehoord van één dat eerder plaatsvond. Natuurlijk zijn er geboorterituelen, maar overgangsriten vinden doorgaans voor het eerst pas rond het zevende jaar plaats. De rooms-katholieke kerk is interessant omdat ze nog steeds haar oude rituelen in acht neemt en ze ernstig neemt. Maar zelfs als je niet deelneemt aan een geformaliseerd collectief meerderjarigwordingsritueel is er meestal toch iets van belang dat je je uit die tijd herinnert – iets dat een signaal vormt voor het feit van je eigen bestaan, je eigen sterfelijkheid.

— *Ik heb de* Maan *in* Waterman *in het* 6e *huis.* Het *eerste vierkant viel in de* Stier *in het* 9e *huis. Toen ik zes of zeven was nam mijn kinderjuf me voor het eerst mee op de motorfiets van haar vriend.* Dat *was ontzettend opwindend. Ik voelde me zo groot.* En *ook verhuisde mijn beste vriend naar een andere stad, en ik heb hem een poos heel erg gemist.* Maar *meer ter zake: een vriend en ik zetten een kerk op in de garage en ik nam de rol van predikant op me en gaf preken voor de andere kinderen uit de buurt!*

Darby: 'n Prachtige uitdrukking van het 9e huis. Luisterden ze?

— *Ik ben een* Zon *in* Tweelingen *in het* 10e *huis. Ze luisterden! Ja, een poosje, tot we er allemaal genoeg van kregen.* Maar *in die periode besloot ik predikant wilde worden, maar iemand wees me er op dat meisjes geen predikant kunnen worden. Ik had er goed de smoor in!* Na *een tijdje raakte ik geïnteresseerd in iets anders – metselen, om precies te zijn.*

Darby: Lekker stierig. Voor vandaag had u beter echt predikant of metselaar kunnen worden. Dat is een mooi voorbeeld van deze fase.

— *In welk opzicht lijkt de tweede rondgang op de eerste?*

Darby: Laat ik eerst de eerste ronde afmaken en dan zal ik wat zeggen over de tweede rondgang. De eerste vormt de basis voor de beleving van de andere twee, en het is dus belangrijk die te begrijpen.

## De eerste oppositie: verliefd

In voor-industriële gemeenschappen is dit een ander belangrijk inwijdingspunt. Dat gebeurt tussen dertien en vijftien jaar oud. En ook hier valt de Saturnus-oppositie binnen een jaar of twee. Uranus is ook niet ver, in de vorm van een sextiel met zijn eigen plek. De seksuele ontwikkeling van mensen op deze leeftijd wordt heel serieus genomen en er worden rituelen uitgevoerd die de stam behoeden voor uiteenvallen, met al die seksuele energie die de vrije teugel krijgt. Er worden puberteitsriten voltrokken en er beginnen huwelijken plaats te vinden. Onze maatschappij heeft ook haar riten, maar die zijn minder geformaliseerd. Of misschien worden ze niet zo duidelijk begrepen. En huwelijken vinden maar heel weinig plaats.

Toch is er een dans aan de gang. Op deze leeftijd zijn kinderen niet langer kinderen. Onze maatschappij weet niet meer hoe ze deze tijd tussen jeugd en volwassenheid moet erkennen, en het is voor veel mensen een kommervolle tijd geworden. Dat heeft in hoge mate te maken met het feit dat we zo lang in opleiding blijven en eindeloos op stoelen moeten zitten in onze chemisch energierijkste jaren! Onze hormonen jakkeren zo in het rond dat het ons voortdurend duizelt, terwijl de maatschappij ons probeert af te koelen door onze hoofden vol met informatie te proppen. Vanuit het oogpunt van Saturnus, de oppositie met zichzelf, komen we in conflict met de regels en wetten, met wat moet en wat hoort in de samenleving, in de gedaante van ouders en leraren en andere gezagsdragers. Velen van ons ontwikkelen een opstandige houding tegenover alle vormen van gezag en traditie. Sommigen van ons weten het in deze periode heel aardig te rooien, maar dat komt meestal doordat we ons leren verbergen voor onze ouders, en soms zelfs voor onszelf. De overigen worstelen met zichzelf en het systeem. „Ik herken m'n eigen kind niet meer."

Dat is de essentie van de Maan-oppositie. Bij de geboorte waren we nog versmolten met onze moeder en deelden we lichaam en ziel. Tegen de leeftijd van zeven hebben we ons enigszins van haar verwijderd, maar zijn we nog te dicht bij haar. We beginnen voeding te vinden in onze omgeving, in onszelf, van onze eigen innerlijke of uiterlijke stam die bestaat uit degenen die onze belangen delen. Rond de leeftijd van veertien hebben we de behoefte om zo ver mogelijk uit haar buurt te komen. Op ons veertiende zoeken we voeding voor ons nieuwe opkomende zelf. We gaan op zoek naar onze ziel in anderen. We zijn verlangend onze ziel de buitenwereld in te gooien om te worden opgevangen door iemand die ons zo zal weerspiegelen dat we ons weer compleet voelen. Onze hormonen drijven ons ons lichaam uit en we zoeken naar een thuis in iemand anders.

> *— Tijdens mijn* Maan-*oppositie werd ik vanwege gezinsomstandigheden weggestuurd naar een school.* Mijn *moeder wilde dat niet en ik evenmin, maar nood brak wet. Ik heb de* Maan *in* Steenbok *in negen, oppositie* Uranus *in* Kreeft, *beide vierkant* Neptunus. *Ik ben ongeveer tweeenhalfjaar verschrikkelijk ongelukkig geweest, en toen kreeg ik een vriend en werden de dingen beter.*

Darby: In uw geval was het niet úw keus om weg te gaan. Toch gebeurde het. Het was tijd voor u om afscheid te nemen, en u had het misschien uit zichzelf gedaan als het lot, aangegeven door de buitenplaneten met uw Maan, daar niet tussen was gekomen. Als het lot toeslaat is het moeilijk te achterhalen wat onze werkelijke gevoelens zijn. Ze worden overmand door het gevoel van noodlottigheid. Maar u brengt me op iets. Maar het is niet alleen seksueel verlangen dat in deze tijd de klok slaat. Het is het verlangen van de ziel om weerspiegeling te vinden in dat wat de ander is. Het is het verlangen naar communicatie met anderen – om jezelf weerspiegeld te zien in een ander die het spiegelbeeld weerkaatst tot in de diepten van jezelf.

Alles voelt gedurende deze jaren zo intens aan. We zijn verloren voor onszelf omdat het tijd is om onzelf buiten onszelf te vinden.

We dromen. We stellen ons voor dat we zullen worden herkend door een ander die ons terug zal voeren naar onszelf. We zoeken onszelf in iedereen om ons heen, en door onze relaties ontdekken we onszelf. We worden verliefd, en storten er hals-over-kop weer uit. We worden gekwetst en teleurgesteld, we verraden en worden verraden door anderen. We worden tot gemeenschap gedreven en onze emotionele patronen worden tegen elkaar uitgespeeld.

Misschien is dit de eerste keer in de natuurlijke orde der dingen dat we de kans hebben om onszelf te zien zoals anderen ons zien. In de zeven jaar van deze fase ontdekken we dingen over onszelf die ons plezier doen en we ontdekken dingen over onszelf die ons pijn doen. Door onze intense emotionele ervaringen worden gevormd en omgevormd. Sommigen van ons verliezen hun vorm door te trachten bij anderen in de smaak te vallen. En sommigen trekken zich terug in zichzelf omdat ze niet een ander kunnen vinden die hun innerlijke zelf terugspiegelt. We houden ons schuil, zodat anderen ons geen pijn kunnen doen, ons niet kunnen vinden. Het is vaak een tijd waarin kunst en muziek echt voor ons tot leven komen.

*— Ja, dat is wat mij overkwam in de eenzame tijd voor ik een vriendje kreeg. Ik begon te schilderen en fluit te spelen, en ik ben er nooit meer mee opgehouden, behalve een paar keer kort bij de geboorte van mijn kinderen.*

Darby: Dus u u hebt zich er voor het leven mee verbonden. Ik denk dat dat ongewoon is. De meeste mensen reiken naar muziek door er in die tijd domweg veel naar te luisteren. Zowel kunst als muziek geven uiting aan de ziel, individueel en collectief, en in de beelden en de harmonieën en disharmoniën waartoe we ons aangetrokken voelen, voelen we echt de weerspiegeling van ons innerlijke zelf. We vinden ons weerspiegeld in de echte scheppingen van kunstenaars.

*— Ik huiver als ik er aan denk wat mijn zoon moet vinden in de muziek die hij beluistert.*

Darby: En als ik het me goed herinner huiverden onze ouders als ze de boeken en de muziek ontdekten waar wij in onze tienerjaren naar luisterden. Gedurende de eerste paar jaren van deze fase lijken we voor onze moeder, of onze familie, zo weinig als maar kan onszelf. Emotioneel zijn we zo ver van ons begin als zuigeling verwijderd geraakt als we maar kunnen, zo ver van de vervloeiing met onze moeder als we maar kunnen. Voor sommigen is dat een ervaring die voldoening geeft.

Bedenk echter dat de moeder óók veertien jaar of daar omtrent verwijderd is van de geboorte van dat kind. Haar secundaire Maan staat nu in oppositie met de plaats waar die stond bij de geboorte van dat kind. Moeders die gelijke tred hebben kunnen houden met hun innerlijke emotionele ontwikkeling kunnen genieten van de andere relatie die nu te voorschijn komt. De twee nieuwe gezichtspunten kunnen zich met plezier in elkaar spiegelen. Ik ken verschillende moeders voor wie dat opgaat. Maar vaak is er in onze maatschappij een strijd tussen de moeder, of beide ouders, en het kind.

Onlangs heb ik een bandje ingesproken voor een vriendin in Zuid-Afrika wier kind net veertien is geworden. Ze was razend omdat haar kind voor de eerste keer ongehoorzaam aan haar was geweest op een belangrijk punt. Zij horen tot een erg gesloten gezin, en daardoor kwam het des te grimmiger over. Haar zoon heeft de Maan in Weegschaal, dus u kunt zich wel voorstellen. Hij is een alleraardigst, inschikkelijk en gratieus kind. Maar zijn Maan is secundair de Ram in gegaan. Zijn geboorte-Maan staat in het 2e huis, en ze staat dus nu in het 8e huis, en hij is stil en gemelijk geworden en wil zijn haar niet fatsoenlijk laten knippen en hij wil zich niet meer netjes kleden. In zijn gedrag is hij nu beslist allesbehalve plooibaar.

> — *En zij is bang. Ik kan volledig met haar meevoelen. Mijn zoon heeft de Maan in Maagd in het 2e huis, en toen hij vijftien was stond zijn secundaire Maan in de Vissen in acht. Ik kon amper geloven wat er met zijn kamer was gebeurd! En de vrienden die hij mee naar huis bracht zagen eruit alsof ze hun hele leven op straat hadden geslapen. Hij is een Steenbok met de Zon in zes, en op een keer toen ik hem vroeg – ik geef toe dat ik woest was – wat dat voor lui waren, beet hij me toe: „Zij zijn m'n onderzoekswerk. Ik probeer er zelf achter te komen hoe het leven achter jouw antiseptische, propere muren is. Heb je d'r wat op tegen?" Ik had er inderdaad wat op tegen. En we hebben een jaar of wat tegen elkaar lopen tieren. Het was afschuwelijk. Zijn vader trok zich alleen maar terug in z'n werk – ik heb die veldslagen helemaal in m'n eentje moeten voeren. Mijn Maan staat in Ram, dus ik werd écht witheet.*

Darby: Hoe zijn jullie nu met elkaar?

> — *Nou, dit was een paar jaar geleden. Nu zit hij op de universiteit en het*

*ziet er naar uit dat het weer goed gaat tussen ons. Hij mag er best weer wezen. Daarna ben ik ook teruggegaan naar de universiteit. Hij zegt dat hij het was die mij het huis uit heeft gedreven, en dat dat goed werk van hem was, want kijk eens hoe ik nú ben. En misschien heeft hij wel gelijk.*

*— Ik heb een soortgelijke ervaring met mijn zoon. En ik moet zeggen dat hoewel het goed is tussen ons ik er nog steeds verdriet van heb. We hadden zo'n innige band. Die innigheid die we hadden zijn we kwijt, en ik zie niet dat die ooit nog terugkomt. Ik weet niet of het kwam doordat ik iets verkeerd heb gedaan, maar er is nu een barrière tussen ons, en elke keer als ik hem zie doet het me pijn te bedenken dat we elkaar zo na stonden en hoe op ons hoede we nu lijken te zijn.*

*— Maar misschien is dat voor hem nodig om iemand te vinden met wie hij ook zo'n innige band kan hebben. Ik heb met mijn dochter een mildere vorm van een dergelijke verwijdering meegemaakt. Dat is nu lang geleden, maar ik zie nu in dat ze een vrouw aan het worden was, terwijl ik haar kind probeerde te houden. Ze móest van mij weg om haar eigen zelf te vinden. Nu ze zelf kinderen heeft hebben we weer een nauwe relatie, maar sinds die tijd ben ik op mijn hoede gebleven om me niet teveel met haar leven te bemoeien. Dat is wel heel lastig, maar het werkt.*

Darby: Ik denk dat het waar is wat u zegt. De behoefte van jonge mensen om uit te breken is een natuurlijke reactie. Het is de natuur die verlangt dat we het huis uit gaan en een levensgezel of -gezellin vinden. Het is de Wereldziel die ons oproept iemand te vinden die enigszins vertrouwd is, maar ook een vreemde. Laten we nog eens kijken naar stamgemeenschappen om die roep van de natuur en de ziel te zien. Het schijnt dat stamgemeenschappen nog dicht genoeg bij de natuur staan om er naar te luisteren, maar vér genoeg van de natuur om regels en rituelen te moeten maken om aan die natuurwetten te gehoorzamen. Je kunt niet binnen je eigen familie trouwen – te dichtbij, te weinig verscheidenheid. Maar je kunt evenmin te ver van je eigen stam trouwen, anders verlies je de bescherming van je volk. Te ver betekent te grote verscheidenheid scheppen.

Natuurlijk lijken in onze multiculturele steden deze codes te worden doorbroken. Maar als je iets nauwlettender kijkt is dat niet écht het geval. Als moeder en zoon gedurende die periode aan elkaar gebonden blijven wordt de zoon niet voldoende van het verleden bevrijd om er op uit te trekken en een gezellin te zoeken die eender is als en toch verschilt van zijn moeder. Er wordt niet voldaan aan de natuur en zowel moeder als zoon betalen uiteindelijk een hoge prijs. Saturnus eist scheiding van het verleden en de secundaire Maan trekt je toe naar vereniging met een ander die zowel vertrouwd als onbekend moet zijn.

Met moeders en dochters is het een iets ander verhaal. Moeders die dochters ter wereld brengen brengen zichzelf ter wereld, of daar lijkt het op. Rond de tijd dat Saturnus en de secundaire Maan hun opposities maken is de dochter een vrouw aan het worden die zélf in staat is een kind ter wereld te brengen. Ze moet zich afscheiden van haar eigen bron en zélf een bron worden. Of dat een makkelijk of een moeilijk afscheid is hangt van béide vrouwen af. Als ze geluk heeft is de dochter in staat zich op zodanige wijze van haar moeder te verwijderen dat ze in een andere vorm terug kan komen, in een later stadium. Terwijl ze zich verwijdert ziet ze haar moeder heel duidelijk – ze ziet de stukken in haar moeder die ze in zichzelf verwerpt, en de stukken in haar moeder die ze zelf wil behouden. Bedenk wel, alle aspecten met de geboorte-Maan brengen je terug bij je bron en sturen je er ook vandaan. Moeder en dochter weerspiegelen elkaar gedurende deze periode volledig, en wat ze elk in de spiegel van de ander zien is enigszins ontnuchterend. „Ik wil niet zijn zoals zij!" zegt de doorsneedochter. „Wat wordt er van haar?" zegt de doorsnee-moeder, en in stilte: „Wat lijk ik oud vergeleken bij haar." Deze periode vraagt een hoop wijsheid en humor en geduld van ouders. Als je die niet hebt kun je daar beter naar op zoek gaan. En het is voor ons allemaal verschillend.

> — *Ik heb een cliënt die twee keer per jaar bij me komt, en die vertelde me vorige maand dat hij omstreeks zijn* Saturnus-*oppositie ontdekte dat hij homoseksueel was.* Hij *ontmoette een meisje tijdens de* Maan-*oppositie, en dat was aan de oppervlakte lief en aardig, maar toen ontmoette hij haar broer, en die wás het!* Maar *toen de* Saturnus-*oppositie kwam wist hij dat hij en die broer zich tot elkaar aangetrokken voelden op een manier die hem echt angst inboezemde.* Hij *zei dat hij daarna een aantal nare jaren heeft gehad, totdat hij in staat was het te aanvaarden.* Hij *heeft nu al twintig jaar een relatie en er is weer een* Maan-*oppositie op handen.* Hij

*vertelde me dat hij en zijn partner een wederzijdse vriendin hebben, en onlangs ontdekte hij dat hij zich tot háár aangetrokken voelde!* Hij *heeft de* Maan *in* Boogschutter *oppositie* Uranus *in* Tweelingen, *van het 8e naar het* 2e *huis.*

Darby: Is hij bang voor die aantrekkingskracht?

— *Hij zegt van niet.* Hij *zegt dat hij er wél of niét iets aan wil doen.* Hij *was gewoon geïnteresseerd in de timing toen ik hem over die cyclus vertelde.* Weet *u nog, we hebben er in mijn horoscoop naar gekeken toen ik vorig jaar bij u was.* Mijn *geliefde is een vrouw en we ontdekten allebei onze seksuele voorkeur voor ons eigen geslacht toen we ongeveer eenentwintig waren, bij het terugkerend vierkant. Ik heb het sindsdien bij al mijn klanten gevolgd.*

Darby: Daar gaan we net mee beginnen. De Maan-oppositie vindt plaats, en dan, kort daarna, de Saturnus-oppositie. Soms liggen ze dicht bij elkaar en soms drie of meer jaren uit elkaar. Tussen de één en de ander heeft ieder van ons een verandering ondergaan in de relatie tot onszelf en tot anderen om ons heen. De Maan-oppositie maakt ons bevattelijk voor nieuwe mogelijkheden in ons relatieleven. We voelen ons gedrongen om weerspiegeling van ons innerlijke zelf buiten onszelf te vinden. De stromingen die in onze leeftijdsgroep op gang worden gebracht beïnvloeden ons in overeenstemming met onze eigen emotionele natuur, maar we worden hoe dan ook gedreven om onszelf te vinden in anderen. Omstreeks de Saturnus-oppositie is de structuur van ons leven veranderd vanwege de relatie die we hebben gelegd met anderen en met dingen buiten onszelf die delen van onszelf weerspiegelen die te voorschijn komen. De Saturnus-oppositie laat ons die herstructurering zien.

## Het terugkerend vierkant: de muren opknappen

Deze fase breekt aan als je rond de eenentwintig jaar oud bent. Het Saturnus-vierkant komt een tijdje daarna, afhankelijk van hoe snel je secundaire Maan beweegt.

— *En deze periode valt samen met het eerste vierkant van transit-*Uranus *met de geboorte-*Uranus.

Darby: Ja, dit is het eerste moeilijke aspect van Uranus. De twee andere fasen betekenen ook een ontwaken, maar dit is een Ontwaken.

— *Zoals de film 'Awakenings'.*

Darby: En hoe velen van ons slapen niet weer verder nadat ze wakker waren geworden van de schok van waar het leven wérkelijk om draait? De mogelijkheid, maar ook de verantwoordelijkheid. Door u moet ik opeens aan een man denken die ik eens heb gekend. Hij zei me dat de meeste mensen een kort moment van ontwaken hebben omstreeks hun eenentwintigste, en daarna de rest van hun leven progressief dieper indutten. Als hij al eens iemand tegenkwam die in de veertig of vijftig was en nog wakker, sloeg hem dat met verbazing. Hij zei dat het zoiets was als iemand in volle kleur zien rondwandelen in een zwart-wit film. Dat is onthutsend en spannend te gelijk.

Laten we dit keer eerst naar Saturnus kijken. Als twintigers worden we ons over het algemeen bewust van onze potentiële bruikbaarheid en waarde in onze maatschappij. Dat is de Saturnus-kant van het verhaal. De Saturnus-terugkeer is het volgende belangrijke stadium. We zijn nu, als ongeveer eenentwintigjarigen, toe aan het laatste stuk van onze reis om datgene te worden waar we toe geroepen zijn: een volgroeid lid van onze samenleving. Sommigen van ons zullen deel gaan uitmaken van het hart daarvan, met alle materiële kanten en verantwoordelijkheden van dien– een thuis, een gezin, werk in de wereld, welomlijnde sociale netwerken. Anderen zullen hun plaats op een of andere manier buiten de muren van onze samenleving vinden. Maar weinigen van ons leven wérkelijk buitengesloten. We kunnen ons buiten de poorten bevinden, maar we zitten nog steeds vast aan de muren. Dit is het begin van de fase waarin we onze plaats toegewezen krijgen.

Door onze samenleving, onze maatschappij, worden we nu als volwassenen gezien. Als je naar een hogere opleiding bent gegaan neem je beslissingen over de rol die je in de wereld op je wilt nemen. Zo niet, dan ben je in de leer voor iets dat je je plaats in de wereld zal geven. Je kunt al heel wat succes hebben in het werk dat je hebt gekozen, maar je staat nog aan het begin en hebt nog een lange weg in de wereld te gaan vóór je er bent. De volgende zeven jaren, tot de

Saturnus-terugkeer, zullen je laten zien hoe goed je in staat bent om het hoofd te bieden aan de eisen van de maatschappij. Daar bedoel ik mee de noodzaak om te leven in een maatschappij waarin je geacht wordt op zodanige wijze deel te nemen, dat je bijdraagt tot het welzijn van je maatschappij, of dat in stand houdt, en dat je zorgt voor jezelf en het gezin dat je hebt. Dit zijn jaren waarin van je wordt verwacht dat je die dingen leer. Veel vrouwen in onze maatschappij beginnen dan aan kinderen, tenzij ze zich van diep binnenuit tot iets anders geroepen voelen.

Hier roept de toekomst. We zijn onderweg er naar toe, naar het verwerven van onafhankelijkheid en naar de prestaties ergens in de wereld die we van onszelf verlangen. We worden geroepen tot iets dat ons doel en structuur zal geven. Het gaat gepaard met een gevoel van verantwoordelijkheid. Of misschien is het preciezer om te zeggen dat er een noodzaak is die ons roept, en ons onder drukt zet om er achter te komen wat die voor ons betekent. Onze maatschappij kijkt naar ons met vragen in de ogen, en we ontkomen er niet aan op een aantal daarvan in te gaan, al is het alleen maar voor onszelf en in stilte.

— *Dat zijn nog steeds voornamelijk Saturnus-kwesties, niet?*

Darby: Ja, dat is zo. In het licht van de Maan staan we ook op een keerpunt. Dat begint met de secundaire Maan vierkant de geboorte-Maan, een poosje vóór het Saturnus-vierkant, en nogmaals, dat brengt nieuwe relatievormen in ons leven. Nu we onze ziel in het licht van relaties of kunst, schoonheid, muziek, verloren en hervonden hebben, komen we op een nieuw keerpunt. We hebben gewoonten gevormd die ons de momenten van eeuwigheid geven die we nodig hebben voor onze spirituele instandhouding, ofschoon we die misschien niet als zodanig herkennen. We hebben ervaren dat we in staat zijn onszelf te verliezen, de een meer dan de ander. Nu we door een soort vuur zijn gegaan, roept onze innerlijke natuur ons op om terug te keren binnen de omhulling, dat innerlijke toevluchtsoord, dat vorm geeft aan ons bespiegelingsvermogen. Er is iets dat ons terugvoert naar het innerlijke huis dat we begonnen te bouwen bij het eerste uitgaande vierkant, omstreeks ons zesde, zevende jaar. Nu trekken we relaties aan waarvan het doel is, zo kunnen we ons voorstellen, om ons naar binnen te trekken, opdat we manieren ontdekken om onze ziel te bewaken. Of misschien is het om de woning waar onze ziel zetelt te bewaken. Als we de wereld in moeten met al haar complexe eisen hebben we iets nodig om in terug te kunnen keren als dat moet.

In de laatste fase worden we er toe aangetrokken of gedreven om weerspiegelingen van onszelf buiten onszelf te vinden. De secundaire Maan bij het terugkerend vierkant weerspiegelt onze behoefte om wegen te vinden waarlangs we terug kunnen keren naar ons innerlijke zelf, als we zelfstandig door de wereld in al haar veelvuldigheid komen te sturen. Plotinus, de neoplatonist uit de 2e eeuw, vertelt ons dat de Ziel de dingen waar we door aangetrokken worden van verlokkingen voorziet, zodat we het verlangen naar God kunnen ervaren. We worden gelokt door de wereld, en hoewel we daarop moeten reageren, hebben we ook muren nodig die sterk genoeg zijn om onze ziel binnen in leven te houden, zodat we gevoed kunnen worden door het eeuwige in het tijdelijke.

— *Verlokkingen*?

Darby: Ik krijg altijd last als ik dat woord gebruik. Er is altijd iemand die wil weten welk woord Plotinus gebruikte voor 'verlokken'. Ik denk dat Marsilio Ficino het gebruikt kan hebben, in zijn commentaar op Plotinus. Ik weet dat het geen Grieks is en dat Plotinus het niet op deze manier gezegd heeft. Alleen is het mij op deze manier bijgebleven. Ficino, en vóór hem Plotinus, beschreeft het proces op zodanige manier dat het mij tot de verbeelding sprak. Snapt u dat de Wereldziel met verlokkingen strooit, van je eigen ziel, óver bepaalde dingen, bepaalde mensen, in verschillende perioden van het leven?

Plotinus zegt dat je niet iets (of laten we hier zeggen: iemand) kunt willen wiens vorm of gedaante niet al in je ziel zit. En dus worden er die lijnen, die fluisteringen van het stromen, tussen jou en de of het andere getrokken, en wordt het verlangen geactiveerd. Aldus trekt het Eeuwige ons met behulp van het Tijdelijke. Materieel, emotioneel verlangen is de tijd–ruimtelijk gebonden dimensie van het eeuwige verlangen. Zonder dit vleugje eeuwigheid in je dagelijks leven worden de dingen verschrikkelijk vlak.

— *Er zijn altijd drugs, alcohol en seks.*

Darby: U maakt een grap, maar u heeft gelijk! Dat zijn stuk voor stuk rechtstreekse toegangspoorten tot de eeuwigheid, soms zéér rechtstreeks! U snapt wel waarom zoveel culturen het gebruik ervan zo zwaar met ritueel hebben omgeven, en waarom drugs, alcohol en seks als ze niet aan banden worden gelegd zo destructief zijn. Seks is van alle de machtigste poort die gewone stervelingen hebben. We komen als we verliefd worden allemaal in een gebied van de eeuwigheid terecht. Op het elementairste vlak leidt seks tussen twee mensen van verschillende kunne vaak genoeg tot de geboorte van een ander menselijk wezen, dat de keten die de tijd naar de eeuwigheid spant verder oprekt. Maar alle seksuele aantrekking heeft de macht tot scheppen en vernietigen, en heeft derhalve deel aan iets dat eeuwig is, of je die macht letterlijk vertolkt of niet.

Terug naar ons onderwerp. In de vorige fase, vanaf de oppositie van de secundaire Maan met de geboorte-Maan, werden we gelokt, of geroepen uit onszelf te treden. Aan het begin van dit terugkerend vierkant worden we geroepen, van binnenuit, om bij onszelf terug te keren en ons opnieuw met onze ziel te verbinden op zodanige wijze dat we niet verdwalen op onze weg de wereld in. Sommige mensen ontwikkelen zulke sterke muren om de plek waar hun ziel woont, dat ze het contact met zichzelf volledig lijken te verliezen. Anderen proberen zodra ze de roep van de wereld horen, de roep van de noodzaak en verantwoordelijkheid, zich terug te trekken in hun innerlijke wereld van het tijdloze. Geen van beide uitersten werkt echt.

Wat voor relatie we in deze periode ook hebben, op wat voor crisis of dilemma dat ons aangeboren emotionele patroon activeert we ook stuiten, ze geven ons de ervaring die roept om een nieuwe relatie tot onszelf. Als dat enige maanden vóór het ingaande vierkant van Saturnus met zichzelf gebeurt is het een voorbereiding op de uitdaging van buitenaf die je op koers zet naar je relatie met de wereld en haar eisen. Omdat het de Maan is ligt dat vaak in het verborgene, in de zin dat je niet kunt zien wat er op dat moment gebeurt. Pas naarmate de cyclus verder voortschrijdt kun je beginnen te zien waar 'm die emotionele ommekeer in zat. Natuurlijk, hoe verder je er vanaf komt, des te duidelijker je het kunt zien. Dat is waarom je er na de tweede en zelfs derde terugkeer in deze fase gemakkelijker zicht op krijgt en wijsheid uit opdoet.

*— Ik herinner me die periode heel goed, en wat ik heb gemerkt, astrologisch gesproken, is dat mijn Saturnus-vierkant een jaar na mijn Maanvierkant plaatsvond, maar dat het ongeveer zes maanden aanhield. Ik bedoel Saturnus bleef precies op dat vierkant hangen – directlopend, retrograde, en toen weer recht, allemaal binnen twee graden. Kunt u iets zeggen over dat Saturnus-aspect als hij in de graad van je Saturnus halthoudt en daar gewoon maanden blijft hangen? Kunnen we daar iets meer over te weten komen?*

Darby: Waarschijnlijk wel, maar ik weet niet of ík dat weet. De secundaire Maan houdt nooit stil, die blijft voortgaan vanwege haar eigen aard. Maar Saturnus blijft zoals alle planeten af en toe 'hangen', zoals u zegt, op een stukje van één graad. Laten we eens zien wat er omhoog komt als we daar over denken.

De aspecten van Saturnus zijn altijd ongemakkelijk, in welke mate ook, omdat ze opeenvolgende stadia in onze ontwikkeling binnen de beperkingen van onze tijdelijke werkelijkheid vertegenwoordigen. Aangezien ons ego sterk ingebed ligt in dit leven in de tijd, voelen de meesten van ons de knelling van Saturnus wanneer het tijd is om ons ego aan te passen aan een nieuw levensstadium. De verschillende tijdsspannen van de Saturnus-aspecten liggen van geboorte af aan ingebed in je horoscoop. Bij de geboorte liggen alle Saturnus-aspecten al in de efemeride vast. Het schijnt dus dat bepaalde aspecten door 'de beschikking van het lot' meer van je eisen.

Wanneer Saturnus zonder oponthoud door dat aspect gaat kun je aannemen dat de aanpassing die wordt gevraagd een eenvoudige is. Maar wanneer hij maandenlang blijft rondhangen moet je er op rekenen dat de aanpassing van de positie van je ego aan de wereld die je binnengaat een grotere diepte van nadenken en aandacht vergt. Als je terugkijkt op die periode, probeer dan te zien waaróm er een diepere doorwerking van je identiteitsgevoel en de vereisten voor je latere positie werd verlangd. De ervaring die je in die tijd hebt opgedaan moet een grote diepte hebben bereikt en hebben geleid tot een grondige heroriëntatie van je leven.

*— Ja, inderdaad. Het was qua ervaring een heel bijzondere tijd. Dat is waarom ik bij mijn Saturnus-terugkeer psychotherapeute ben geworden.*

Darby: Ik denk dat ieder van u, als u terugkijkt op zulke aspecten die het langstdurend en het moeilijkst waren en het diepst doorwerkten, zult ontdekken dat datgene wat zich onder de steigers ontwikkelde van blijvende aard was.

## De Maan-terugkeer: jezelf baren

De Maan-terugkeer vindt een jaar of zo vóór de Saturnus-terugkeer plaats. Uranus is driehoek zijn eigen plaats geweest rond de leeftijd van zevenentwintig, en heeft ons op weg geholpen naar de veranderingen die nu op til zijn. De Saturnus-terugkeer is niet zomaar een moment in de tijd. Het is een proces dat ongeveer achttien maanden tot twee jaar in beslag neemt. De Saturnus-terugkeer is een periode in je leven, niet gewoon een dag. Het is niet de dag waarop Saturnus op zichzelf terugkeert, maar de periode waarin dat gebeurt. Aangezien de Maan-terugkeer altijd een maand of wat eerder valt kun je die zien als ingang tot je Saturnus-terugkeer.

Er is heel veel geschreven over de Saturnus-terugkeer. Velen van u zullen astrologie zijn gaan studeren na lezing van „*Saturnus*" van Liz Greene, dat bijna twintig jaar geleden geschreven is. Ik wil hier niet zoveel over de Saturnus-terugkeer zeggen, behalve dat die samenvalt met ontwikkelingen in ons leven die een herevalutatie vragen van alles wat er tot dan toe gebeurd is. Hij gaat vaak samen met belangrijke veranderingen in ons leven. De positie van ons ego wordt aan de kaak gesteld. Onze richting wordt aan de kaak gesteld, en we nemen beslissingen die levenslang zullen doorwerken.

Het gewicht van de wereld met haar 'moeten' en 'behoren' drukt zwaar op ons. Die druk maakt zich kenbaar in de beslissingen die we in deze tijd maken. Het kompas waar we ons leven op sturen wijst een steeds gestager koers aan, en die koers zullen we de komende dertig jaar op de een of andere manier blijven voorliggen. Transits van de buitenplaneten zullen de wegen onthullen die zich in deze periode voor ons ontsluiten.
Het voelt vaak aan als een herboren worden als de richting eenmaal duidelijk is. Dat gevoel van herboren worden heeft meer te maken met de secundaire Maan dan met de feitelijke Saturnus-terugkeer. Saturnus toont ons de steigers die worden gebouwd om de begren-

zingen, of zullen we zeggen: de grenzen, van onze ik-ontwikkeling te bepalen. Hij wijst ons op onze verantwoordelijkheid, onze Noodzakelijkheid, als we deze wereld waarin we geïncarneerd zijn ten volle willen beleven. Hij laat ons zien waar de ontwikkeling van zelfdiscipline de grootste voldoening kan brengen; waar we het meest te lijden hebben van onze onverantwoordelijkheid; en waar we de hoogste tol betalen voor verdringing.

— *U zei dat we de Maan-terugkeer konden zien als de ingang tot de Saturnus-terugkeer. Is dat een voorbereiding in een bepaald opzicht?*

Darby: De Maan-terugkeer baart degene die deze ruimte bewoont – degene wiens ego in de rol geduwd wordt die het heeft, en in de noodzakelijkheid daarvan. Het is alléén een voorbereiding op de Saturnus-terugkeer in de zin dat er iemand moet zijn vóórdat er iets kan gebeuren. De Maan-terugkeer, weerspiegeld in de emotionele omstandigheden in die tijd, opent de poorten naar ons diepste zelf. Die omstandigheden en onze reacties daarop verraden iets fundamenteels met betrekking tot de reis van de ziel zoals dat zich uitdrukt in donker en licht, deugden en ondeugden van onze persoonlijkheid. En het verraadt welk type voeding we werkelijk in dit leven in materie en tijd zoeken – en misschien het type voeding dat we in dit leven, in materie en tijd, waarlijk in staat zijn te geven.

De Maan-terugkeer is een voorbereiding op de Saturnus-terugkeer, maar de Saturnus-terugkeer kan worden gezien als het vorm aannemen in de stof van het omhullende van dat wat voortkomt uit de Maan-terugkeer. Omhullende en omhulde: elk is het jin en het jang voor de ander. Heb je ze eenmaal samen gezien, dan kun je het één niet meer zien zonder het andere.

— *Ik heb zoëven het jaar en de maand van mijn Maan-terugkeer opgezocht. Dat was vijftien jaar geleden, maar ik herinner het me. Ik wil niets over mijn omstandigheden toen vertellen, maar het was een tijd waarin ik ontdekte dat ik niet zo'n aardig persoontje was als ik altijd had gedacht. Het was nooit eerder bij me opgekomen dat ik misschien wel eens niét zo'n aardige persoon was. Ik wilde iets in die tijd, en ik heb nooit kunnen vergeten dat ik het hard heb nagejaagd en daarbij verschillende mensen nogal wat pijn heb gedaan. Ik rechtvaardigde dat uiteraard voor mezelf, maar ik heb er nooit echt mee in het reine kunnen komen. En nóg denk ik er aan.*

Darby: Dank u dat u dit vertelt. U heeft ons iets verteld dat van niet geringe betekenis is. Baren is, zoals de meesten van u weten, vaak een pijnlijk proces. Of het een kind is, of een schilderij, of een boek, een zaak, een computerprogramma of een echte relatie – baren is vol gevaar. Er zijn technieken die we kunnen leren, rituelen die we kunnen uitvoeren om onnodige pijn te verzachten en gevaar te verminderen, maar geboorte is schepping, en scheppingsdaden brengen ons dichter bij het eeuwige. Het verloopt zelden gladjes. De Maan-terugkeer weerspiegelt de periode waarin we onze ziel ter wereld brengen – of wellicht is het waarder te zeggen dat onze ziel óns ter wereld brengt – in een nieuwe dimensie en een nieuw zelfbewustzijn.

Dat zelfbewustzijn heeft veel facetten. Het snijvlak van het tijdelijke met het eeuwige is scherpgestoken tussen Maan- en Saturnus-terugkeer. We staan op een berg en kunnen even ver het verleden als de toekomst in kijken. De omstandigheden en de relaties in die tijd vergen van ons dat we diep in onze sterfelijke natuur blikken, tegen de achtergrond van onze onsterfelijkheid. We durven ons niet te verschuilen voor onze verdorvenheid en zwakheid, en evenmin voor de schoonheid van wat in het hart van ons zijn leeft. Dat alles zal zich weerspiegelen in onze huidige omstandigheden en relaties. Er zijn héél heldere momenten tussen de Maan- en de Saturnus-terugkeer. Bij sommige daarvan voel je je geweldig en bij sommige aardig beroerd. Ontdekken dat je niet bent wie je dacht dat je was vormt daar een onderdeel van.
De Saturnus-terugkeer betekent verantwoording nemen voor je leven, of althans de diepten beginnen te zien van wat dat betekent. De terugkeer van de Maan, die altijd betrokken is op omstandigheden, toont ons wie degene is die die verantwoording neemt. Je kunt geen verantwoording nemen voor een abstract idee. De Maan-terugkeer onthult je innerlijk zelf met al z'n verlangens en z'n vermogen om 's levens schatten te oogsten.

Denk er aan, het zijn teken, plaatsing en aspecten van de geboorte-Maan die worden geconstelleerd. Je reactie op de relatie en de omstandigheden van de Maan-terugkeer verraadt jouw elementaire aard die je geërfd hebt via je voorouders en die gevormd is door jouw leven tot dusver. De omstandigheden zullen verschillen van je fysieke geboorte zevenentwintig en een half jaar geleden, maar de manier waarop je op voeding uit gaat zal kenmerkend de jouwe zijn. Je begint opnieuw aan een leven, met een geërfde aard die door jou geleefd en bewerkt is tot wat je nu bent.

— *Ik ben me er niet van bewust geweest dat ik op iets uit ging waar ik behoefte aan had, maar ik denk dat ik gekregen heb waar ik behoefte aan had. Jaren en jaren heb ik me schuldig gevoeld omdat ik niet van mijn moeder hield. Gedurende de maand van mijn Maan-terugkeer is ze twee weken bij me geweest. Ik had twee kleine kinderen, en zij was er, zogenaamd om te helpen. Toen ze vertrok voelde ik me meer uitgeput dan ik ooit voor mogelijk had gehouden, maar ik voelde me ook vrij. Toen mijn man thuiskwam vond hij me uitgevloerd op de bank, waar ik wél de melodie van „Hark, the Herald Angels Sing" * lag te neuriën.*

* *Hoort, de engelen-boden zingen.*

Darby: Kwam ze met Kerstmis?

— *Nee, het was september. En ik ben niet eens gelovig!*

Darby: Wat was er gebeurd dat u het gevoel gaf zo vrij te zijn?

— *Ik weet het eigenlijk niet. Ik heb mijn radix-Maan in de Boogschutter in het 4e, conjunct Saturnus…*

Darby: Staat Saturnus vóór of voorbij de Maan?

— *Dat is merkwaardig. Hij staat vóór de Maan, dus de secundaire Maan was hem al gepasseerd – waarschijnlijk toen ik hoorde dat ze ons kwam opzoeken! Ik voelde me gedeprimeerd bij alleen al de gedachte, maar je denkt altijd dat het dit keer anders zal zijn. Er zit 6° tussen Saturnus en de Maan. Zij woont in Australië en ze kwam al haar kinderen opzoeken en wilde bij elk twee weken blijven. Maar het gevoel van vrijheid! Het kan zijn dat ik ineens zag hoe ontzettend egoïstisch ze was. Ze had mij altijd beschuldigd van egoïsme, en dat kan ik niet ontkennen. Maar het was verbazend haar die twee weken gade te slaan. Toen ze vertrok had ik het gevoel dat ik me over niets en niemand ooit meer schuldig zou voelen.*

Darby: En?

*— Och, dat was natuurlijk een loze droom.* Maar *ik ontdekte dat je je vader en moeder dan misschien wel moet eren, maar je hoeft niet van ze te houden als ze niet beminnelijk zijn.*

Darby: In uw geval baarde de Maan-terugkeer een gevoel van bevrijding. Dat is wellicht ongebruikelijk. Als je moeder dan nog in leven is duidt het op een verandering in je relatie met haar. Het is eigenlijk een verandering in de aard van je relatie tot het leven. Het is de geboorte in een nieuw bewustzijn. Ik heb heel wat mensen gekend die zich voor hun Maan-terugkeer diep bewust waren van zichzelf. Bij de Maan-terugkeer weerspiegelt je gevoelsleven je diepten op zodanige wijze dat zelfbedrog meer en meer zelftoegeeflijkheid wordt.

*— Dat is hard gesteld.*

Darby: Dat weet ik. De relaties echter die je bij de Maan-terugkeer hebt weerspiegelen je gevoelsaard op zodanige wijze dat je voor jezelf geboren wordt. Ieder aspect van je gevoelsnatuur is nu aan bod gekomen of verwerkelijkt. Je secundaire Maan is rondgegaan door je hele innerlijke hemel, en al doende heeft ze ieder gevoel en iedere reactie waar je toe in staat bent weerspiegeld. Nu begint ze opnieuw aan haar reis, maar dit keer heb je van binnen een levende spiegel waarin je je gevoelens kunt bespiegelen, en de vormen van actie die je in antwoord daarop onderneemt.

*— Dat klinkt alsof je tijdens de eerste rondgang een spiegel maakt die kan weerkaatsen in iedere graad van de dierenriem. Bij de Maan-terugkeer is die voltooid en kan dan duidelijk beginnen te weerspiegelen.*

Darby: Dat komt er dicht bij. Misschien is het woord 'maken' te concreet. 'Oproepen' is misschien beter. De momenten waarop het tijdelijke en het eeuwige mekaar snijden, wanneer het verleden omhoogkomt door het verleden, zijn de momenten waarop die andere dimensie te voorschijn wordt geroepen. Bij de Maan-terugkeer is die dimensie, die plaats van de ziel, zodanig verwerkelijkt, dat ze duidelijk begint te weerspiegelen, of je daar oog voor hebt of niet. Voor de meesten van ons duurt het een tijd alvorens we kunnen interpreteren wat we zien in die spiegel, in onze relaties, die een belangrijk stuk van die spiegel vormen. Maar de waarheid van onze zielen, eeuwig en geïncarneerd in de tijd, valt daar in al haar kleuren in te zien.

Vanuit praktisch oogpunt is dit een uiterst gunstige tijd om innerlijke en uiterlijke rituelen te ontwikkelen om de spiegel glanzend te houden – rituelen waarin we onszelf vragen stellen die ons altijd dichter bij onze algemeen menselijkheid brengen. Natuurlijk, je kunt altijd weigeren te aanvaarden wat de spiegel laat zien. De meesten van ons hebben een beetje van de stiefmoeder van Sneeuwwitje in zich. Maar onze moderne versie heeft méér weg van: „De lelijkheid die ik in deze spiegel zie is niet de mijne. Het is de jouwe, de zijne, de hare." Dan is er ook nog een tegenovergestelde versie: „De lelijkheid die ik zie is geheel de mijne." Door die kronkels kun je op een gegeven ogenblik héén kijken. Als je bereid bent geduldig te zijn en er diep genoeg acht op slaat kunnen je eigen gevoelservaringen je de afspiegelingen van je eigen diepten gaan tonen, en je naar je algemeen menselijkheid voeren en verder, naar de Natuur en naar de aard van het leven zelf.

Terwijl de secundaire Maan rondgaat kan ieder moment in de cyclus je terugbrengen naar een tijd tot achtentwintig jaar geleden. Als je bij een aspect komt is er een moment waarop zo'n tussenstation het verleden zó constelleert dat je de toekomst binnen kunt gaan met een verdiepte gevoelswaarneming. Door bespiegeling en aandacht kunnen je waarnemingen je meevoeren door jezelf en voorbij jezelf.

— *En dat gebeurt allemaal op het punt van je Maan-terugkeer?*

Darby: Elk van de punten in de cyclus waar we het vandaag over hebben ontsluit een nieuwe fase in je leven. De conjunctie, het vierkant of de oppositie als zodanig vallen samen met een emotioneel voorval dat die nieuwe fase ontsluit, maar die fase komt in de loop van de volgende zes of zeven jaar tot ontwikkeling. De transiterende buitenplaneten en progressies van andere planeten geven het verhaal vorm naarmate het zich verder ontvouwt.

— *Ik heb de implicaties van mijn Maan-terugkeer pas ongeveer drie jaar nadien begrepen, zelfs na mijn Saturnus-terugkeer. Tijdens de Maan-terugkeer begon ik een relatie die mijn hele leven zou gaan veranderen, maar dat wist ik toen nog niet. Het heeft me jaren gekost om te beseffen dat de vrouw die ik bij mijn Maan-terugkeer ontmoette de vrouw was waar ik sinds mijn dertiende naar had uitgekeken. Ze was zo echt en zo waarachtig dat ik haar niet eens herkende. Zó was ik gewend aan mijn fantasieën.*

Darby: Het is zo vaak gemakkelijker om iets achteraf pas te zien, en dat is hoogst frustrerend voor astrologen, niet? Laten we we naar het tweede uitgaande vierkant op de radix-Maan gaan kijken. We hebben vandaag nog heel wat te doen en ik wil nog een keer door de cyclus heen. Ik wil u ook de horoscoop laten zien van iemand die me haar levensgeschiedenis tot nu toe heeft gegeven door daarnaar en naar de Saturnus-cyclus samen te kijken.

De tweede cyclus van de secundaire Maan heeft de toegevoegde dimensie vanwege de herinneringen die je inbrengt. Omdat je terug kunt grijpen op je herinneringen aan het vorige stadium van je huidige secundaire Maan heb je meer stuurmanskunst ter beschikking. De eerste keer doet het leven iets met jou. Als de Saturnus-terugkeer eenmaal aanbreekt, doe jij het met het leven.

Ik zal deze keer heel weinig tijd aan iedere fase besteden. Ik wil u simpelweg een gevoel geven van de ruimte. Degenen van u die hun Saturnus-terugkeer achter de rug hebben hebben alle de diepte van herinnering om naar de eerdere fase terug te gaan, en dus hebt u alles wat u nodig hebt om naar ieder volgend stadium te luisteren. Door in het geheugen terug te gaan naar de vorige keer vindt je ziel haar eigen manier om bij te blijven en zich te heroriënteren. Luister met respect naar je herinneringen en geef je ziel de gelegenheid om bij te blijven.

Het Saturnus-aspect dat op het Maan-aspect volgt zal de structuur van je leven en van je ego aanpassen om aan je innerlijke ontplooiing tegemoet te komen. De groeiende afstand tussen de Maan- en de Saturnus-aspecten is een ander verhaal, en ik wil proberen daar een andere keer op in te gaan.

## Eerste vierkant, tweede cyclus: het nest opnieuw aangekleed

Een aantal jaren voor het tweede uitgaande Saturnus-vierkant bereikt de secundaire Maan het uitgaande vierkant. Dat gebeurt tussen ons twee- en ons vierendertigste jaar. De activiteit van de buitenplaneten gedurende deze periode is minimaal. Uranus staat op een gegeven ogenblik inconjunct zijn eigen plaats, maar de algehele verstoring is geringer dan bij andere aspecten. Ofschoon ik dit wel zeg heb ik niet gemerkt dat deze periode van minder betekenis is dan de andere.

Bij de Maan-terugkeer was er sprake van een hergeboorte in onze relatie tot anderen, tot het leven en tot onszelf. De Saturnus-terugkeer leek onze positie vast te leggen en, of we het leuk vonden of niet, ons maatschappelijk een positie in onze gemeenschap te geven. Nu wordt die positie op de proef gesteld. Opnieuw is er, net als bij het eerste uitgaande vierkant rond je zesde of zevende, sprake van een innerlijke heroriëntatie. Je gevoel er bij te horen en je gevoel van isolement worden door de emotionele gebeurtenissen in deze tijd naar boven gehaald. De relaties die gedurende deze periode voor jou centraal staan weerspiegelen op een bijzonder krachtige manier waar je hebt gestaan en waar je op afstevent.

Je kunt je afgesneden voelen van de eeuwigheid, of als je wat praktischer ingesteld bent kun je het gevoel hebben dat er iets ontbreekt. Gedurende deze tijd wordt je aangetrokken door mensen die je de plaats wijzen waar het volgende stadium van je emotionele ontwikkeling ligt. Door deze mensen begeef je je opnieuw naar je innerlijke verblijfplaats. Op de een of andere manier wordt je teruggebracht naar de plaats die je voor het eerst opeiste toen je zes of zeven jaar was, bij het eerste vierkant. Welk innerlijk of uiterlijk conflict zich nu ook voor je samenbalt, het trekt je naar binnen – om je nest opnieuw aan te kleden, zou je kunnen zeggen. Er komt een nieuwe dimensie te voorschijn, en die roept je op tot een nieuwe relatie met het leven.

In de eerste zeven jaren van je leven werd je van de eeuwigheid weg het tijdelijke binnen getrokken. Tijdens de Maan-terugkeer rond je zevenentwintigste verdiepten tijd en verantwoordelijkheid zich door ervaring, en werd je opnieuw geboren. Nu, bij het uitgaande vierkant, is er behoefte aan een diepergaande voeding, en je lopende gevoelsrelaties laten je het gebrek aan zulke voeding zien én de mogelijkheid om die te vinden.

Op dit punt word je teruggetrokken naar je wortels, naar waar je vandaan komt. Het verleden keert weer en verlangt herziening. Als er nu iemand is die centraal staat in je emotionele landschap, dan brengt die je ervaringen die je aangeboren relatiepatroon activeren, maar die ontsluit ook nieuwe innerlijke kamers die bewoond kunnen worden. Het verleden en de toekomst trekken elk op hun eigen manier aan je.

*— Dat doet me denken aan Jupiter die verhoogd staat in de Kreeft. Wat voor toekomstvisies je ook hebt, wat voor potentieel ook, als het werkelijkheid wil worden moet het uit jouw geschiedenis voortkomen, uit jouw verleden. Niets wat je schept of wordt kan je werkelijk voldoening schenken als het niet uit je diepste zelf komt. Al het andere is de droom van een ander.*

Darby: Ja, dat is een prachtige manier om het uit te drukken. Verhogingen van planeten geven zoveel aan, hè? Al dit werk dat we vandaag doen met de secundaire Maan ligt vervat in dat ene astrologische feit: Jupiter staat verhoogd in de Kreeft. En heel de Natuur ligt in die woorden verborgen.

De emotionele omstandigheden van je huidige situatie wekken de geesten van je voorouders. Je daalt zo diep af als het touw je toestaat. Bij de Maan-terugkeer verbond je je weer met je wortels en werd je weer jouws weegs gestuurd. Nu, op dit punt, laten de wortels hun geesten los om de zich aandienende belofte van de toekomst te verwelkomen. Je ziel heroriënteert zich, en om dat te doen moet ze verleden en toekomst te gelijk voelen. Dit valt vaak samen met een tijd waarin je een nieuwe stam zoekt die je binnenwereld beter weerspiegelt. Je bent op zoek naar een plek waar je bij kunt horen.

Als het inkomende vierkant van Saturnus een aantal jaren later komt heb je emotioneel een stevige basis, en werk je verder aan een structuur in je leven die de innerlijke ontwikkeling van het Maan-vierkant weerspiegelt.

*— Waarom zijn aspecten van Saturnus met zijn geboortepositie zo ongemakkelijk? Soms zelfs erger dan wanneer hij persoonlijke planeten raakt.*

Darby: Dat weet ik niet. Maar ik ben het wel met u eens. Het kan aanvoelen alsof er iemand jaren kalkvorming uit de afvoerbuizen van je psychisch lichaam schraapt.

— *Misschien is het juist doordat dat gebeurt.*

Darby: Misschien. En als de verkalking er is afgeschraapt kan het volgende levensstadium beginnen.

## De oppositie, tweede cyclus: opnieuw verliefd

Van astrologisch standpunt uit is de periode voor in de veertig behoorlijk zwaar beladen, is het niet?

— *Het Neptunus-vierkant.*

— *En valt het Pluto-vierkant daar ook niet ergens?*

Darby: Voor mensen die rond 1950 geboren zijn. Voor degenen die daarna geboren zijn valt het eerder, en voor degenen die eerder geboren zijn valt het later.

— *De Uranus-oppositie en de Saturnus-oppositie.*

Darby: En ergens te midden daarvan, tussen de veertig en de tweeënveertig, de Maan-oppositie. Zoveel cycli vormen kruispunten met elkaar rond de tijd dat we de veertig net gepasseerd zijn. Het is dan ook niet verbazend dat we die verjaardag wat ontmoedigend vinden. Het is verbazingwekkender dat je mensen vindt die er niet door van de wijs worden gebracht. Nogmaals, we zitten in een periode die de indruk kan wekken van een opstand. Deze keer geldt de uitdaging niet zozeer de ouders, of de moeder, maar degenen die ons in die tijd het naast staan.

Het is vooral interessant als dit samenvalt met het hebben van kinderen in de tienerleeftijd die op het zelfde punt van hún cyclus zijn. Zij zijn aan hun eerste oppositie toe en zoeken hun emotionele voeding in een wereld die hun ouders onbekend is, terwijl de ouder te gelijker tijd voeding zoekt in een leven dat tegengesteld is aan dat ten tijde van de geboorte van het kind. Dus zowel ouder als kind zijn nieuw voor elkaar. Voor wie zich geborgen voelt kan dit een heerlijke herontdekking zijn en een wederzijds openstellen voor het leven. Voor wie zich ongeborgen voelt, hetzij in die tijd, hetzij in het algemeen, kan het verstorend of beangstigend zijn. En van mannen en vrouwen die geen kinderen hebben verlangt het meestal een innerlijke confrontatie waarbij de verleden met zijn verlangens wordt afgelegd en de onbekende en onvoorspelbare toekomst wordt opengelegd.

Opnieuw kan het lijken alsof je ziel weg wordt geslingerd en je haar moet gaan zoeken. Ze zal niet te vinden zijn binnen het vertrouwde territorium dat je in jezelf hebt gesticht. Terugkeren in je geheugen naar de tijd van de eerste oppositie zal je helpen jezelf terug te vinden, want dat helpt je de gevoelens te identificeren die aan je huidige handelen ten grondslag kunnen liggen. De dingen die toen gebeurden zullen nader afgebakend zijn door transits van de buitenplaneten op je persoonlijke planeten zowel als door progressies van andere planeten. De omstandigheden van deze progressie zal nader worden afgebakend door heel verschillende transits en progressies.

Bij de eerste oppositie werd de relatie tussen jou en je moeder beproefd. Dit keer kan daar ook nog wel iets van spelen, maar op die leeftijd is je nauwste relatie doorgaans niet die met je moeder. Als dat wél zo is, dan wordt die weer op de proef gesteld – een behoefte vanuit de diepten van je zelf om je vrij te maken. En voor de overigen onder ons, is er ook de behoefte om verder te reiken, naar het onbekende.

Relaties die in deze tijd worden gelegd doen een beroep op stukken van jezelf die lang hebben liggen sluimeren. De noodzakelijkheden des levens, de verantwoordelijkheden en de eisen die vastzaten aan de keuzen die je tijdens of kort na je Saturnus-terugkeer hebt gedaan, hebben je emotionele aard op een bepaalde wijze gekanaliseerd. Tijdens de Maan-oppositie lijkt je emotionele voeding weg te sijpelen uit dat waar je dagelijks mee bezig bent. Mensen die je in deze tijd ontmoet roepen een verlangen in je wakker naar nieuwe beleving. De beslissingen over wat je daar aan gaat doen valt tussen de Maan-oppositie en de komende Saturnus-oppositie.

— *Nadat ik u vorige week had gebeld en u me had verteld wat u in deze studiewerkgroep allemaal wilde behandelen, heb ik een lijst gemaakt van data van m'n Maan- en m'n Saturnus-aspecten tot nu toe. Ik heb gemerkt naarmate u verderging dat ik altijd een beetje langzaam ben geweest. Ik kan wat u zegt met elke overgang in verband brengen, maar niet precies op de juiste tijd. De mensen die ik ontmoet en die een nieuwe fase in mijn leven inluiden komen later in mijn leven, soms één, twee jaar na het feitelijke aspect.*

Darby: Ik weet dat het zo lijkt. Ik heb er heel zorgvuldig naar gekeken. Net als u zie ik de relaties of omstandigheden die van betekenis zijn soms een jaar, of twee zelfs, na de bewuste maand of het betreffende aspect. Maar we hebben hier met de Maan te maken, en dus bevinden we ons veel van de tijd in half licht of minder. Maar als je een lijstje bijhoudt van gebeurtenissen en mensen die je in de maand van het aspect ontmoet, zie je als je achteromkijkt misschien de sporen van de emotionele ontwikkeling die pas later zijn heldere kleuren laat zien. Er moet een moment zijn waarop verleden en heden elkaar op een eigen betekenisvolle manier ontmoeten. Die ommekeer maakt je ontvankelijk voor een nieuwe fase in je innerlijke ontwikkeling, een nieuwe fase in je relatie tot het leven op aarde. Het rijk van de Maan is meestentijds iets geheims en verborgens. Soms lichten bepaalde vormen helder op, maar dat is zelden. Meestal zien we niet meer dan een glimp.

## Het inkomende vierkant, tweede cyclus: muren en ramen opknappen

Dit aspect komt rond je acht-, negenenveertigste, omstreeks de tijd dat Uranus een inconjunct met zichzelf maakt. Het Saturnus-vierkant komt pas op je eenenvijftigste, maar daar tussenin gebeurt iets dat ons een sleutel kan verschaffen tot dit gedeelte van onze reis door het leven.

*— Misschien bereidt het Maan-vierkant je er op voor dat je vijftig wordt, en bevestigt het vierkant van Saturnus dit met harde werkelijkheden die duidelijk worden. Zoals dat er een kind in de bus voor je opstaat bij het Maan-vierkant, maar dat je pas bij het Saturnus-vierkant merkt dat ze je de straat willen helpen oversteken!*

Darby: Waar woont u waar kinderen nog zo ridderlijk zijn?

— *Ik bedoelde het overdrachtelijk.*

Darby: Maar ik denk dat daar wel iets in zit. Wat voor astrologische gebeurtenis is er op je vijftigste?

— *De Cheiron-terugkeer.*

Darby: Ja. Op ons vijftigste is er de Cheiron-terugkeer. Die ligt ingesloten tussen de inkomende vierkanten van de Maan en Saturnus. Wat er op maangebied gebeurt wordt vaak niet herkend door je dagzelf. Wat op het saturnale vlak gebeurt wordt vaak veel beter herkend, alleen al omdat je je duidelijk ongemakkelijk voelt! Cheirons terugkeer is een groot keerpunt in je leven, dat je je sterfelijkheid en je onsterfelijkheid openbaart, allebei te gelijk, en wel zo dat je gevangen raakt tussen het gevoel oud te zijn en het gevoel weer heel jong te zijn.

— *Het laat zien hoe teer je bent en het jaagt je motor op te gelijk. Dat deed het tenminste bij mij, maar er gebeurde astrologisch verder niets, zodat ik het echt kon ervaren. Ik herinner me dat ik bedacht dat de wond van Cheiron domweg is dat we sterfelijk zijn, of iets dergelijks. Het trof me zó dat ik me ineens onsterfelijk voelde op het moment dat ik écht besefte dat ik sterfelijk was. Het was heel opbeurend.*

Darby: Herinnert u zich nog het Maan-aspect daarvóór?

— *Ja. Dat heb ik nagekeken voordat ik hier vandaag heen ging. De maand van het vorige Maan-vierkant – ongeveer een jaar voor m'n vijftigste verjaardag – mijn dochter kreeg haar eerste kind. Ik werd oma.*

Darby: En verleden en heden kwamen samen op een manier die een nieuwe fase in uw leven ontsloot. Dat stadium brengt je terug naar het vorige rond je eenentwintigste. In die tijd betrad je het veld dat 'de wereld' wordt genoemd, en derhalve was er een natuurlijke beweging om over je ziel te waken, ook al gebeurde dat diep onder de oppervlakte van je bewustzijn. Nu is er een soortgelijke beweging, maar misschien mogen we zeggen dat het een terugkeer is naar je innerlijke verblijfplaats om de relatie te hernieuwen of te vernieuwen met je ziel – dat deel van je dat in het eeuwige leeft en in het tijdelijke. Kunt u me zeggen hoe dat uw behoefte om voor uw innerlijke zelf te waken te voorschijn heeft geroepen?

*— Ik vraag me af of dat er verband mee houdt? Ik herinner me dat ik me er heel, héél erg van bewust was dat ik behoedzaam moest zijn om de juiste relatie te vinden met mijn dochter, haar man en hun kind. Ik had te veel vrouwen gezien die het van het begin af aan verknoeiden door te doen alsof ze hielpen terwijl ze in de weg liepen, ongevraagd advies gaven en zich overal mee bemoeiden. Ik dacht bij mezelf: „Hou je gedeisd, rustig aan." Misschien was dat de manier waarop die fase zich in mij kenbaar maakte. Ik heb mijn radix-*Maan *in acht, en mijn secundaire* Maan *stond toen in vijf. Ik weet van mezelf dat ik zo gespitst kan zijn op de diepere gevoelens van anderen, dat ik volkomen ongevoelig kan worden voor wat ze van me willen of nodig hebben.*

Darby: Deze aspecten gaan altijd samen met gebeurtenissen in relaties. Ze zijn niet altijd zo krachtig als de geboorte van een kleinkind, en doorgaans zie je ze achteraf bezien beter. Deze wending drukt zich uit in een verschuiving in een relatie die je innerlijk laat weten dat er een heroriëntatie aan de gang is. Er is een natuurlijke neiging om naar binnen te gaan en de muren van je omhulling na te kijken, zodat het gerieflijk is om op jezelf te zijn. Maar de ramen van die innerlijke verblijfplaats zijn ook belangrijk, en die moeten nog open kunnen voor de onvoorspelbare kant van het leven. Over ongeveer zeven jaar zal de tweede Maan-terugkeer plaatsvinden.

## De tweede Maan-terugkeer

De secundaire Maan komt rond de leeftijd van vierenvijftig weer terug. De tweede Saturnus-terugkeer zal nog vier of zelfs vijf jaar op zich laten wachten. We weten dat de tweede Saturnus-terugkeer van ons eist dat we de structuur van ons leven zorgvuldig nakijken, en ons hoe dan ook op de oude dag voorbereiden. Die behoefte komt voort uit ons innerlijke of uiterlijke leven, afhankelijk van onze aard. Sommige mensen hebben gebeurtenissen nodig om hun de noodzaak te laten zien om zich hoe dan ook op de oude dag voor te bereiden. De manier waarop dat gebeurt is kenmerkend voor jou. Ieder heeft weer een andere manier om die confrontatie het hoofd te bieden.

Sommige mensen hebben geen gebeurtenissen van buitenaf nodig om hen met de neus op hun eigen sterfelijkheid te drukken. Zij zijn gevoelig voor veranderingen van binnen die hen er op wijzen waar ze hun aandacht op moeten richten.

De Maan-terugkeer, die gewoonlijk vier of vijf jaar eerder plaatsvindt, brengt je in een nieuwe gevoelsrelatie met degenen in je omgeving. Nogmaals, dat kan vaak samengaan met de geboorte van kleinkinderen. De emotionele ervaring die je gedurende deze tijd hebt, bereidt je voor op de rest van je leven. Je krijgt hier tijd om er aan gewend te raken, want het Saturnus-vierkant ligt nog een eind in het verschiet. Het is je vergund, lijkt het wel, om in je nieuwe relatie tot het leven te groeien. Ik heb een vriendin wier moeder onlangs bij haar derde Maan-terugkeer stierf. Ze heeft zich een groot stuk van haar leven aan haar moeder geërgerd, maar ze vertelde me dat het een verpletterende ervaring was. Ik kan me voorstellen dat het dat was, als je moeder er gedurende je hele volwassen leven geweest is en zelfs tot in de eerste jaren van je eigen ouderdom.

Ik kan niet veel over deze periode zeggen. Natuurlijk heb ik sinds ik vele jaren geleden met mijn praktijk begon cliënten gehad die hun tweede Maan- en Saturnus-terugkeer beleefden. Maar ik heb de maankant ervan niet op de zelfde manier in de gaten gehouden als de saturnale kant. Omdat de Maan met gevoelens te maken heeft heb ik niet het gevoel gehad dat ik ze kon bereiken voordat ik er zelf doorheen ben gegaan. En dat stadium heb ik nog niet bereikt.

Ik weet alleen dat het een wedergeboorte is in het emotionele vlak. Je hebt een volledige cyclus van je emotionele leven voltooid en je ziel is klaar om zich op een nieuwe manier te verbinden in haar relatie tot tijd en eeuwigheid. In je verbeelding teruggaan naar de vorige Maan-terugkeer en (in imaginatie) naar je geboorte en je die momenten te herinneren geeft je de gelegenheid om weer bij jezelf te komen en je open te stellen voor het volgende stadium van je zieleleven in het tijdelijke. Als je met zorg en respect daarnaar luistert krijg je de kans om je open te stellen voor de emotionele relaties die je je de ouderdom binnenleiden, en dat is jouw poort terug naar de eeuwigheid. Teruggaan in de tijd brengt je terug bij je bron, die de deur opent naar een diepere bron.

Ik ga het niet hebben over de derde rondgang van deze cyclus – dit keer. Maar ik wil u wat vertellen over een dierbare vriendin, die onlangs op de leeftijd van vierentachtig jaar stierf. Haar derde terugkeer, in de Weegschaal, kwam enige jaren vóór haar dood. Ze was Boogschutter en ze reisde gretig, zowel met haar lichaam als met haar geest. We hebben naar de algehele aspectenbeeld gekeken voor het jaar van haar Maan-terugkeer en dat zag er heel goed uit, dus besloot ze tot een bezoek aan China. Ze was schilderes en ze was altijd gefascineerd geweest door China. Ze zei dat het misschien wel de laatste kans zou zijn om op eigen houtje zo ver te reizen.

En dat deed ze, en toen ze terugkwam spraken we over hoe zij zo'n lange reis voelde, als een voorbereiding op de dood, die een nog langere reis is. Er waren daarna zóveel dingen die ze deed die een laatste keer leken te zijn. Ze maakte zelfs een verbluffend mooie collage van een zonsondergang, waarvan ze zei dat die wel eens haar laatste kon zijn. Toen de dood ten slotte naderde vócht ze er tegen, ook al had ze zich er op voorbereid. Toendertijd deed me dat verdriet, omdat ze zo leed in haar strijd, maar nu heb ik geleerd dat we allen onze eigen relatie hebben met de dood, zoals we die hebben met het leven, en om uit te maken of de relatie van iemand anders goed of slecht is, is voor God proberen te spelen.

Iedere Maan-terugkeer is een geboorte. In het geval van m'n vriendin viel de geboorte van haar eerste kind samen met haar eerste Maan-terugkeer. Ik weet niet zeker meer hoe het met de tweede zat – de details willen even niet te binnen schieten – maar de derde nam haar mee naar de verste plaats die ze zich kon voorstellen en baarde het idee van de langste reis die ze zich kon voorstellen, haar eigen dood.

Ze is zich emotioneel op de Maan-terugkeer beginnen voor te bereiden. Ze maakte een hoop verlies en angst door toen de Maan voortschreed door de Schorpioen. In die tijd zei ze tegen me: „Ik maak een hel door." Ik vond het vreselijk haar zo te zien lijden. Ik zei: „Je secundaire Maan staat in de Schorpioen, dus misschien is het een loutering." Ze dacht even na en zei: „Misschien is het dat." Ze stierf precies toen haar secundaire Maan de Boogschutter in ging, en haar dood was vredig. Ze ontvlood haar lichaam en keerde terug naar haar bron, die, voor ons, het rijk van het eeuwige is.

# 9.
# Een horoscoopvoorbeeld
## *„Helen"*

Nu gaan we kijken naar de horoscoop van een vrouw, en we volgen de Maan-cyclus in haar leven tot nu toe. Ze is vijfenveertig jaar oud. Ik zal haar Helen noemen.

Wij ontmoetten elkaar in 1976 in Zuid-Afrika, en ze heeft me onlangs in Londen opgezocht. Tijdens haar verblijf ontdekten we dat we elkaar hadden ontmoet in de maand van haar Maan-terugkeer. Dat bracht ons er toe terug te gaan en het spoor te volgen van de secundaire Maan en de aspecten die ze met haar geboortepositie had gevormd. Dat bracht als vanzelf de Saturnus-cyclus in het kielzog, omdat ze van geboorte een vierkant tussen beide heeft. Ze heeft een goed geheugen en kon zich de tijden van gebeurtenissen in haar leven nog herinneren. In veel gevallen kon ze de eigenlijke maand nog terughalen, of omstreeks welke maand, waarin een Maan- of een Saturnus-aspect viel. Toen ik haar vroeg of ik haar horoscoop in deze studiewerkgroep mocht gebruiken, stemde ze toe. Het Maan–Saturnus vierkant in haar horoscoop zal het aan de ene kant gemakkelijk maken om het verband tussen de Maan- en de Saturnus-cyclus te zien. Aan de andere kant ziet u niet hoe goed de cycli op elkaar aansluiten, ook als ze niet door een radixaspect zijn verbonden. Maar ik hoop dat dit u zal aanmoedigen om de verbinding tussen beide in uw eigen horoscoop uit te pluizen, zodat die onderdeel gaan uitmaken van uw eigen manier om horoscopen te bekijken.

Laten we eens een even naar de horoscoop zelf kijken. Helen heeft Zon, Maan, Venus en Mercurius in de Stier. Haar Zon staat conjunct Venus in de Stier op de cusp van het 7e huis. De Zon staat in het 6e huis, vierkant Jupiter in de Waterman aan de wortels, en hij staat dicht bij Venus die precies op cusp 7 staat. De Zon–Venus conjunctie staat vierkant Pluto in het 10e huis. Venus, in de Stier en heerser van de Stiere-Zon, staat inconjunct Neptunus in het 12e. Schorpioen is het rijzende teken, en Pluto, de transpersoonlijke geboorteheerser, is de planeet in elevatie. De Maan staat conjunct Mercurius in zeven en beide staan vierkant Saturnus in het 10e huis. Mars, de persoonlijke geboorteheerser, staat in de Ram in het 6e huis, driehoek Saturnus en vierkant Jupiter.

> — *Haar Mars en haar Venus staan allebei in hun eigen teken, en Venus staat op de cusp van één van haar eigen huizen. Die hebben vast wel iets krachtigs te zeggen.*

Darby: Ja, dat doen ze ook. Mars staat behoorlijk goed geplaatst, driehoek Saturnus en sextiel Uranus. Hij staat vierkant Jupiter. Alle gezinsleden hebben Mars–Jupiter verbindingen. Dat lijkt de nog niet gewortelde aard van de familieachtergrond weer te geven. Haar ouders waren Duitse joden die Nazi-Duitsland zijn ontvlucht. Zuid-Afrika was nieuw voor hen toen zij en haar broer geboren werden. Haar Venus in Stier op cusp 7 staat vierkant Pluto. Haar ouders zaten tijdens haar prille jaren in een persoonlijke crisis. Toen ze volwassen was geworden hebben die planeten zich duidelijk geuit. Ze is uiterst avontuurlijk en een waaghals, soms bij het roekeloze af, en ze brengt heel wat tijd door in de Afrikaanse *bush*, waar ze allerlei territoria onderzoekt, en dat is de blijde kant van haar leven. Ze heeft echt plezier in waagstukken en gaat niet opzij voor een barre trektocht – en daar bedoel ik mee dat ze tochten waarop je echt moet zwoegen niet schuwt. Haar relatie met het leven is een moeilijke geweest. Ze heeft heel intense relaties gehad die heel scherp afgebakende perioden lijken te omspannen, en er hebben langdurige leegten tussen belangrijke relaties gelegen. Zoals zij het zou noemen: „Moeilijke lessen om te leren."

Ze had een oudere broer, die in 1947 is geboren. Zij is in 1949 geboren, en achttien maanden later werd haar vader verliefd op iemand anders en ging het huis uit. Met haar Maan en Mercurius en haar Venus alle in het 7e huis werd alles wat haar moeder en haar broer, en haar vader natuurlijk – de Zon staat er conjunct Venus – gebeurde heel diep in haar babylijfje en psyche gegrift. De Maan in het 7e huis zegt ons dat de mate waarin haar moeder toendertijd in staat was om

**„Helen"**

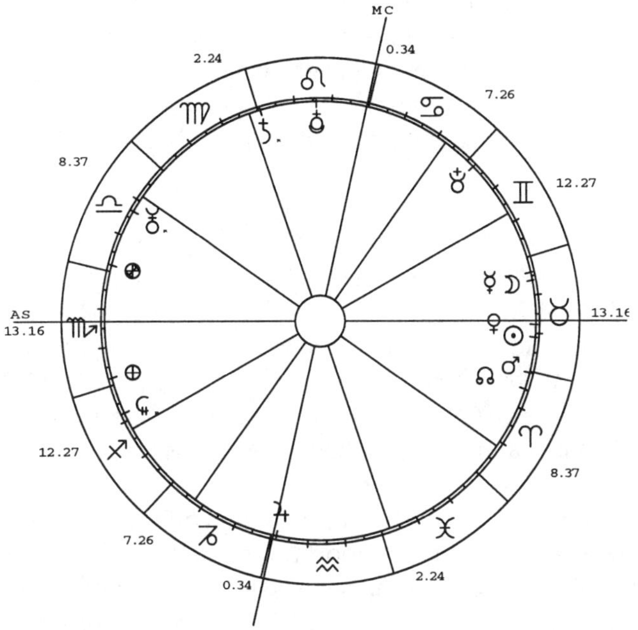


| | | | |
|---|---|---|---|
| Asc | 13°16 | ♏ | |
| II | 12°27 | ♐ | |
| III | 07°26 | ♑ | |
| MC | 00°34 | ♌ | |
| XI | 02°24 | ♍ | |
| XII | 08°37 | ♎ | |
| ☉ | 08°59 | ♉ | |
| ☽ | 23°51 | ♉ | |
| ☿ | 25°58 | ♉ | |
| ♀ | 12°28 | ♉ | |
| ♂ | 29°40 | ♈ | |
| ♃ | 01°29 | ♒ | |
| ♄ | 29°19 | ♌ | R |
| ♅ | 27°48 | ♊ | |
| ♆ | 13°08 | ♎ | R |
| ♇ | 14°09 | ♌ | |
| ☊ | 25°09 | ♈ | |
| ⚷ | 07°51 | ♐ | R |

29 april 1949, 17.50 uur (15.50 GMT). Johannesburg 26°15 ZB 28°00 OL
*Koch huizen*

er voor haar dochter te zijn afhankelijk was van wat er met haar echtgenoot gebeurde. Voorspoed of tegenspoed, dit kind raakte verstrikt in haar ouderlijke relatie. En zij vormde een factor in hun relatie. Haar vader is maar een paar maanden weggeweest, maar ik denk dat de gevoelens van haar moeder een heel diepe indruk op haar hebben achtergelaten. Haar Maan–Mercurius vierkant Saturnus vertelt ons dat haar moeder het úiten van haar gevoelens om sociale redenen misschien heeft onderdrukt, maar dit kind heeft ze niet alleen gevoeld, maar is er ook diepgaand door beïnvloed.

In elk geval is hij teruggekomen, en ze gingen samen weer verder en ten slotte schijnt het alles bij elkaar een vrij goed huwelijk te zijn geworden. Maar toen Helen werd geboren voelde hij zich verloren. Zij heeft de Zon en Venus vierkant Pluto, en ze werd bij een vader geboren die in een periode van duisternis zat. Hij had vreselijke verliezen achter de rug – zijn hele familie in de holocaust en recent verwarring en verlies. Hij wist niet meer waar hij stond in het leven, in zijn werk, zijn familie, zijn huwelijk. Hij was Kreeft met de Maan in Vissen conjunct Uranus in vier. Hij had zes planeten in water en een Schorpioen Ascendant. Kunt u zich voorstellen hoe verloren hij zich moet hebben gevoeld?

Haar moeder was ongelukkig in het nieuwe land, eenzaam en ze kon niet aarden in haar omgeving. Zij had een hoop planeten in het 11e huis en Mercurius in de Steenbok in het 10e huis. Ze was zich heel sterk bewust van wat andere mensen dachten, en ze was nieuw in dat land en had twee kleine kinderen. En toen verliet haar man haar. De planeten van Helen in het 7e huis met hun aspecten vertellen dat ze een groot stuk van hún trauma in zich heeft opgenomen.

Ze heeft me verteld dat ze toen ze achttien maanden oud was een fles slaappillen te pakken kreeg en er een hoop van opat. Toen ze me dit vertelde lachte ze en zei: „Ik probeerde me al van kant te maken toen ik achttien maanden was." Ze herinnert zich het incident niet meer, maar haar moeder zeker wél. Ze blijkt drie dagen buiten westen te hebben gelegen. Kunt u zich voorstellen hoe ontzettend dat voor haar moeder moet zijn geweest? Dit kind had haar geboorte-Maan in het 7e huis, en je kunt dus duidelijk zien hoe diep verbonden ze was met de relatie van haar moeder met haar vader. In die tijd stond de secundaire Maan van Helen in het 8e huis. Haar moeder verkeerde in een diepe huwelijkscrisis. Er waren ook financiële problemen, en dan brengt haar achttien maanden oude dochtertje zichzelf bijna om. Dit kind weerspiegelde op extreme wijze de angst en ontreddering van haar moeder.

— *Weet u waar de secundaire* Maan *van haar moeder stond?*

Darby: Ik herinner me niet de precieze graad, maar ik weet dat het in het 12e huis was. Haar moeder had haar geboorte-Maan oppositie Saturnus, en haar kind heeft de geboorte-Maan vierkant Saturnus. Beiden hebben Saturnus in de Leeuw – moeder in het 5e huis en dochter in het 10e. De gevoelens die in die tijd speelden werden niet rechtstreeks geuit. Ze kwamen er op die duister dramatische manier uit.

— *Ik wou even iets anders vragen over die Zon–Venus vierkant* Pluto...

Darby: Dat wilt u stellig, maar op dit punt wil ik het verhaal liever zonder onderbreking afmaken. Ik zal u verderop indirect antwoord geven op uw vraag. Ik laat u deze horoscoop niet zien om tot álle geheimen ervan door te dringen – ik laat hem u zien opdat u kunt zien hoe één individu zich door haar Maan- en Saturnus-cyclus ontwikkeld heeft.

Na enige maanden kwamen haar ouders weer bij elkaar. Ze zijn de rest van hun leven samengebleven, en hun huwelijk is toegegroeid naar één waarin affectie en achting geuit werden. Die duistere dimensie tussen hen in opende zich zelden meer zodanig dat het haar direct raakte.

Toen ze zes jaar oud was stond haar ***secundaire Maan*** in de Leeuw in het 10e huis, en die maakte haar eerste aspect, het ***vierkant met haar eigen plaats***, toen ze zeven was. Ik heb haar gevraagd wat er toen gebeurd is, en ze vertelde me dat ze voor het eerst naar school ging in de maand vóór het exacte aspect. Ze zei: „Ik vond het héérlijk!" Een paar maanden na het aspect kwam de secundaire Maan conjunct Saturnus. Ik vroeg of ze zich iets kon herinnering over haar moeder in die tijd. Ze zei: „N*iéts* herinner ik me!" Ik wachtte even, terwijl ik me afvroeg hoe ik een afspiegeling van dat secundaire aspect kon vinden die, in haar geval, met Saturnus te maken had, en toen zei ze: „Het enige wat ik me herinner dat niet zo leuk was is dat ik twee boezemvriendinnen had en dat we ons altijd met z'n tweeën tegen één keerden. Ik was altijd met een van de twee, totdat ík die ene werd en de anderen zich tegen míj keerden. Ze dreigden dat ze mij zouden pijnigen." Ze beschreef voor me wat ze dreigden te zullen doen, en ik zal u daar nu niet mee vermaken. Ze herinnert zich dat het haar de stuipen op het lijf joeg.

Zoals ik u heb verteld waren haar beide ouders joodse vluchtelingen. Als tieners was elk van beide Nazi-Duitsland ontvlucht, weggestuurd door hun ouders, en de meesten van de overige familie is in de holocaust omgekomen. Toen ze me vertelde over die bedreiging met pijnigen, bracht dat haar op nog iets anders. Ze herinnerde zich dat haar eerste schooljaren bedorven waren door een geheime angst. Haar ouders waren duidelijk Duits, maar niemand van het gezin zag er joods uit, en ze was bang dạt als mensen dachten dat ze niét joods was, ze zouden denken dat haar ouders Nazi's waren – dat zíj een Nazi was. We vergeten hoe diep kinderen soms nadenken en voelen, en wat ze oppikken uit gesprekken van volwassenen, toch? We vormen onszelf ook door de manier waarop we dingen in onze psyche opnemen die om ons heen gonzen. Ze heeft er toen met niemand over gesproken. Hier zie je de weerklank van Zon–Venus vierkant Pluto.

Ze zei dat het dreigen met pijnigen 'grote indruk' op haar heeft gemaakt, maar verder heeft ze een heel leuke tijd gehad. Haar Maan staat vierkant Saturnus, en mensen met dit aspect geven over het algemeen geen uiting aan hun emotionele golven, of hebben er zelf geen weet van. Ze zijn vergroeid geraakt met het onderdrukken van hun natuurlijke stroom emoties, en ze moeten héél diep graven om zich dingen die zó pijnlijk zijn te herinneren. Ze zei dat ze, ondanks de donkere herinneringen, het gevoel had dat ze bij zichzelf kwam toen ze naar school ging. Ze zei: „Toen ik van huis weg ging kreeg ik een eigen leven." Toen ze van huis weg ging, en weg van de voortdurende aanwezigheid van haar moeder, begon ze een eigen leven op te bouwen, waarin relaties met anderen gingen spelen. Je ziet die Jupiter in Waterman aan de wortels van de horoscoop. Ze begon kennelijk al vroeg vriendinnen mee naar huis te nemen. Ze vulde het huis met hun levendigheid. Ze behoorde in verschillende perioden tot verschillende vriendenkringen. Ze was bezig haar eigen stam te vinden en ruimte te maken voor een omhulling voor haar eigen ziel.

Een jaar na het Maan-vierkant kwam ***Saturnus vierkant zijn eigen plaats.*** We kijken hier naar Saturnus zoals hij de ontwikkeling van het ego in de wereld beschrijft. Het is de drang naar beheersing die zelfrespect ontwikkelt en het respect van anderen verdient. Ze zei dat ze zich dat Saturnus-vierkant duidelijk herinnert. Ze had een opstel geschreven en ze had er echt gespannen verwachtingen van. Ze was er zeker van dat het door de schoolkrant geaccepteerd zou worden en gepubliceerd. Het was dan ook een schok toen het opstel van haar beste vriendin voor publicatie werd gekozen en niet het hare. Ik vroeg haar waar het opstel over ging. Dat herinnerde ze zich niet, maar ze herinnerde zich het opstel dat haar vriendin had geschreven. Dat heette „Mevrouw Muis".

— *Die schok moet geweest zijn toen* Uranus *halfsextiel zijn eigen plaats stond, in het 9e huis van publicaties.*

Darby: Bijna. Dat halfsextiel was een maand of wat daarvoor, en Uranus was de Leeuw nu in gegaan en oppositie haar Jupiter in het 4e huis gekomen. Daar dus ook het zelfde thema. In elk geval nam ze in die tijd een belangrijke beslissing, op zevenjarige leeftijd. Ze zei: „Ik besloot dat ik nooit meer opgemerkt wilde worden. Ik wilde niet dat dit ooit nóg eens gebeurde." Heeft u wel eens opgemerkt hoe krachtig die beslissingen van mensen met een Schorpioen Ascendant zijn? Als ze gevoelsbeslissingen nemen zit er zó'n kracht achter. Ze vertelde me dat het geduurd heeft tot Saturnus weer in de Schorpioen stond, negenentwintig jaar later, voordat ze het gevoel had er echt in geslaagd te zijn om die beslissing ongedaan te maken. Ze zei dat ze natuurlijk altijd wel opgemerkt had willen worden, maar ze heeft lange tijd heel diep moeten gaan om dat te beginnen te beseffen. Dat zullen we later zien. Ik denk dat de kracht van die tijd en die beslissing zo groot is geweest omdat Pluto in transit ook over haar Saturnus ging! U ziet hoe de dingen zich invullen als we naar andere astrologische gebeurtenissen kijken.

De volgende fase ving voor haar aan toen ze twaalf en een half was. Haar ***secundaire Maan*** in Schorpioen kwam ***oppositie haar eigen plaats*** in de Stier. Die bewoog zich in haar jonge jaren heel snel door haar horoscoop. Ze vertelde me dat ze een heftige opstandigheid voelde jegens haar moeder. Ze zei: „Op een dag keek ik naar haar, en toen haatte ik haar."

Ze vertelde me dat dat in één ogenblik gebeurd was. Ze was in de tuin, en een van de tuingereedschappen was weg. Haar moeder gaf haar de schuld. Ze wist dat ze er niet aan was geweest en vroeg de tuinman of die dat wilde bevestigen. Deze, bang om zelf de schuld te krijgen, onthield haar die steun. Haar moeder geloofde de tuinman. En ze begon kritiek te leveren op andere dingen, op heur haar en haar wijze van kleden. Haar moeder zei dat ze er voor de buren slecht uitzag: ze had het oranje of groen geverfd, of een soortgelijke kleur. Het was uiteindelijk 1961! Helen keek haar moeder aan en dacht: „Jij zult nooit weer macht over me hebben." Ze keerde zich tegen haar moeder. Toen, op haar veertiende, ging ***Saturnus oppositie zijn eigen plaats*** lopen, vanuit Waterman in het 4e huis naar haar radix-Saturnus in Leeuw in het 10e huis. Ze zei: „Ik werd echt onaangenaam." Op school schreeuwde een leraar tegen haar. Ze voelde zich aangevallen. Ze keek hem aan en dacht: „Je bent gewoon een persoon, niet iets bijzonders. En ik ben ook een persoon. Ik hoef helemaal niet naar je te luisteren." Met elk bewust respect voor gezag was het toen gedaan. Ze keek enkel nog naar haar vriendinnen en vrienden voor erkenning en respect.

Nu is ze als persoon uitermate charmant en bekoorlijk. Dit was niet haar charmantste en bekoorlijkste moment. Kort daarna ging ze naar een andere school, en ze had het gevoel alsof ze was vrijgelaten. Uranus was in die periode driehoek haar Zon gekomen. En haar secundaire Zon ging over haar geboorte-Maan. Ze zei dat ze zich gewéldig voelde.

Eind 1968 ging haar ***secundaire Maan*** in Waterman een ***inkomend vierkant*** vormen met de ***geboorte-Maan***. Die was op weg naar de oppositie met Saturnus in de Leeuw in 10. Ze deed toelatingsexamen en ging naar de universiteit. Ze koos toneel. Ik verbaasde me daarover. Met Saturnus in de Leeuw in het 10e huis vierkant de Maan en ook vierkant Mercurius, en met Schorpioen rijzend, ging ze toneel studeren. Ik zei: „Wát?" Ze zei: „Ik weet het, het was raar."

> — *Was ze op zoek naar de erkenning die ze zich zelf ontzegd had? Dat moest toch érgens aan de oppervlakte komen.*

Darby: Ja, dat deed het ook. Maar het had opnieuw geen gelukkig einde. Ze zei dat het de eenzaamste tijd van haar leven is geweest. Ik keek naar de majeure transits. Ze had transit-Neptunus op 24° Schorpioen. Die stond oppositie haar Maan–Mercurius conjunctie, en activeerde ook het radix-vierkant met Saturnus in 10. Haar vroegere besluit om nooit meer opgemerkt te worden werkte haar verlangen om wél opgemerkt te worden tegen. Ze zei dat ze het gevoel had alsof ze verdronk. „Ik zou me van kant hebben gemaakt als ik er de energie voor had gehad." zei ze. Gelukkig maar voor de overigen, want het zou voor een hoop mensen een verlies zijn geweest, ofschoon ze dat toen niet wist. Ze zat in het stadium waarin de secundaire Maan vierkant haar eigen plaats komt op weg terug naar de geboorte-Maan. Als u het nog weet, dat is de tijd waarin je ziel manieren vindt om zich te beschermen als de eisen van de wereld je beginnen te roepen. Haar ervaringen bij de toneelschool trokken haar naar binnen, om een betrekkelijk veilig plekje te vinden. De conditionering van haar prille jaren was een harde geweest, en het zoeken naar zo'n plekje verliep moeilijk omdat haar innerlijk thuisgebied met betrekking tot het leven ongemakkelijk was.

Spoedig daarna maakte **Saturnus** zijn derde vierkant, het ***inkomend vierkant***. In haar horoscoop betekent dit dat Saturnus over haar Maan–Mercurius liep en vierkant zijn eigen plaats in Leeuw. Ze ging van de toneelschool af en begon in november 1971, zes maanden na het exacte vierkant, aan een verpleegstersopleiding. De Zon in zes begon zijn licht nu te tonen. Een paar maanden later ontmoette ze een man, werd verliefd, en ze gingen samenwonen. Haar secundaire Maan ging haar 5e huis in, op weg naar de Maan-terugkeer, en Saturnus stond nu in acht. Die relatie duurde drieënhalf jaar, en ze eindigde midden 1975. Het laatste jaar daarvan is heel pijnlijk geweest. Toen ze klaar was met de opleiding vertrok ze naar Australië, met Saturnus transiterend door haar 9e huis, en ze kreeg daar een baan in de verpleging. Haar secundaire Maan was nu conjunct haar Zon, daarna Venus, en ging vervolgens vierkant Pluto. Ze heeft een vreselijke en eenzame tijd gehad in Australië en ontwikkelde een ernstige eetstoornis. Ze keerde terug omstreeks haar zevenentwintigste verjaardag, in mei 1976.

In juni van dat jaar kreeg ze haar ***Maan-terugkeer***. Dat was in de maand voordat we elkaar voor het eerst hebben ontmoet. Het was een belangrijke ontmoeting voor ons allebei, om verschillende redenen. Omdat het haar Maan-terugkeer was was het de tijd van een emotionele wedergeboorte. Ze had een hele cyclus voltooid van gevoelservaringen die voortvloeiden uit haar conditionering, maar ook van nog dieper. We zijn niet enkel het product van onze conditionering. Daarvoor reiken we té ver in de tijd terug. Ze had een hele cyclus van gevoelservaringen die vorm gaven aan haar leven, haar een verhaal verschaften, voltooid. Nu stond ze op het punt weer opnieuw te beginnen, dit keer om zelf deel te nemen aan het schrijven ervan terwijl het zich door haar ontvouwde.

Degene die ze die maand ontmoette was toevallig ik, een astrologe, en dat was in die tijd in Zuid-Afrika zeldzaam genoeg. Ze werd gefascineerd door de wereld waar ze mee in aanraking kwam door de astrologie. Ze herinnerde zich de datum van onze ontmoeting. Dat was 8 juni 1976. Het was de dag van haar Mercurius-terugkeer. De Maansknopen stonden op haar Ascendant–Descendants-as; de Zuidknoop op haar Venus op de Descendant. Jupiter stond in de Stier en zou binnen een maand over haar Mercurius–Maan gaan. We ontmoetten elkaar in een restaurant.

— *Natúúrlijk was het een restaurant.*

Darby: Waarom?

— *Met dat allemaal in Stier.*

— *Het had ook een grazig weitje kunnen zijn.*

— *Of een tuin.*

— *Met de Maan conjunct Mercurius had het een echt heerlijke trein kunnen zijn.*

— *De restauratiewagen van een heerlijke trein gestopt in een weiland.*

Darby: Weet iemand de Ascendantsgraad van het moment. Er ontstaat weer maanzinnigheid. Het zou prachtig zijn geweest als het de restauratiewagen van een heerlijke trein was geweest. We hadden soms heerlijke treinen in Zuid-Afrika. Maar het was een heel goed Grieks restaurant in Johannesburg en ze werd, ere zij Mercurius, aan mij voorgesteld door haar broer. Stelt dat u tevreden? Haar broer was een vriend van me, en zij was net teruggekomen uit Australië, en hij wilde dat we elkaar ontmoetten. Hij dacht dat we elkaar zouden mogen. En dat deden we. We hadden het daar gezellig en begonnen een vriendschap boven een Griekse maaltijd.

— *Wat heeft u gegeten?*

Darby: Ik heb geen Maan in Stier. Ik zou het háár kunnen vragen. Zij herinnert het zich misschien wel. Ze herinnerde zich iets over het eten, want toen we op die ontmoeting kwamen zei ze: „Je hebt niet gemerkt dat ik niet at, hè?" Dat had ik niet opgemerkt. Ik had belang gesteld in haar indrukken van Australië en had genoten van de wijze waarop ze zich uitdrukte. Ze vertelde me later dat ze in die tijd een groot eetprobleem had gehad. Dat was in Australië begonnen en het is haar jaren lang blijven plagen, tot jaren na het begin van onze relatie. Ze hield het heel geheim, zoals mensen in de zeventiger jaren dat deden. Anorexia en boulimia werden als zodanig in de zeventiger jaren nog niet erkend, in elk geval niet in Zuid-Afrika. Trouwens, met haar Schorpioen Ascendant en Saturnus vierkant Maan was ze van nature al gesloten.

In de loop van die tijd werd ze vroedvrouw, en ze kreeg omgang met iemand die de hele tijd over astrologie praatte, en ze begon dat op te pakken, op een Maan-in-zeven manier. Twee jaar later kreeg ze haar ***Saturnus-terugkeer***, maar in de twee jaar daartussen kwamen haar secundaire Zon en Maan samen.

Dat was in augustus 1977, en ze vormden een conjunctie op 6° Tweelingen. Toen dat gebeurde begon ze te werken met iets dat *Lifeline* heet. Heeft u de *Lifeline*? Dat is een organisatie waar mensen in nood naar toe kunnen bellen en jij bent een deelnemende en innemende stem aan het andere eind van de lijn.

— *Wij hebben de Samaritanen.*

Darby: O ja. Een paar maanden vóór de conjunctie was haar secundaire Maan het 8e huis in gegaan. Toen die daar de eerste keer in kwam had ze zichzelf bijna gedood. De tweede keer dat de Maan daar kwam werd ze lid van een groep die andere mensen hielp die voelden dat ze op het punt stonden zelfmoord te plegen.

In augustus 1978, precies een maand na haar Saturnus-terugkeer, kreeg ze een ongeluk. Haar auto ging dwars over de snelweg, sloeg zes maal over de kop en belandde ondersteboven in een boom. Dat was voor iedereen in de auto heel traumatisch, maar er kwam niemand om het leven. Ze brak haar been en had verschillende verwondingen, en ze moest drie maanden het bed houden. Met haar Mars in de Ram vierkant Jupiter was ze rusteloos en verveeld, en daarom kocht ik voor haar wat astrologieboeken, want ze zei dat ze die wilde gebruiken om die taal echt in de vingers te krijgen.

Dat was het moment waarop de astrologie haar echt greep. De meesten van u kennen zo'n moment. Je leest een bepaald boek over astrologie, en pàts, je bent verkocht. Heb ik gezegd dat Uranus in die tijd op haar Schorpioen Ascendant stond? Nee? Ik geloof dat dat wel genoemd moet worden, niet? Soms klopt het toch perfect?

Ze had tot die tijd veel plezier in onze gesprekken gehad, maar dit was anders. Ik ben er in die drie maanden niet voortdurend bij geweest, en dus wist ik niet echt wat er gebeurde. Maar begin 1979 merkte ik het. Vóór die tijd kon ik iets astrologisch zeggen, en dan zei zij: „Wat betekent dat?" Ná die tijd zei ze dingen als: „Is het niet merkwaardig dat hij z'n Zon vierkant z'n Maan oppositie Jupiter heeft, en van het ene naar het andere land verhuist?" Van toen af aan sprak ze die taal en gebruikte die om andere mensen en zichzelf te begrijpen, en om hoogte te krijgen van haar relatieleven.

Binnen een jaar na haar Saturnus-terugkeer trad ze toe tot een organisatie die zich wijdde aan persoonlijke groei. Dat soort trend was in Zuid-Afrika in die tijd in opkomst, en zij was er bij betrokken. Ze had geen relatie van betekenis met mannen gehad sinds die relatie die in 1975 was geëindigd. Wij waren goede vriendinnen geworden, en door onze vriendschap had ze zich op de astrologie gestort. Tegen het einde van 1979 had mijn leven me naar elders gevoerd. Zij ervoer dat als een verlies en heeft zich een tijdje verraden gevoeld. Tegen die tijd begon ze echter objectiever naar zichzelf te kijken, en ze begon een patroon in haar leven te zien rond nauwe relaties. Ze begaf zich op een reis die haar een nieuwe roeping en een nieuwe wereld aan mensen bracht. Ze ontmoette iemand die mettertijd een heel goede vriendin zou worden en met wie ze een ontzettend wijd gebied aan ervaringen kon delen.

— *Ik heb de Maan in het 7e huis in Tweelingen, en mijn hele leven lijkt geleefd te worden voor mijn naaste relatie. Het lijkt of het er niet toe doet of ik gelukkig of verdrietig ben in een relatie, maar als ik er geen heb ben ik troosteloos. Ik dacht dat dat kwam doordat ze in Tweelingen staat. Maar wat ik me afvraag, geldt dat ook voor haar?*

*— Zij heeft de Maan conjunct Mercurius.*

Darby: Ik denk dat het gewoon de Maan in zeven is. Je zieleleven wordt door te relateren tot leven gebracht. Je incarneert in dit rijk van de stof, afgestemd op de golven die tussen jou en een ander heen en weer gaan. Als de Maan wordt geaspecteerd door Saturnus of Pluto, dan is er natuurlijk sprake van perioden waarin je emotionele leven lijkt op te drogen. En dan moet je óf werken, óf wachten totdat zich nieuwe bewustzijnsniveaus ontsluiten. Dat ze haar astrologische bewustzijn ontwikkelde merkte ik aan haar begrip van haar eigen ervaring. Ze was in staat haar gevoelens uit te spreken – Maan conjunct Mercurius driehoek Jupiter in Waterman – naarmate ze het begon te begrijpen. Onlangs zei ze tegen me: „Relaties zijn stenige grond voor me, maar ik begin te ontdekken dat ik stenige grond in beweging kan brengen op een manier die ik van nature heb." Is dat geen rijk beeld voor iemand met Maan in Stier vierkant Saturnus?

In juni 1983 stond haar ***secundaire Maan*** in Leeuw, in het ***uitgaande vierkant*** met haar radix-positie in de Stier. Ze ging nu zo op in de organisatie, dat ze die praktisch runde. Ze was betrokken bij de opleiding, hoewel niet als opleidster, en ze had een hele nieuwe wereld aan mensen door haar vriendschappelijkheid. De vriendschap die ze in 1980 had gesloten was een sterke relatie geworden.

Als we terugkijken naar de eerste keer dat haar secundaire Maan op deze plaats stond, toen ze zes was, dan zien we dat dat een tijd was waarin ze een hoop vrienden maakte, maar de zondebok werd. Ze schreef dat opstel en bezeerde zich aan Saturnus' rijk, en nam het besluit om uit het zicht van anderen te blijven. Dat was haar manier om haar ziel af te schermen en zichzelf te beschermen.

Tijdens de huidige fase beheerde ze het kantoor van haar organisatie – een zesdehuis-Zon op het lijf geschreven, met ook Mars daar – en nu wilde ze opleidster worden, wat betekende dat ze goed zichtbaar was voor anderen. Ze herinnerde zich het besluit dat ze als kind had genomen onder het zelfde Maan-aspect. Nu wilde ze zichtbaar worden. Ze besloot dat ze boven dat besluit uit moest komen en dat ze daar voor moest werken: Maan vierkant Saturnus die zich aan het werk zet aan emotionele reacties. Zoals zij het stelde deed ze dus alles in haar vermogen om de betovering die ze over zichzelf had gelegd teniet te doen. Ze wilde hartstochtelijk graag zichtbaar worden. Dat leek haar een belangrijk werk aan zichzelf, en aangezien ze in een organisatie zat die zelfontplooiing en zelfbewustzijn tot doel had, was dit de tijd en de plaats om dat te doen.

Haar secundaire Maan stond in Leeuw, en bewoog zich van het radix-vierkant naar de conjunctie met Saturnus. De transiterende Saturnus kwam sextiel haar radix-Saturnus van Weegschaal naar Leeuw. Neptunus stond in Boogschutter, driehoek haar geboorte-Saturnus. Ze werkte keihard om haar gewoontereacties op mensen in gezagsposities om te werken en zichzelf de kans te geven om haar eigen wereldse (Saturnus) en spirituele (Neptunus) autoriteit uit te drukken. Haar relatie met haar moeder was nog steeds beladen met moeilijkheden en wrokkigheid, maar plotseling werd haar moeder ziek, en Helen voelde diep in zich dat ze voor haar moest zorgen. Ze keek naar haar eigen Maan vierkant Saturnus en schreef me: „Zou dat niet gebeuren? Die Maan vierkant Saturnus! Ik ben mijn hele leven bezig geweest om bij mijn moeder weg te komen, en nu ziet het er naar uit dat ik de rest van haar leven voor haar moet zorgen." Dat bleek maar al te waar. Maar ze nam de verantwoordelijkheid op zich met alle kracht van haar bereidwillig gemoed. Het was een zeer rotsig pad, in het begin. En vóór die periode ten einde liep ontdekte ze dat haar goede vriendin haar moeite om opleidster te worden begon te saboteren.

Ze vocht om de positie in de organisatie te krijgen die ze wilde, en géén van de emotionele gebeurtenissen om haar heen sloot ze buiten het innerlijk werken aan zichzelf.

— *Wat bedoelt u?*

Darby: Ik bedoel dat ze niet zei: „Nou probeer ik mijn vroegere worstelingen te boven te komen, en dan moet mijn moeder ziek worden en me er van afleiden. En nu verraadt mijn vriendin me ook al. Hoe kan ik nou m'n doel bereiken?" Ze nam die gebeurtenissen op de koop toe als deel van het proces. Alles wat er gebeurde zag ze als deel van een emotionele vergelijking, en werkte eraan om met zichzelf en anderen in het reine te komen. Ontzettend bewonderenswaard.

Omstreeks de tijd dat **Saturnus** in Schorpioen stond, ***vierkant zijn eigen plaats*** in de Leeuw had ze het bereikt. Dat was in 1985. Ze gaf cursussen. Ze was zichtbaar en voelde dat ze haar jeugdbesluit had overwonnen. Ze was keer op keer de confrontatie met haar vriendin aangegaan, en ze hadden zich er samen doorheen gewerkt en waren elkaar nader dan ooit gekomen. Zij zorgde trouw voor haar moeder, die nu invalide was, en zuiverde de lucht van elk moeilijk punt tussen hen als er zich een voordeed. Ze wás die Saturnus vierkant Maan–Mercurius, ze handelde niet eenvoudigweg in ántwoord op gevoelens die daar uit voortvloeien.

> — *Hoe stond het met haar relatie met mannen?* U *heeft het steeds over relaties met vrouwen, maar u heeft niet gezegd of dat seksuele relaties waren.*

Darby: Haar vriendschappen met vrouwen waren niet seksueel, en ze heeft geen seksuele relatie met een man gehad sinds 1975. Ze was daar heel nuchter onder geweest, met al die planeten in de Stier, en omdat het niet gebeurde had ze besloten dat ze zou genieten van de relatiemogelijkheden die het leven haar bood. De omgang met haar vriendenkring was een rijke voedingsbron. Ik geloof niet dat ik ooit iemand heb gekend die daarin zo nuchter was, zeker niet in mijn generatie met Neptunus in de Weegschaal – het verlangen naar een volmaakte seksuele relatie. Maar ze is in bepaalde opzichten een ouderwets iemand, en ze maakte van vriendschap iets heel unieks. We zouden deze horoscoop kunnen bekijken met betrekking tot psychologische ontwikkeling, en dan zouden we een heel andere weg volgen. Ik bekijk hem op de manier waarop zij er naar keek, en op de manier waarop zij omging met te zijn zoals ze dacht dat ze was. We bekijken haar proces van zelfbespiegeling in plaats van onze bespiegelingen over haar proces.

Ze was nu opleidster en ze runde ook het kantoor, maar haar ***secundaire Maan*** bereikte nu de ***oppositie***. De eerste oppositie kondigde haar eerste rebellie tegenover haar moeder aan en haar beslissing om niets met autoriteit te maken te willen hebben. Deze keer was zij zélf een autoriteit geworden. Kort voordat de Maan de oppositie met haar radix-plaats zou maken ontdekte ze echter dat er in de organisatie dingen gebeurden die haar niet bevielen. Ze kon die dingen niet accepteren en ze kon er niets aan veranderen, en dus vertrok ze. Ze had de erkenning gevonden die ze had gezocht, en nu werd ze zich bewust van behoeften die in de wereld van haar organisatie niet vervuld konden worden. Ze kwam in opstand en vertrok, op zoek naar de emotionele voeding van nieuwe werelden. Ze keerde terug in de verpleging en ging op een kraamafdeling werken. De secundaire Maan stond in Schorpioen. Ze werkte wel op een kraamafdeling, maar ze hielp als vroedvrouw ook kindertjes ter wereld brengen voor haar vrienden en voor anderen die haar hulp inriepen. Echt iets voor een Maan in Schorpioen.

Een van haar beste vriendinnen stierf aan kanker kort nadat haar secundaire Maan in oppositie met de radix-plaats had gestaan en conjunct Saturnus kwam. Gedurende die tijd ging ze in psychotherapie. Haar moeder was erg hulpeloos geworden – haar vader was gestorven – en hoewel haar moeder in een verpleegtehuis zat, had zij emotioneel de verantwoordelijkheid voor haar op zich genomen. Soms worstelde ze nog wel met haar boosheid en weerstand jegens haar moeder, maar ze begon ook van haar te houden, zoals een volwassene dat doet, met verantwoordelijkheid en wil.

Toen haar Maan de Boogschutter in ging begon ze haar vriendschap te verbreken met de vrouw die de voorgaande tien jaar of zo haar naaste metgezellin was geweest. Ze had nog steeds geen relatie met mannen. Ze vertelde dat ze had besloten te kijken of een seksuele relatie met een vrouw voor haar de voeding zou betekenen die ze zo miste. Ze zei: „Ik heb het uitgeprobeerd. Ik stond er open voor, maar het werkte niet. Dus heb ik dat op moeten geven."

Tussen de periode van de Maan-oppositie en het volgende vierkant, het ingaande vierkant, leerde ze zichzelf tot grote diepte kennen. Ze was heel vaak eenzaam, maar ze ontdekte haar liefd`e voor avontuur opnieuw – secundaire Maan in Boogschutter – als één van haar hulpbronnen – in het 1e en daarna het 2e huis. Ze probeerde allerlei dingen uit en ontwikkelde zich als lerares in verschillende methoden voor zelfbewustwording. Ze gaf consulten aan mensen met gewichtsproblemen en leidde groepen voor mensen met allerlei angsten en remmingen. Ze begon nieuwe vrienden te maken en ging met mensen op trektocht. Ze leerde nieuwe innerlijke en uiterlijke vaardigheden aan.

Toen de secundaire Maan de Steenbok in drie in ging kocht ze een huis in een nieuwe buurt. Ze had nog nooit een eigen huis gehad, en ze vond het in een buurt die ze niet kende – een derdehuisreactie. Eind 1993, toen **Saturnus** in Waterman in het 4e huis stond en ***oppositie zijn eigen plaats*** liep – en de radix-conjunctie met Maan–Mercurius net achter zich had – was ze in haar huis op orde, en begon ze met iets dat „Het Transformatiespel" heette. Ze oefende om het spel voor andere mensen te kunnen leiden. Het is een spel dat met een bord wordt gespeeld en dat zo is opgezet dat de inzichten die het geeft gebruikt kunnen worden voor psychologische en spirituele transformatie.

Toen ze me in juli dit jaar kwam opzoeken was haar secundaire Maan net de Waterman in gegaan, en vormde een conjunctie met Jupiter in het 4e huis. Het Maan-vierkant ligt nog twee jaar vooruit. Ze zei: „De vorige keer dat ik het vierkant had ben ik zó eenzaam geweest. Pas onlangs ben ik echt diep in mezelf gaan beseffen dat ik altijd anderen gevraagd heb mijn emotionele behoeften te vervullen. Tot op zekere hoogte is dat gewoon zoals ik ben, met de Maan in zeven. Maar ik heb geleerd om ook met eenzaamheid te leven, en soms vervult dat een emotionele behoefte; eenzaamheid wordt dan alleenzijn. Ik dacht altijd dat andere mensen me buitensloten – en nu weet ik dat vaak ík degene ben die zich afsluit. Ik móet soms afgesneden worden van de energiestroom tussen mij en een ander om mezelf te vinden en de energiestroom tussen mij en het leven.

Toen ik haar die keer zag kon ik de transformatie vóelen die ze had doorgemaakt. Ik had haar eerder zichzelf zien transformeren – Schorpioen Ascendant en Zon vierkant Pluto – en elke keer dieper. Ze had nog steeds geen seksuele relatie, en ze zei: „Ik ben er niet in geslaagd dat teniet te doen, en misschien zal ik daar nooit in slagen.

Maar ik voel me daardoor nu niet buiten het leven gesloten. Die Zon vierkant Pluto en Maan vierkant Saturnus zijn nu van mij."

Ik heb u de ervaringen met de Maan- en Saturnus-cycli van háár laten zien omdat de manier waarop ze met haar leven werkt me bevalt, en de manier waarop ze astrologie gebruikt. De kwestie met astrologie is dat het een heel eenvoudig, heel elegant systeem is. Het wordt moeilijk als we alle lagen in elkaar willen passen en dat voor onszelf en onze klanten en vrienden willen duiden! Lindsay Radermacher heeft daar op het vorige congres van de Astrological Association een praatje over gehouden. Ze vroeg: „Hoe verander je veelomvattende kosmische symbolen in seinpalen en verkeersborden?" Je hebt de rijkheid van de beelden, en die moet je terugbrengen tot iets dat een bruikbare richting biedt.

We hebben dat als astrologen allemaal wel ervaren. Je kijkt naar een horoscoop en ziet een aspect. Je denkt: „Wat zou dat betekenen?" Zodra je er een betekenis aan toekent trek je het buiten het gebied van symbolen die teruggaan tot het begin van de geboorte van het bewustzijn, en brengt het terug tot: „Nou, dat betekent dit en dat en zus en zo." De moeilijkheid is niet alleen het te vertalen voor iemand anders, het is het te vertalen voor jezelf.

We vinden manieren om de omstandigheden die bepaalde aspecten kunnen vertegenwoordigen uit te drukken. We brengen het onder woorden, of het innerlijke of uiterlijke omstandigheden zijn. Later vergeten we dat we iets dat weerspiegeld werd door een bepaald aspect eenvoudigweg met woorden hebben verbonden. We denken nu dat het aspect een eigen betekenis heeft, en die passen we elke keer toe als we dat aspect zien. We raken gevangen in onze eigen definities – worden slaven van ons eigen concrete verstand.

De afgelopen paar uur hebben we op een bepaalde manier over de secundaire Maan gesproken. Ik heb geprobeerd daarover iets te voorschijn te roepen, maar ben onvermijdelijk toch vervallen in het definiëren ervan. Ik hoop dat u zich daar niet door van de wijs laat brengen, en dat u de smaak te pakken hebt gekregen om de onderlinge verwevenheid van de Maan en Saturnus verder te verkennen. Houd gewoon een oogje op uw eigen secundaire Maan bij haar rondgang door de tekens en huizen, en houd in de gaten wanneer ze aspecten met haar radix-plaats maakt. Kijk naar de wisselwerking tussen deze cyclus en die van Saturnus. Ze vertegenwoordigen samen de altijd herhalende, de altijd eendere en eindeloos verschillende ervaringen die we als zielen, geïncarneerd in deze tijdgebonden, door eeuwigheid omgeven ruimte, hebben. Door ze trouw te blijven volgen kan zich een wijsheid ontvouwen die ons voedt tot diep in de wortels van onze algemeen menselijkheid. Zij zijn de schering en de inslag van het leven, zoals die geopenbaard wordt door de astrologische horoscoop.

Hier houden we het bij. Ik dank u voor een interessante dag.


## Dankbetuiging

Voor degenen die deze studiewerkgroepen in Londen hebben bijgewoond: gedurende de afgelopen twee jaar heb ik in andere plaatsen en andere landen studiewerkgroepen over de Maan gegeven. Van dit materiaal is het een en ander opgenomen in de bewerking van dit boek. Bridget Belgrave, als Mercurius in Steenbok en Watermanvriendin, is van onschatbare waarde geweest door me te helpen de stromen bewustzijn om te werken tot zinnen en paragrafen, via onze gedeelde liefde voor door de nacht ritssluitende e–mailtjes.

Ook mijn innige dank aan Teddy, aan Jules – en aan Stephen.


## Bibliografie


— Elliot, Rose: „*Life Cycles*." Macmillan, Londen, 1993.

— Greene, Liz: „*Saturnus. Een nieuwe kijk op een oude boosdoener.*" Schors, Amsterdam, 1984. Oorspronkelijke titel: „*Saturn. A new look at an old devil.*" Samuel Weiser, New York, 1976.

— Rudhyar, Dane: „*The Lunation Cycle.*" Shambhala Publications, San Francisco, 1971.

## Over de schrijfster

Darby Costello heeft in de jaren '60 psychologie, wijsbegeerte en theologie gestudeerd aan de universiteit. Vervolgens is ze astrologie gaan studeren bij Francis Sakoian en Louis Acker, en ook bij Isobel Hickey in Boston.

In 1971 ging ze voor een kort bezoek naar Zuid-Afrika, en is daar twaalf jaar gebleven. Gedurende die tijd heeft ze gewerkt voor het *Museum of Man and Science* in Johannesburg, waarvoor ze zich bezighield met het vastleggen van de kunst en de praktijk van de *sangoma's*, de priester- of priesteres-genezers van zuidelijk Afrika. Te zelfder tijd is ze astrologie beginnen te praktizeren, en heeft een grote cliëntenkring opgebouwd.

In 1983 is ze naar Londen gegaan. In de eerste paar jaar heeft ze haar praktijk opgebouwd en is lezingen en workshops gaan geven voor verschillende groepen. In 1988 kwam ze bij het *Centre for Psychological Astrology* (de school van Liz Greene) waar ze sindsdien lesgeeft en studenten begeleidt. Ze onderwijst ook aan de *Faculty of Astrological Studies*, en geeft door het gehele Verenigd Koninkrijk en Europa lessen en lezingen. Ze heeft ook een paar keer op congressen in Nederland gesproken.

In 1996 heeft Dorling Kindersley *Astrologie* gepubliceerd in de 'pocket serie', geschreven door Darby en Lindsay Radermacher van de Faculty of Astrological Studies. Naast deze bundeling van studiewerkgroepen over de secundaire Maan is Darby bezig er een aanvullend boek over te schrijven. Ze hoopt het in 1999 voltooid te hebben.